PATRICIA WENTWORTH
Eine Tote kehrt zurück

Buch

Anne Jocelyn ist tot. Zumindest glauben das eine Menge Leute in England. Auch Annes Mann Philip und der Rest der Familie ist von ihrem Ableben überzeugt, bis eines Tages eine Frau auftaucht, die behauptete, Anne zu sein. Allerdings wird schnell klar, daß sich kaum jemand über die Rückkehr der jungen Frau zu freuen vermag – wenn die Person, die vorgibt Anne Jocelyn zu sein, überhaupt die Wahrheit sagt. Nicht nur ihr Ehemann bezeichnet sie als kaltblütige Schwindlerin, auch andere zweifeln bald an ihrer Identität. Ist sie vielleicht Annie Joyce, Philips Cousine, die er nachts an der französischen Küste zurückließ, um seine später verstorbene Frau zu retten? Oder ließ Philip damals eine falsche Frau als seine Gattin beerdigen, um an deren Vermögen zu gelangen? Erst als ein kaltblütiger Mörder in das unentwirrbare Geflecht von Anschuldigungen und Verdächtigungen eindringt, läßt sich die Wahrheit erahnen. Und Miss Silver macht sich auf die Suche nach den wahren Opfern und Tätern …

Autorin

Patricia Wentworth (alias Dora Amy Elles) ist mit ihren klassischen englischen Miss-Silver-Romanen *die* Wiederentdeckung unter den großen »Ladies of Crime«. 1878 in Indien geboren, ließ sie sich nach dem Tod ihres ersten Mannes in Camberley, England, nieder. Nach historischen Romanen schrieb sie 1923 ihren ersten Krimi, dem im Lauf der Zeit 70 weitere folgen sollten. Ihre bekannteste Heldin ist Miss Silver, die zwischen 1928 und Wentworths Tod 1961 in 31 Romanen die Hauptrolle spielte. Als reizende alte Dame mit scharfer Kombinationsgabe greift sie Scotland Yard bei der Lösung von Kriminalfällen unter die Arme und wurde damit zu einem der bekanntesten Vorbilder für Agatha Christies Miss Marple.

Patricia Wentworth im Goldmann Verlag:

Der chinesische Schal (5959) · Der Elfenbeindolch (5891) · Der Fingerabdruck (5958) · Die Hand aus dem Wasser (1102) · Die Uhr schlägt zwölf (5882) · Tod im Sommerhaus (5946)

PATRICIA WENTWORTH

Eine Tote kehrt zurück

Roman

Aus dem Englischen
von Bodo Baumann

GOLDMANN

Die Originalausgabe erschien 1948 unter dem Titel
»The Traveller Returns«
bei Hodder & Stoughton Limited, London

Umwelthinweis:
Alle bedruckten Materialien dieses Taschenbuches
sind chlorfrei und umweltschonend.
Das Papier enthält Recycling-Anteile.

Der Goldmann Verlag
ist ein Unternehmen der Verlagsgruppe Bertelsmann

Genehmigte Taschenbuchausgabe 6/98
Copyright © der Originalausgabe 1948 by Patricia Wentworth
Copyright © der deutschsprachigen Ausgabe 1998
by Wilhelm Goldmann Verlag, München
Alle Rechte an der deutschen Übersetzung
bei Gustav Lübbe Verlag, Bergisch Gladbach
Umschlaggestaltung: Design Team München
Satz: DTP Service Apel, Hannover
Druck: Elsnerdruck, Berlin
Krimi 5997
AB · Herstellung: Sebastian Strohmaier
Made in Germany
ISBN 3-442-05997-6

3 5 7 9 10 8 6 4 2

Es war kalt und muffig im Ernährungsamt. Wie schön wäre es, wenn sie wieder hinausgehen könnte in die frische Luft; wie schön, wenn sie dieses Geschäft schon hinter sich hätte! Eigentlich hatte sie noch gar nicht so lange gewartet, sie empfand jedoch eine ärgerliche Ungeduld. Nach allem, was sie durchgemacht hatte, nachdem sie buchstäblich von den Toten zurückgekehrt war, hielt sie es, gelinde gesagt, für eine Zumutung, daß sie ihre Zeit für das Anstehen nach einer Lebensmittelkarte opfern sollte, statt Philip anzurufen.

Die Schlange kam nur langsam voran. Ihre Gedanken wanderten sich Philip zu. Seit drei Jahren galt sie für ihn tot. Das war eine lange Zeit. Seit gut drei Jahren war Philip Witwer. In ungefähr einer halben Stunde würde ihn jemand ans Telefon rufen, und eine Stimme – ihre Stimme – würde ihm die freudige Nachricht mitteilen, daß Anne Jocelyn gar nicht tot war. Sie kostete in Gedanken den Augenblick aus, in dem sie Philip beibrachte, daß er kein Witwer war.

Gesetzt den Fall, er war gar nicht da . . . Ein eigenartiges Kribbeln überlief sie von Kopf bis Fuß. Den gleichen Schauder hätte sie empfunden, würde sie beim nächsten Schritt entdecken müssen, daß der Fußboden durchgebrochen war und sie mit einem Bein über einem Abgrund schwebte. Ein momentaner Schwindel überfiel sie . . .

Dann war er vorüber. Philip würde da sein. Hatte er auch nie ein Lebenszeichen von ihr erhalten, so wäre ihr von seinem

Ortswechsel, seinem anderen Aufenthalt doch etwas auf verborgenen, verschlungenen Kanälen bis zu jenen vorge- drungen, die ihr auf den Weg geholfen hatten. Er war in Ägypten, auch in Tunesien gewesen. Er war verwundet und in die Heimat entlassen worden. Er sollte einen neuen Po- sten im Kriegsministerium antreten, sobald er in der Lage war, ihn auszufüllen. Nein, er war in Jocelyns Holt erreich- bar, wo er im Turmzimmer schlief, auf der Terrasse auf- und abwanderte, seine Runden durch die Ställe drehte und Pläne schmiedete, was er alles anstellen konnte mit Jocelyns Geld nach ihrem Tod. Selbstverständlich mußte er seine Pläne zurückstellen, bis der Krieg vorüber war. Aber es gehörte schon mehr als ein Weltkrieg dazu, Philip von seinen Plänen für Jocelyns Holt abzubringen! Oh, ja, er würde da sein.

Sie rückte einen Platz in der Schlange vor und blieb mit ihren Gedanken bei Philip. Angenommen, er hatte wieder geheiratet ... Ein Prickeln wie von einem Nadelstich war zu spüren. Sie biß sich auf die Lippe. Nein – davon würde sie gehört haben. Das hätte man ihr gesagt, sie gewarnt ... Hätte man das? *Wüßte* sie davon? Ihr Kopf ging hoch, ihre Lippen teilten sich, ihr Atem ging rascher. Nein, darauf konnte sie nicht bauen. Sie konnte auf gar nichts bauen. Trotz allem glaubte sie nicht, daß Philip wieder verheiratet war. Sie schüttelte langsam den Kopf. Nein, das traute sie ihm nicht zu. Er hatte das Geld, er hatte den Besitz ... Was sollte ihn dazu gedrängt haben, sich abermals zu binden? Dafür war seine Ehe nicht gut genug gewesen. Gebrannte Kinder scheuen das Feuer. Mit einem feinen Lächeln auf den Lippen überlegte sie, wie ungern Philip sich mit der Vorstel- lung abfinden würde, immer noch ein verheirateter Mann zu sein.

Drei Leute warteten nun noch vor ihr: eine ziemlich

mollige Frau mit einem Korb voller Einkäufe; ein schmächtiges, schmuddeliges Ding mit einer Hängetasche und ein
gebückt gehender älterer Mann. Mit größtmöglicher Weit-
schweifigkeit erklärte die mollige Dame, wie es zu dem
Verlust ihrer Bezugsscheine gekommen war: . . .»und ich
bin ja nicht so eine, wo so was zur Gewohnheit wird, Miss
Marsh, obwohl ich den sehen möchte, der von sich behaupten darf, ihm käme nie was weg. Und ich will mich auch nicht
besser machen als andere Leute; aber wie oft hat mein Mann
schon gesagt: ›Gebt es Muttern – bei der ist es so sicher
aufgehoben wie in einer Kirche.‹ Und deshalb begreife ich
nicht, was über mich gekommen ist; aber irgendwo muß ich
sie ja liegengelassen haben! Also, wie ich nach Hause komme, da habe ich sie noch alle – Vaterns Karte, Ernies und
Carries Karte und die von meiner Schwägerin, wo bei mir
auf Besuch is – nur meine is weg, als hätte ich nie eine gehabt!
Und gleich gehe ich wieder los und klappere alle Läden ab,
wo ich gewesen bin, und keiner will sie gesehen haben . . .«

Die Frau hinter dem Schalter bückte sich und kam mit
einem Heft wieder zum Vorschein.

»Sie haben es in der High Street verloren«, sagte Miss
Marsh mit entsagungsvoller Stimme. »Auf Wiedersehen!«

Das schmächtige, schmuddelige Ding rückte nach, beugte
sich über den Schalter und wisperte etwas.

Anne stand groß, blond und hager in der Warteschlange.
Sie blickte dem gebückt gehenden Mann über die Schulter,
fröstelte ein wenig und zog den Pelzmantel enger um sich.
Das Haar fiel ihr strähnig über den Kragen. Es wirkte stumpf
und matt, war aber doch so kräftig, als brauche es nur ein
wenig Pflege, damit es wieder wie Seide glänze. Nur wußte
man zur Zeit nicht so recht, ob es sich um ein von der Sonne
nachgebleichtes Hellbraun oder um ein vernachlässigtes,

nachgedunkeltes Hellblond handelte. Anne trug keine Kopfbedeckung. Eine lange gerade Locke, die sich über ihrer Stirn teilte, rahmte ein schmales ovales Gesicht mit gerader Nase, blassen, wohlgeformten Lippen und ergründlich tiefen grauen Augen ein. Ihre feingeschwungenen Brauen waren viel dunkler als ihr Haar.

Der Mantel, den sie fester um sich raffte, war ein sehr schönes Stück. Der weiche dunkle Pelz würde ihr schmeicheln, sobald sie sich Gesicht und Haar ein wenig zurechtgemacht hätte. Das hatte sie als nächstes vor. Der Gedanke daran gab ihr Auftrieb. In ungefähr zehn Minuten, wenn die Angelegenheit mit ihren Bezugsscheinen geregelt war, würde sie sich das Haar schneiden und Dauerwellen legen lassen. Sie würde zusehen, ob sie beim Friseur auch Gesichtspuder und einen Lippenstift bekäme. Sie war sich durchaus bewußt, wie verwahrlost sie aussah. So wollte sie Philip nicht gegenübertreten.

Es konnte keine zehn Minuten mehr dauern ... keine fünf ... Das schmächtige Ding war bereits gegangen, der ältere Mann im Begriff zu gehen. Sie nahm seinen Platz ein und stellte ihre Handtasche auf den Schalter. Wie ihr Pelz war es ein sehr kostbares Stück – vielmehr war es einmal gewesen, denn im Gegensatz zu ihrem Mantel sah es abgenützt aus. Das dunkelbraune Leder war abgegriffen und voller Flecken, von der goldenen Initiale A fehlte ein Stück. Anne öffnete die Schnalle, holte ein Bezugsscheinheft heraus und schob es über den Schalter.

»Bitte, kann ich dafür neue Bezugsscheine bekommen?«

Miss Marsh nahm das Heft hoch, betrachtete es mit farblosen Augen, zog die Brauen in die Höhe und sagte: »Das ist ein sehr altes, längst verfallenes Bezugsscheinheft.«

Anne lehnte sich auf dem Schalter vor.

»Ja, das ist es. Ich komme nämlich gerade aus Frankreich zurück.«

»*Frankreich?*«

»Ja. Als die Deutschen kamen, nahmen sie mich gefangen. Ich konnte ihnen erst vor ein paar Tagen entwischen. Können Sie mir dafür neue Bezugsscheine ausstellen lassen?«

»Also, nein – ich wüßte nicht, ob und wie wir das können . . .« Sie warf einen flüchtigen Blick auf den Umschlag und fügte »Lady Jocelyn« hinzu.

»Aber ohne Lebensmittelkarten kann ich doch nicht leben.«

»Sind Sie hier ansässig?«

»Nein – nur auf der Durchreise.«

»Dann sehe ich keine Möglichkeit, Ihnen zu helfen. Sie müssen sich Ihre Bezugsscheine dort besorgen, wo Sie Ihren Wohnsitz haben – jedenfalls – ich weiß nicht . . . Haben Sie einen Personalausweis dabei?«

»Ja, hier ist er! Ich hatte Glück – ein Freund versteckte ihn für mich – und auch ein paar Kleider, sonst wäre ich in Lumpen herübergekommen. Und wer kehrt schon gerne in Lumpen aus dem Grab zurück?«

Miss Marshs blasser Blick wurde starr.

»Ich glaube, da muß ich erst Miss Clutterbuck fragen«, sagte sie nervös, glitt von ihrem Stuhl herunter und verschwand.

Ungefähr zehn Minuten später kam Anne wieder aus der Tür des Ernährungsamtes. Sie hatte einen Fragebogen ausgefüllt, war mit Not-Bezugsscheinen für vierzehn Tage versorgt und durfte ihren Ausweis so lange behalten, bis ihr ein neuer ausgestellt wurde.

Sie überquerte die Straße und betrat eine Telefonzelle.

Mrs. Armitage blickte von dem Pullover auf, den sie für die Luftwaffe strickte, und ließ prompt eine Masche fallen. Sie war stattlich, blondhaarig und außerordentlich gutmütig. Sie trug ein angejahrtes Tweedkostüm und ein arg strapaziertes Filzhütchen, das ihr regelmäßig über ein Ohr rutschte. Sie benützte ihre flusige, kaum zu bändigende Haarflut – ein ursprünglich fast unwahrscheinliches Gold, das in seinem gegenwärtigen streifigen Zwischenstadium offenbar besser mit ihren Sommersprossen, ihren hellen Augen und ihrem breiten, großzügigen Mund harmonierte – als Steckkissen für eine grauenhaft grelle, pinkfarbene Ersatzstricknadel. Ihr Kostüm war ein trauriges Senfgelb. Sie wäre die erste gewesen, die zugegeben hätte, daß sie nicht in dieses Zimmer paßte. Mit gleicher Berechtigung hätte sie auch sagen können: »Nun finden Sie erst einmal ein Zimmer, das zu mir paßt!«

Dieses Zimmer war eigens für Anne Jocelyn eingerichtet worden, als sie heiratete. Es war hübsch, konventionell und traf mit seinen geblümten Chintzbezügen, blauen Vorhängen und antiken Porzellanstücken absolut den Geschmack einer zwanzigjährigen Braut. Die ›Vier Jahreszeiten‹ standen in anmutigen Posen auf dem weißen Kaminsims. In einer Eckvitrine griff das leuchtende Königsblau eines Teeservices das Leitmotiv der Vorhänge auf und gab es an die Sessel weiter. Senffarbener Tweed war zweifellos ein Mißklang, der Mrs. Armitage aber keineswegs störte.

Sich zu ihrer Nichte Lyndall hinüberlehnend, die auf einem Kaminvorleger saß und Fichtenzapfen auf ein schwelendes Feuer warf, sagte sie in ihrer typisch brummigen Art:

»So ein Krieg hat auch seine guten Seiten – wenn wir in diesem schrecklich protzigen Wohnzimmer sitzen müßten, würde ich Schreikrämpfe bekommen wie die Mädchen, die neulich dem *Daily Mirror* einen Beschwerdebrief schickten.«

Lyn zog die Nase kraus und fragte: »Welche Mädchen?«

Mrs. Armitage entfernte die Stricknadel aus ihrem Haar. »Es waren drei«, antwortete sie, »die sich in ihren Jobs so langweilten, daß sie am liebsten nur noch geschrien hätten, wie es im Leserbrief stand. Also, wenn ich in einem Zimmer mit sieben Kronleuchtern und ungefähr fünfzig Spiegeln stricken müßte, könnte ich auch nur noch schreien.«

Lyndall warf ihr eine Kußhand zu.

»Es sind nur sechs, Liebes – ich habe sie erst gestern gezählt –, und drei Kronleuchter. Im übrigen gebe ich dir recht. Aber weshalb protzig?«

»Weil Sir Ambrose Jocelyn, Annes Großvater und Philips Großonkel, das Geld seiner Frau dafür ausgegeben hat. Ich vermute, er wollte sie damit ärgern – sie verstanden sich nicht gut, verstehst du? Sie hat ihn verlassen, aber vorher gelang es ihm noch, dieses schreckliche Wohnzimmer und diesen schauderhaften Nordflügel zu bauen. Ich glaube, sie konnte diese Protzerei nicht mehr ertragen und flüchtete, ehe er das ganze Geld verbauen konnte. Es wäre sonst kein Penny mehr übriggeblieben, den sie Anne hinterlassen konnte; und Philip wäre nun gezwungen, Jocelyns Holt zu verkaufen. So kam alles zu einem guten Ende. Oh, Himmel – ich habe eine Masche fallen lassen!«

Lyn kicherte. Sie war ein schmächtiges, schlankes und blasses Ding mit recht hübschen grauen Augen und einem Kopf voller schimmernder schwarzer Locken. Sie griff nach dem Pullover.

»Zwei, Liebes! Du solltest lieber auf die Nadeln schauen oder mir das Strickzeug geben.«

»Nein, ich nehme die Maschen schon selbst auf. Wenn ich mit dem Kopf dabei bleibe, passiert mir das nicht. Ja, ich schätze, es war ein Glück für Philip, daß Anne zu haben war – und das Geld dazu. Natürlich sind die Leute heutzutage nicht mehr darauf versessen, ihre Kusinen zu heiraten. Seltsam, wie sich die Zeiten ändern, denn in den victorianischen Romanen war so etwas große Mode – sogar zwischen Vettern und Kusinen ersten Grades, was nun doch ein bißchen zu nahe ist. Anne und Philip waren nur Verwandte zweiten Grades, und als er den Titel und den Landsitz erbte, und sie hatte das Geld, um das alles zu erhalten, waren sich alle einig, es hätte nicht besser zusammenpassen können. Nur bin ich mir nicht sicher, ob es auf die Dauer auch so geblieben wäre, denn Anne war natürlich – nun, Anne . . .« Sie verstummte und ging auf die Jagd nach ihren verlorenen Maschen.

Lyndall sagte mit hochroten Backen und warmer Stimme: »Anne war reizend.«

Mrs. Armitage fädelte eine Masche auf ihre pinkfarbene Strickandel und sagte mit verhaltener Stimme:

»Oh, ja. Anne war reizend.«

Lyns Gesicht färbte sich noch dunkler.

»Das *war* sie!«

»Oh, ja, mein Kleines!« Sie blinzelte mit ihren hellgrauen Augen. »Jetzt fällt es mir wieder ein, daß du als Schulmädchen – wie sagt man doch so schön? – einen Narren an ihr gefressen hattest, nicht wahr? Das hatte ich vergessen. Aber später habt ihr euch kaum noch gesehen, nicht wahr?«

Lyndall schüttelte den Kopf.

»Nur bei ihrer Hochzeit. Aber ich werde nie die letzten

Sommerferien vor dem Krieg vergessen, als Anne und ihre
Tante hier auf Besuch waren. Wie oft habe ich daran denken
müssen, daß Anne allen Grund gehabt hätte, sich scheußlich
zu benehmen. Ihr wart zu viert, du, Mrs. Kendall, Philip und
Anne. Anne war neunzehn und auch schon erwachsen, und
ich war erst sechzehn und ein schrecklicher kleiner Besen.
Ich muß euch furchtbar auf die Nerven gegangen sein, aber
Anne benahm sich großartig. Viele Mädchen in ihrem Alter
hätten mich geschnitten und schikaniert und sich gar nicht
erst mit einer Vogelscheuche wie mir eingelassen; aber sie
war wundervoll. Ich durfte sie auf Schritt und Tritt begleiten
und tun und lassen, was ich wollte. Sie war *reizend*. Wenn
Philip nach seiner Heirat mit ihr nicht zurechtkam, muß es
sein Fehler gewesen sein.«

Mildred Armitage blickte von ihrem zerknitterten Strickzeug hoch.

»Sie waren beide sehr eigenwillige Partner«, verbesserte
sie. »Sie waren beide noch Kinder, und Anne war sehr
hübsch und hatte einen Haufen Geld. Sie hatte noch nicht
entdeckt, daß man als reiche Erbin nicht immer auf Rosen
gebettet ist, wenn man einen so stolzen Mann wie Philip
geheiratet hat.«

Lyn blickte verwundert zu ihrer Tante auf.

»Ist Philip stolz?«

»Nun ja, mein Kleines, nun ja.«

»Ist er es, oder ist er es nicht?«

Mrs. Armitage zuckte mit den Schultern.

»Nun ja . . .«, erwiderte sie. »Es blieb ihnen ja nicht viel
Zeit, daß etwas schiefgehen konnte, nicht wahr? Und vielleicht wäre es gar nicht erst zu Zwistigkeiten gekommen . . .
oder vielleicht hätten sie sich gestritten und dann wieder
versöhnt. Sinnlos, sich darüber den Kopf zu zerbre-

chen . . . sie ist tot, und damit ist es ausgestanden. Du kannst
so freundlich über sie denken, wie du willst.«

»Sie war wunderbar zu mir.« Diese dreimal wiederholte
Phrase hatte die Wirkung eines Responsoriums in einer
privaten Totenmesse. »Es war wunderbar von ihr, daß sie
mich als Brautjungfer aussuchte.«

Lyndall stand auf und ging in die Mitte des Zimmers, legte
den Kopf zurück und betrachtete das lebensgroße Porträt
über dem Kamin. Es war Amorys berühmtes Werk *Mädchen
mit Pelzmantel*, zu dem Anne Jocelyn ein paar Wochen nach
ihrer Hochzeit Modell gesessen hatte: Weicher, dunkler Pelz
über einem dünnen, blauen Kleid mit Perlenkollier, ein lächelndes ovales Gesicht mit rosigen Lippen, goldgetöntes
Haar in einer nachlässig verteilten Lockenpracht, die sanfte
Blume der Jugend und des Glücks. Ein junges Mädchen,
barhäuptig, das seinen Mantel um sich zog, lächelnd, als
wollte es soeben zu einer Party gehen – lächelnd, weil es so
viele angenehme Dinge erwarteten. Und ein Jahr später war
es nachts am Strand der bretonischen Küste im ratternden
Maschinengewehrfeuer tot zusammengebrochen.

Lyndalls Augen weiteten sich; ganz versunken in den
Anblick des Gemäldes, in das lebhafte Farbenspiel unter
dem elektrischen Licht. Annes Zimmer – Annes Bild! Und
Anne war mit einundzwanzig gestorben. Der Zorn loderte
in ihr hoch. Sie wandte sich zu Mildred Armitage um.

»Warum hast du sie nicht gemocht?«

Die Nadeln hielten still. Ein Berg von Maschen auf einem
senffarbenen Schoß. Blasse Augen blinzelten überrascht.

»Mein gutes Kind, ich kannte sie ja kaum. Annes Mutter
stand mit den Jocelyns auf Kriegsfuß. Du darfst nicht vergessen, daß Marian die Tochter des alten Ambrose war und
mit dem Haß auf ihren Vater großgezogen wurde. Er nahm

sich eine andere Frau und lebte mit ihr, und sie hatten zusammen einen Jungen – was, wie du dir vorstellen kannst, auf die beiden keinen guten Eindruck machte. Für Marian waren die Jocelyns ein rotes Tuch, und sie übertrug ihre Abneigung auf ihre Tochter Anne. Erst nach ihrem Tod gab ihre Schwägerin, Mrs. Kendall – eine sehr vernünftige Frau –, Anne die Erlaubnis, uns kennenzulernen. Natürlich bin ich keine echte Jocelyn, aber als meine Schwester Philips Vater heiratete, rechnete man mich eben auch dazu. Und Anne bekam ich zum erstenmal zu Gesicht, als sie etwa neunzehn war.«

Lyndall fuhr fort, sie mit großen, anklagenden Augen anzusehen.

»Warum hast du sie nicht gemocht?«

Sie sagte mögen und meinte lieben. Wie konnte man Anne kennen und nicht zugleich lieben? Darauf gab es keine Antwort.

Mit einem kurzen, ärgerlichen Räuspern erwiderte Mildred Armitage:

»Woher, zum Kuckuck, soll ich denn das wissen? Man verliebt sich nicht so holterdiepolter in einen Menschen – nicht in meinem Alter! Sie war jung, sie war hübsch, sie hatte einen Haufen Geld, und Mrs. Kendall hatte es sich in den Kopf gesetzt, daß sie Philip heiraten sollte. Das hat sie ja auch getan, und ob es eine gute Ehe würde, konnte niemand wissen, denn so lange hat sie ja gar nicht gedauert.«

»Aber du mochtest sie nicht!«

Das zornige Beben in Lyndalls Stimme parierte Milly Armitage mit einem breiten, entwaffnenden Lächeln.

»Bitte, keine Szene! Man kann nichts für seine Gefühle. Jane Kendall wollte, daß Anne Philip heiraten sollte, und ich wollte es nicht.«

»Warum nicht?«

»Einmal, weil die beiden blutsverwandt waren. Ich bin der Meinung, daß zwei vom gleichen Stamm sich nicht vertragen. Und alle Jocelyns tragen das tödliche Stigma des Stolzes und des Eigensinns in sich.«

»Anne nicht!«

»Tatsächlich? Sie wollte Philip heiraten, und sie heiratete ihn.«

»Warum sollte sie ihn nicht heiraten?«

»Es spricht eigentlich nichts dagegen, bis auf ihre Mutter, die sich eher umgebracht hätte, als diese Ehe zuzulassen. Ich mache Anne deshalb auch keinen Vorwurf – beiden nicht. Es gab keinen Grund, weshalb sie nicht heiraten sollten, und falls es doch einen gegeben hätte, würde das auch nichts genützt haben. Der typische Starrsinn der Jocelyns. Denk zum Beispiel an Theresa Jocelyn, die sich lieber in der Bretagne ein Schloß mietete, als mit der Familie zu leben. Und warum? Weil sie ihr Herz für die illegitime Enkelin des alten Ambrose entdeckte und ihretwegen einen schrecklichen Familienkrach heraufbeschwor. Joyce – ja, so hieß das arme Ding – Annie Joyce. Ambrose nannte seine Geliebte Mrs. Joyce – den vollen Namen konnte er ihr ja nicht geben – und der Sohn, Roger, erbte ihn. Annie war seine Tochter, und sie hatten keinen Penny, denn Ambrose hatte vergessen, sein Testament zu unterschreiben. Als Theresa, die nur um zehn Ecken mit uns verwandt ist, nun hier hereingeschneit kam und verlangte, die Familie sollte Annie an ihre Brust drücken und ihr ein Einkommen verschaffen, stieß sie auf taube Ohren und zankte sich mit jedem herum, bis sie sich nach Frankreich absetzte und sich dort ein Schloß mietete. Sie hatte selbst einen Haufen Geld, und wir nahmen selbstverständlich alle an, sie würde ihr Vermögen Annie vermachen.

Aber nein doch, sie hinterließ ihn Anne, die sowieso schon mit Gold behängt war. Ließ sie zu sich aufs Schloß kommen und offenbarte ihr, sie wäre ihre Erbin und sollte immer nett zu Annie sein, weil das arme Ding eine Waise sei und man sie um ihre Rechte gebracht habe. Philip meinte, das wäre sittenwidrig, und das war es natürlich auch. Nach all dem Wirbel, den sie um das Mädchen machte!«

In Lyndalls Augen zog ein Sturm auf. Sie haßte Ungerechtigkeit. Sie liebte Anne. Beides lag miteinander im Streit. Sie fragte so direkt wie ein Kind:

»Warum hat sie das getan?«

»Theresa? Weil sie eine Jocelyn war! Weil sie – nun, weil es aus war mit ihrer Affenliebe für Annie Joyce und sie nun ihr Mutterherz für Anne entdeckte. Sie kam zur Hochzeit über den Kanal und fiel ihnen beiden um den Hals. Eine schrecklich anstrengende Person, nichts als Tränen und Reiherfedern. Ich habe mich, offen gestanden, über ihre jahrelange Enthaltsamkeit gewundert. Sie steckte doch sonst immer gleich ihre Nase in jeden Quark. Ein besserer Vorwand als diese Hochzeit konnte sich ihr gar nicht bieten; und ich bin sicher, sie hatte schon lange auf so etwas gewartet. Sie langweilte sich vermutlich mit ihrer kostbaren Annie Joyce zu Tode und sehnte sich nach einem neuen Schwarm. Ich bin sicher, sie hätte sich wieder in England niedergelassen; aber das scheiterte an ihrer Krankheit. Als sie Anne zu sich kommen ließ, war es schon zu spät für einen Umzug, und die Dinge spitzten sich in Frankreich zu. Damit begannen die Ehezwistigkeiten. Philip wollte seinen Willen durchsetzen, und Anne den ihren. Er sagte, sie habe hierzubleiben, und sie fuhr nach Frankreich. Ich glaube, ich habe in meinem ganzen Leben noch nie einen so wütenden Ehemann gesehen.«

»Er hatte kein Recht, wütend zu sein!«

»Mein Engel, wenn Eheleute schon auf ihre Rechte pochen müssen, ist das ein alarmierendes Zeichen für den Zustand ihrer Ehe.«

»Haben sie sich wieder versöhnt?« fragte Lyndall.

»Das weiß ich nicht.«

»Wie grauenhaft, wenn sie im Unfrieden schieden.«

Milly Armitage hatte diesbezüglich ihre eigenen Vorstellungen. Philip war gewiß nicht in einer versöhnlichen Stimmung aus England abgereist.

Es wäre besser gewesen, sie hätte ihre Gedanken für sich behalten, aber dazu war sie gar nicht fähig. So fuhr sie fort:

»Er hatte eine Mordswut im Bauch – aber warum, um Himmels willen, reden wir überhaupt darüber? Es war eine schlimme, tragische Geschichte, und sie ist vorbei. Warum lassen wir es nicht dabei bewenden, statt unsere Köpfe über die Schultern zu drehen und zurückzuschauen wie Lots Weib? Unangenehm, sinnlos, Salzsäulen! Und ich kann die Maschen nicht mehr zählen, die ich fallen ließ, weil du mich anstarrst wie ein Geier.«

»Geier starren nicht – sie haben schauderhafte kleine Säcke über den Augen.«

Milly Armitage brach in ein Gelächter aus.

»Komm und hilf mir beim Maschenaufsammeln; und dann suchen wir uns ein nettes, ruhiges Thema aus der Naturgeschichte!«

Philip Jocelyn rief um acht Uhr an.

»Wer ist dort? . . . Lyn? . . . Schön, sag Tante Milly Bescheid, daß ich morgen zum Lunch zurück bin – oder vielleicht erst nach dem Lunch. Bringt das euren Rationierungsplan durcheinander?«

»Ich glaube schon«, meinte Lyn schüchtern.

»Nun, schade, aber ich kann wirklich noch nicht absehen, wie lange es dauert. Jedenfalls schaffe ich es heute abend nicht mehr.«

»Ja, aber warte eine Sekunde –, jemand hat heute morgen angerufen.«

»Wer?«

»Das weiß ich nicht. Sie sagte mir ihren Namen nicht – fragte nur, ob du da wärst, und als ich sagte, du seist in London, wollte sie wissen, wann du wieder zurück bist. Ich sagte, vielleicht heute abend, aber höchstwahrscheinlich erst morgen, und da legte sie auf. Es war ein Ferngespräch, und die Verständigung war sehr schlecht.«

Sie hörte ihn lachen.

»Die geheimnisvolle Stimme am Telefon – unsere große Horror-Serie –, Sie können auf die Fortsetzung gespannt sein! Warum so schuldbewußt – du kannst doch nichts dafür, wenn sie anonym bleiben will. Grüß Tante Milly schön von mir. Ich küsse deine Hände und Füße.«

»So etwas mußt du nicht tun!«

»Vielleicht nicht – wir leben in einer traurig ungalanten Zeit. Lebe wohl, mein Kind. Sei brav.«

Er hängte ein.

Lyndall legte den Hörer auf die Gabel und kam zum Feuer

zurück. Sie hatten sich beide umgezogen, Lyndall trug einen warmen grünen Hausmantel, und Mrs. Armitage ein form-loses Gewand aus braunem Wollstoff mit einem Pelzkragen, der ihr noch weniger stand.

Lyndall sagte: »Das war Philip.«

»Das dachte ich mir.«

»Er weiß noch nicht, ob er morgen schon zum Lunch zurück sein wird.«

Solche Dinge bekümmerten Mrs. Armitage wenig. Sie nickte und sagte unvermittelt und gänzlich beziehungslos:

»Was für ein Glück, daß ihr beide, du und Philip, keine Geschwisterkinder seid.«

Lyndall beugte sich vor, um ein Holzscheit auf den Ka-minrost zu legen. Ihr langer Faltenrock breitete sich wie ein Fächer unter einer noch kindlichen Taille aus. Die Glut der Holzkohle stach ihr in die Wangen. Sie murmelte:

»Weshalb?«

»War nur so ein Gedanke von mir, daß es ein Glück sei. Die Jocelyns sind ja alle recht gut zu haben, und die arme Louie war sehr glücklich mit Philips Vater. Er war ein über-aus charmanter Mann. Aber das ist das Kreuz mit den Joce-lyns – sie sind charmant, und so ein geballter Charme ist wie konzentrierter Sirup. Er muß verdünnt werden!«

Und in diesem Moment läutete die Türglocke.

Anne Jocelyn stand auf der dunklen Vortreppe und wartete, daß ihr jemand öffnete. Das Taxi, das sie aus Clayford hierhergebracht hatte, wendete geräuschvoll hinter ihr auf dem kiesbestreuten Vorplatz. Dann entfernte es sich. Verhal-lender Motorenlärm. Stille. Sie stand im Dunkeln und war-tete, daß ihr jemand öffnete.

Sie läutete zum zweitenmal, doch der Klingelton fiel mit

dem Geräusch eines sich drehenden Schlüssels zusammen.
Die Tür öffnete sich ein wenig, und ein junges Mädchen
schaute hindurch. Als sie eine Frau vor sich stehen sah, trat
sie, die Tür ganz öffnend, einen Schritt zurück.

Anne Jocelyn kam in die Halle.

»Ist Sir Philip aus London zurück?«

Das brachte Ivy Fossett ein wenig aus der Fassung. Es war
ungewöhnlich, daß Besucher nach Einbruch der Dunkelheit
einfach so hereinplatzten. Aber dies war zweifellos eine
Lady, dazu noch in einem herrlichen Pelzmantel. Ivy gaffte
sich fast die Augen aus und sagte dann:

»Nein, Madam, er ist noch nicht zurück.«

Die Lady fragte in schroffem Ton:

»Wer ist dann im Haus? Wer ging heute morgen ans
Telefon?«

»Mrs. Armitage und Miss Lyndall – Miss Lyndall Armitage. Sie muß am Telefon gewesen sein.«

»Wo stecken sie? . . . Im Salon? Ich gehe schon – Sie
brauchen mich gar nicht erst anzumelden.«

Ivy sah ihr mit offenem Mund nach.

»Ging einfach an mir vorbei, als wäre ich Luft«, erzählte
sie später in der Küche, und wurde von Mrs. Ramage, der
hochbetagten Küchenchefin, zurechtgewiesen:

»Du hättest sie nach ihrem Namen fragen müssen.«

Ivy warf den Kopf zurück.

»Sie ließ mich ja gar nicht zu Wort kommen!«

Anne durchquerte die Halle. Der Salon lag nach hinten
auf die Terrasse hinaus. Die gute Königin Anne hatte ihm
ihren Namen gegeben, und die weiße Täfelung stammte
auch aus dieser Zeit. Die erste Anne Jocelyn war ein Paten-
kind der Königin gewesen.

Die Hand auf der Klinke, stand sie einen Moment vor der

Tür und öffnete ihren Mantel. Sie schob ihn so weit zurück, daß das Blau ihres Kleides darunter hervorschaute. Ihr Herz pochte heftig gegen ihre Rippen. Es ist ja nicht etwas Alltägliches, daß man von den Toten zurückkommt. Vielleicht war sie sogar froh, daß Philip nicht da war.

Sie öffnete die Tür, blieb auf der Schwelle stehen und blickte in den Salon.

Licht an der Decke, die blauen Vorhänge vor die Fenster gezogen, ein loderndes Holzfeuer auf dem Rost, und auf dem weißen Kaminsims darüber *Die Vier Jahreszeiten*. Und über den *Vier Jahreszeiten* das *Mädchen mit Pelzmantel*. Sie blickte das Bild so unverwandt, so kritisch an, als nähme sie sich selbst genau in Augenschein. Ja, dachte sie, das Porträt hätte ohne weiteres ein Spiegelbild von ihr sein können.

Zwei Personen hielten sich im Raum auf. Rechts vom Kamin saß Milly Armitage, eine Zeitung auf dem Schoß, eine andere neben sich auf dem blauen Teppich ausgebreitet. Eine ungepflegte, langweilige Person; die niemals ihre Freundin war. Natürlich war sie gar nicht von hier wegzudenken, hatte sich hier eingegraben. *Nous allons changer tout cela.*

Unten, zusammengerollt auf dem Kaminvorleger, dieses Balg Lyndall mit einem Buch.

Papier raschelte, als sich die Hand von Milly Armitage plötzlich heftig auf die Zeitung stemmte; das Buch überschlug sich auf dem weißen Teppichflor. Lyndall sprang auf, verfing sich in den langen grünen Stoffbahnen ihres Faltenrocks und suchte Halt an der Lehne eines leeren Sessels, gegen den sie sich gelehnt hatte. Ihre Augen weiteten sich und wurden dunkler, während ihr Gesicht jede Farbe verlor. Sie starrte auf die offene Tür und sah Anne Jocelyn, als wäre sie aus dem Rahmen des Porträts hinter ihr getreten – Anne Jocelyn, barhäuptig, mit ihren goldenen Locken und ihrem sanft getönten ovalen Gesicht, mit dem Perlenkollier über dem dünnen blauen Kleid unter dem offenen Pelzmantel.

In diesem Moment, als sie Milly Armitage neben sich keuchen hörte, schien Lyndall überhaupt nicht zu atmen. Alles schien stillzustehen, während sie Anne anstarrte. Dann kam ihr dieser aberwitzige Gedanke, der sich wie auf Zickzackwegen ihrem Bewußtsein aufdrängte: Amory hat sie besser gemalt.

Als sie sich später daran erinnerte, war das für sie ein schrecklicher Schock. Würde sie nicht auch nach drei Jahren voller Leiden und Entbehrungen anders aussehen – älter? Ein Sturm von Gefühlen löschte alles bis auf die Erkenntnis aus, daß Anne lebendig vor ihr stand. Sie lief mit einem halb erstickten Schrei auf sie zu, und Anne öffnete die Arme. In der nächsten Sekunde hing Lyndall an ihrem Hals, stammelte immer wieder ihren Namen, während ihr die Tränen über das Gesicht liefen.

»Anne – Anne – Anne! Wir glaubten, du seist tot!«

»Das habe ich beinahe selbst geglaubt.«

Sie durchquerten gemeinsam das Zimmer.

»Tante Milly! Wie gut es tut, dich wiederzusehen! Oh, wie herrlich, wieder hier sein zu dürfen!«

Milly Armitage wurde umarmt. Während sie mit einem Aufruhr verworrener Gefühle kämpfte, küßte sie eine Wange, die viel dünner und viel stärker gepudert war als vor drei Jahren. Sie konnte sich nicht erinnern, von Anne schon einmal so herzlich begrüßt worden zu sein. Einen kalten Kuß auf die Backe – mehr hatte sie nie bekommen noch verlangt. Danach trat sie mit einem Gefühl der Erleichterung zurück und versuchte, passende Worte zu finden. Eigentlich gab es eine Menge zu sagen, doch selbst in diesem dramati-

schen Moment warnte sie ein Gefühl, nichts zu tun oder zu
äußern, was Philip schaden konnte. Sie witterte eine unüber-
sehbare Katastrophe. Dreieinhalb Jahre waren eine lange
Zeit. Schlimm für eine von den Toten Zurückgekehrte, spüren zu müssen, daß sie unerwünscht war.

»Die Lebenden schließen ihre Reihen.« Wer hatte das
gesagt? Es war wahr – sie mußten es tun. Und unter dieser
hochgespannten Dramatik kam ihr ein schlichter und haus-
backener Gedanke: ‹Gütiger Himmel, warum mußte sie
überhaupt zurückkommen?›

Lyndall sagte immer wieder: »Anne, Liebling – wie herrlich, daß du noch am Leben bist!«

Mrs. Mildred Armitage war zu einer Lady erzogen worden. Grimmig entschlossen schickte sie sich an, ihr Verhalten
entsprechend zu ändern.

4

Philip Jocelyn kam erst am nächsten Tag gegen vier Uhr
nachmittags nach Hause. Milly Armitage fing ihn in der
Halle ab.

»Philip, komm mit mir! Ich muß mit dir reden.«

»Was hast du denn?«

Sie hatte ihn schon am Arm gefaßt und zog ihn auf das
Arbeitszimmer zu, das dem Salon in beruhigendem Abstand
gegenüberlag. Wie die meisten Räume, die als Studierzimmer ausgewiesen waren, wurde er selten in dieser Funktion
benutzt; hatte aber mit seinen Wänden voller Bücher, den
schweren Ledersesseln und den rostroten Vorhängen ein
Flair, in dem man sich wohl fühlte.

Als Philip die Tür hinter sich schloß, blickte er Tante
Milly neugierig an. Er mochte sie sehr, wünschte sich jedoch,
sie sollte zur Sache kommen. Offenbar war hier etwas geschehen; aber statt damit herauszurücken, schlich sie wie
eine Katze um den heißen Brei herum:

»Wir versuchten, dich zu erreichen; aber man sagte uns,
du hättest dein Zimmer im Club schon verlassen.«

»Ja – Blackett bat mich, bei ihm zu übernachten. Was ist
los? Wo ist Lyn? Es hat doch hoffentlich nichts mit Lyn zu
tun?«

»Nein.«

Milly Armitage dachte erschüttert: Da haben wir es. Sie
ist sein erster Gedanke. Er mag sie – und seine Zuneigung
wird von Tag zu Tag größer. Was soll jetzt daraus werden?
Ich bin eine böse Frau . . . Oh, Himmel, was für eine schreckliche Situation! Sie rieb sich mit bebender Hand das Kinn.

»Tante Milly, was ist los? Ist jemand gestorben?«

Mrs. Armitage dachte: Schlimmer noch; aber das durfte
sie nicht sagen, und so beherrschte sie sich mühsam und
brachte nur ein Kopfschütteln zustande.

Er fragte mit wachsender Ungeduld: »Was ist es dann?«

Da platzte Milly Armitage heraus: »Anne ist zurückgekommen.«

Sie standen dicht beieinander am Schreibtisch. Philip hatte seinen Mantel über dem Arm und seinen Hut in der Hand.
Groß und blond stand er da, ein echter Jocelyn, nur mit
einem schmaleren, schärferen Gesicht, als es dem Familien-
typ entsprach. Er hatte die gleichen dunkelgrauen Augen
wie Anne, auch ähnlich markante Augenbrauen, nur nicht
gewölbt wie bei Anne, sondern mit einem scharfen Knick
versehen. Nach einer langen Pause wandte er sich ab, legte
den Mantel über eine Sessellehne und sagte leise:

25

»Würdest du das bitte noch einmal sagen?«

Milly Armitage hatte das Gefühl, als müsse sie explodie-
ren. Sie kam seinem Wunsch nach, zog die Worte auseinander, als habe sie ein begriffsstutziges Kind vor sich:

»Anne – ist – zurückgekommen.«

»Also habe ich mich nicht verhört. Ich wollte nur sicher
sein. Macht es dir etwas aus, mir zu verraten, was das heißen
soll?«

»Philip – bitte! Ich kann nicht mit dir reden, wenn du
mich so behandelst!«

Er zog die Brauen in die Höhe.

»Wie behandle ich dich denn?«

»Unmenschlich! Sie ist am Leben – sie kam zurück – sie
ist hier.«

Diesmal war auch seine Stimme wie ein Reibeisen:

»Hast du den Verstand verloren?«

»Noch nicht. Aber ich fürchte, das kann nicht mehr lange
dauern.«

Da sagte er beherrscht: »Anne ist tot. Was bringt dich auf
die Idee, sie wäre es nicht?«

»Anne! Sie platzte gestern abend hier herein. Sie ist hier –
gegenüber mit Lyndall im Salon.«

»Unsinn!«

»Philip, wenn du weiter so mit mir redest, werde ich
schreien! Ich wiederhole: Sie ist am Leben und sitzt mit
Lyndall im Salon gegenüber.«

»Und ich sage dir, daß ich Zeuge war, wie sie starb und
beerdigt wurde.«

Milly Armitage unterdrückte einen Schauder und erwiderte mit gereizt klingender Stimme:

»Was hilfst uns das jetzt?«

»Willst du damit sagen, daß ich lüge?«

»Sie ist mit Lyndall zusammen im Salon drüben.«

Philip ging zur Tür. »Dann sollten wir wohl zu ihnen gehen.«

»Wart! Nicht so unvorbereitet. Laß dir erst von mir die Zusammenhänge erklären. Jemand rief morgens hier an – gestern morgen. Lyn hat dir das am Telefon schon mitge-teilt.«

»Ja?«

»Es war Anne. Sie war eben mit einem Fischerboot gelan-det. Sie sagte nicht, wer sie sei – sie fragte nur, ob du da bist. Gestern abend gegen halb neun Uhr kam sie dann hierher. Es war der schlimmste Schock meines Lebens. Kein Wunder, daß du es nicht glauben kannst. Lyn hatte sich erst kurz zuvor Amorys Porträt angesehen, und da öffnet sich die Tür und sie steht da, als sei sie aus dem Bilderrahmen herunter-gestiegen – im blauen Kleid, Perlen um den Hals, Pelzmantel über den Schultern. Ich dachte, mich trifft der Schlag.«

Er wandte sich wieder ab und öffnete die Tür.

»Anne ist tot, Tante Milly. Ich glaube, ich sehe nun endlich einmal nach, wer drüben bei Lyn im Salon sitzt.«

Sie sagten beide kein Wort, als sie die Halle durchquerten. Es war Philip, der die Tür öffnete und als erster hineinging. Zunächst sah er Lyndall, die auf der Lehne eines Sessels saß, der links vom Kamin stand. Sie sprang auf, und hinter ihr im Sessel sah er das blaue Kleid des Porträts – Anne Jocelyns Kleid, das sie beim Abschied trug –, und über dem Stoff hingen Anne Jocelyns Perlen, und darüber Anne Jocelyns goldgelocktes Haar, das ovale Gesicht, die dunkelgrauen Augen, die gewölbten Brauen . . .

Er stand da und schaute. Niemand von ihnen hatte ange-ben können, wieviel Zeit er brauchte, bis er auf sie zuging und mit ruhiger, entschiedener Stimme sagte:

«Sehr gut inszeniert! Darf ich Sie zu Ihrer Aufmachung und Ihrer Unverfrorenheit beglückwünschen, Miss Joyce.»

5

Sie erhob sich aus dem Sessel und stand ihm gegenüber.

»Philip!«

Er nickte kurz.

»Philip, aber nicht Anne – oder wenigstens nicht Anne Jocelyn. Ich nehme an, Annie Joyce wurde getauft.«

»Philip!«

»Das bringt uns nicht weiter. Darf ich fragen, wie Sie auf den Gedanken kamen, Sie würden mit diesem Betrug durchkommen? Sehr gerissen; doch vermutlich dachten Sie, ich sei im Ausland – oder, noch besser, im Krieg gefallen, was Ihre Chancen wahrscheinlich erheblich verbessert hätte. Offenbar haben Sie ja Lyn und Tante Milly überzeugt; aber bei mir zieht das nicht, und ich sage Ihnen auch, warum. Als Anne von Maschinengewehrkugeln getroffen wurde, hob ich sie auf und trug sie ins Boot. Dort starb sie. Ich brachte ihre Leiche nach Hause.«

Sie ließ sein Gesicht nicht aus den Augen.

»Du hast Annie Joyce nach Hause gebracht. Du hast Annie Joyce begraben.«

»Und weshalb soll ich das getan haben?«

»Weil du, wie ich glaube, einem Irrtum erlegen bist. Es war Annie, die von den Kugeln getroffen wurde, aber ich schrie. Sie klammerte sich an meinem Arm fest. Du warst schon zum Boot vorausgegangen. Eine Kugel schwirrte an mir vorbei. Ich spürte den Zugwind. Annie ließ los und stürzte. Ich schrie. Dann kamst du zurück und hobst sie auf. Vielleicht dachtest du, es sei ich, die du zum Boot trugst. Im Dunkeln ist so ein Irrtum möglich – ich weiß es nicht – ich will mich nicht dazu äußern. Es war dunkel, und sie schossen ununterbrochen auf uns – du hättest dich irren können. Ich dachte, du kämst zurück, um mich zu holen. Doch das tatest du nicht.«

Philip sagte leise: »Das wäre also deine Geschichte – daß ich dich am Strand zurückgelassen habe?«

»Ich denke – nein, ich bin mir sicher –, du dachtest, du ließest nur Annie Joyce zurück.«

»Das ist eine verdammt gemeine Unterstellung . . .« Er beherrschte sich. »Folgendes ist passiert. Ich trug Anne zum Boot. Da waren noch andere Leute, die sich uns angeschlossen hatten – die Reddings.« Er drehte sich Lyndall zu. Als er fortfuhr, schien es nur für sie bestimmt: »Murdoch und ich fuhren mit seinem Motorboot hinüber. Als wir ankamen, war Theresa Jocelyn schon tot und begraben, und die Deutschen waren im Dorf. Ich ging zum Schloß, während Murdoch beim Boot blieb. Ich gab Anne und Miss Joyce eine halbe Stunde Zeit, ein paar Wertsachen zusammenzupacken, und Anne sagte mir, da wären noch andere Engländer, die sich auf einem Bauernhof versteckt hielten, und ob ich sie auch mitnehmen könnte. Sie sagte, Pierre könnte diesen Leuten Bescheid geben. Ich fragte, wie viele es wären, und sie antwortete, das wisse sie nicht genau; aber zwei davon seien noch Kinder. Sie schickte nach Pierre – er war Theresas Butler und Faktotum –, und er sagte, es handele sich um Monsieur und Madame Redding und deren Sohn und Tochter, die beide noch nicht erwachsen wären. Der Bauernhof gehörte seinem Vetter, und er schien genau zu wissen, wovon er sprach. Ich sagte, gut, wir nehmen sie mit, aber sie müßten

spätestens in einer Stunde am Strand sein. Sie verspäteten
sich – sie gehörten zu der Sorte, die nie pünktlich sein kann.
Wir warteten also, und als sie endlich auftauchten, hatten uns
auch die Deutschen entdeckt, und der Zauber ging los.

Ich hatte einen kleinen Vorsprung, als Anne hinter mir
aufschrie. Ich kehrte um und konnte sie ins Boot retten. Es
war stockdunkel, und überall wurde geschossen. Ich rief
nach Annie Joyce, bekam jedoch keine Antwort. Murdoch
und ich suchten nach ihr. Da riefen auch die Reddings schon
nach uns, und Murdoch kam, jemand auf seinen Armen
tragend, an mir vorbei. Ich dachte, das müsse Miss Joyce
sein. Als wir alle an Bord waren, zählten wir die Leute im
Boot: Murdoch, ein Mann, ein Junge, vier Frauen und ich.
Und ich hatte richtig gesehen – eine von den Frauen war von
einer Kugel getroffen worden. Wir schoben das Boot ins
Wasser. Anne kam nicht mehr zu sich. Sie hatte einen Kopf-
schuß bekommen. Wir waren schon halbwegs drüben, ehe
ich feststellte, daß Miss Joyce nicht zu den Geretteten gehörte. Die Reddings hatten auch ihre französische Gouvernante mitgenommen. Sie hatte eine Kugel in der Brust und
ihr Zustand war kritisch. Wir konnten nicht mehr umkeh-
ren. Das hätte auch keinen Sinn gehabt. Die Deutschen
hatten inzwischen bestimmt den Strand abgesucht und jeden
mitgenommen, den sie dort aufstöberten. Das ist damals
passiert, Miss Joyce«, schloß er, nun wieder Anne anblik-
kend.

Sie stand am Kamin, den linken Arm auf dem Sims, und
ließ die Hand locker herunterfallen. Sie trug den Ehering
aus Platin am dritten Finger und darüber den großen Saphir
in der Rosette aus kleinen Diamanten – den Ring, den Anne
Jocelyn zur Verlobung geschenkt bekam. Sie sagte frei-
mütig:

»Ich bin froh, daß ich jetzt weiß, wie es wirklich war. Es tat sehr weh, dreieinhalb Jahre lang im ungewissen zu sein, warum du mich zurückgelassen hast. Denn nicht Annie Joyce mußte zurückbleiben, sondern ich. Du wirst dir vorstellen können, wie mir zumute war, als du nicht mehr kamst. Ich konnte das nicht begreifen, doch nun verstehe ich, daß es so gewesen sein kann, wie du es erzählst – du *könntest* mich in der Dunkelheit mit Annie verwechselt haben. Ich glaube dir, wenn du sagst, du hättest geglaubt, mich zum Boot zu tragen. Ich weiß nicht, wie lange du an diesem Glauben festgehalten hast. Im Dunkeln – nun, es könnte gewiß lange gedauert haben, bis . . .«

Sie ließ den Satz unbeendet und fragte dann mit banger, leiser Stimme: »War sie – sehr verstümmelt?«

»Nein.«

»Und am Morgen hast du sie immer noch nicht erkannt? Ich – nun, ich kann mir denken, daß so etwas möglich ist. Es gab eine sehr starke Ähnlichkeit zwischen uns. Ich muß einfach an diese Möglichkeit glauben, weil sie ja die Wahrheit zu sein scheint. Und ich will nicht, ich möchte nicht, daß andere an die einzig mögliche Alternative denken.«

»Du machst mich wirklich sehr neugierig«, sagte Philip. »Willst du dich nicht deutlicher ausdrücken? Ich möchte brennend gern die Alternative erfahren.«

»Ich möchte sie lieber nicht aussprechen.«

»Ich fürchte, du mußt.«

Die ganze Zeit hatte Milly Armitage hinter Philip an der Tür gestanden. Nun setzte sie sich auf die Lehne ihres angestammten Sessels. Sie hatte das Gefühl, ihre Knie müßten jeden Moment unter ihr nachgeben. In ihrem Kopf summte es, und die Möbel schienen zu wackeln. Lyndall hatte sich nicht von der Stelle gerührt. Ihre Hände waren starr vor Entsetzen.

»Nun gut«, sagte Anne, »ich wollte sie nicht sagen, ich wollte nicht einmal daran denken, Philip, aber die Alternative lautet: Du hast Annie Joyce als Anne Jocelyn beerdigen lassen. Weil du erstens mit einiger Sicherheit annehmen konntest, ich sei tot, und zweitens, weil dein Eingeständnis, mich am Strand zurückgelassen zu haben, einen denkbar schlechten Eindruck gemacht hätte. Drittens wäre der Nachweis, ich sei wirklich tot, gar nicht so einfach zu führen gewesen, und es hätte viertens Jahre dauern können, bis die Angelegenheit juristisch einwandfrei geregelt war. Waren das alles nicht große Versuchungen gewesen, eine Abkürzung vorzunehmen?«

Philip war grau unter seinem Sonnenbrand, sein Gesicht scharfzügiger denn je und seine Stimme kalt und zornig. Milly Armitage wünschte sich im stillen, daß er geflucht oder getobt hätte. Ihr Vater und ihr verstorbener Mann hatten immer einen großen Lärm gemacht, wenn sie wütend waren. Sie wünschte sich eine Szene von Philip, es wäre ihr wohler ums Herz gewesen.

Statt dessen sagte er sehr leise:

»So läuft also der Hase: Ich verwechselte in der Dunkelheit Annie Joyce mit Anne, und als ich erkannte, was ich angerichtet hatte, blieb ich bei meinem Irrtum, damit ich meine Hand auf Annes Vermögen legen konnte. Ist das deine Version?«

Sie sah zur Seite. Solch eisigen Blicken vermochte sie kaum standzuhalten.

»Philip – nicht! Nein! Ich wollte es nicht sagen – du weißt, daß ich nicht wollte – du hast mich dazu gezwungen. Aber so werden die Leute reden, wenn du bei deiner unmög-

lichen Geschichte bleibst du. Siehst du denn nicht ein, daß ich
nur versuche, dir zu helfen? Begreifst du denn nicht, daß wir
um unsertwillen dieselbe Version vertreten müssen? Es muß
wie ein echtes Versehen aussehen. Denkst du, ich möchte
glauben, es wäre nicht so gewesen? Es muß ein Irrtum
gewesen sein, und das haben auch die Leute zu akzeptieren.
Du hast mich drei Monate nicht gesehen – ich war hager
geworden vor lauter Sorgen –, die Ähnlichkeit mit Annie
war verwirrend, und eine Tote –«, Anne erschauderte sicht-
bar, »eine Tote sieht anders aus als eine Lebende. Philip,
bitte, faß es nicht so auf! Wir sagen uns ganz falsche Dinge.
Ich sage ganz falsche Dinge, nur weil es so wichtig ist. Eben
weil ich dir die richtigen sagen möchte, Philip!«

Er wich einen Schritt zurück.

»Du bist nicht meine Frau.«

Milly Armitage konnte nicht länger an sich halten. Es war
ein Wunder, daß sie so lange geschwiegen hatte. Den Blick
auf den Saphirring geheftet, sagte sie:

»Annes Hochzeitsring hatte innen eine Gravierung, nicht
wahr?«

»A. J. und das Datum«, antwortete Philip sehr ruhig.

Anne zog den Saphirring ab, dann den Ehering, ging zu
Milly Armitage und hielt beide auf der Handfläche vor ihr
Gesicht.

»A. J. und das Datum«, bestätigte sie.

Einen Moment blieb es still. Niemand rührte sich. Lyndall
hatte das Gefühl, ihr würde das Herz brechen. Die drei
Menschen, die sie am meisten liebte, waren jetzt durch dieses
Schweigen miteinander verbunden. Aber das war ein Irrtum.
In Wirklichkeit trennten sie Kälte, Argwohn und Mißtrau-
en –, vor allem diese eiskalte Wut von Philip, die ihr durch
und durch ging. Sie wollte wegrennen und sich verstecken,

aber man kann sich nicht vor etwas verkriechen, das in einem selbst steckt. Sie blieb, wo sie war. Dann hörte sie Philip sagen:

»Anne zog ihren Ehering ab, als sie nach Frankreich ging. Wir stritten uns wegen dieser Reise, und sie streifte den Ehering ab.«

Anne wich einen Schritt zurück.

»Ich steckte ihn wieder an.«

»Das bezweifle ich nicht: Als du dich dazu entschlossen hattest, die Rolle von Anne zu spielen. Vielleicht lieferst du uns jetzt deine Geschichte? Meine hast du ja gehört. Ich bin sicher, du hast eine Geschichte vorbereitet. Und die sollten wir uns anhören.«

»Philip . . .« Ihre Stimme brach ein wenig ein bei diesem Wort. Sie steckte die beiden Ringe wieder an den Finger und richtete sich auf. »Ich bin froh, daß ich dir meine Geschichte erzählen kann. Tante Milly und Lyn kennen sie bereits. Pierre half mir, daß ich mich in eine Höhle flüchten konnte. Wir versteckten uns dort, bis die Schießerei vorbei war. Ich hatte mir den Knöchel verstaucht. Die Deutschen kämmten die Gegend ab, aber uns entdeckten sie nicht. Als sie wieder abgezogen waren, kehrten wir in das Château zurück. Es war kalt und feucht, und ich wurde krank. Als die Deutschen das Château durchsuchten, hatte ich hohes Fieber. Pierre erzählte ihnen, ich sei Annie Joyce und hätte seit zehn Jahren hier bei meiner Kusine gelebt, die soeben verstorben sei. Er sagte, es sei noch eine englische Lady dagewesen, aber die sei geflüchtet, als sie hörte, die deutschen Truppen wären im Anmarsch. Die Deutschen ließen einen Arzt kommen, und der stellte eine doppelte Lungenentzündung fest. Ich sei nicht transportfähig, erklärte er. Da ließen sie mich in Ruhe.

Ich war lange krank. Nach meiner Genesung steckten sie mich in ein Konzentrationslager; aber dort hatte ich einen Rückfall, und so ließen sie mich wieder frei. Das ist alles. Ich lebte mit Pierre und dessen Frau im Schloß. Glücklicherweise bewahrte Kusine Theresa immer eine große Menge Bargeld im Haus auf. Wir fanden es an den unmöglichsten Stellen – unter Nadelkissen, in Lavendelsäckchen, zwischen Buchseiten, in den Kappen ihrer Hausschuhe. Wenn das Geld einmal auszugehen drohte, begann ich zu verzweifeln.«

»Warum hast du nie geschrieben?«

»Ich hatte Angst, ich würde damit die Aufmerksamkeit der deutschen Besatzer auf mich ziehen. Noch ließen sie mich ja in Ruhe. Aber ich schrieb – zweimal –, als Pierre mir sagte, er kenne einen Weg –, die Briefe über den Kanal zu schmuggeln.«

»Überrascht es dich sehr, daß diese Briefe nie eintrafen?«

Sie begegnete seinem Blick ganz offen.

»Oh, nein – ich wußte, ich hatte nur eine geringe Chance! Vor einer Woche wurde mir dann eine weitere, eine echte Chance geboten, selbst über den Kanal geschmuggelt zu werden. Ich mußte dafür alles Geld auf den Tisch legen, das von Kusine Theresas gehorteten Schätzen übriggeblieben war. Aber ich dachte mir, ich sollte es riskieren. Ich landete mit nur einer Fünf-Pfund-Note in der Handtasche, die ich schon aus England über den Kanal mitgebracht hatte. Ein paar Münzen davon habe ich noch übrig, und wenn du nun vorhast, mich aus dem Haus zu weisen, mußt du mir wohl oder übel etwas Geld vorstecken, bis Mr. Codrington mir mein Vermögen wieder aushändigt.«

Philip dachte in kaltem Zorn über ihre Worte nach. Er konnte sie nicht mittellos auf die Straße setzen, und das

wußte sie genau. Doch jede Stunde, die sie noch länger unter
seinem Dach verbrachte, würde ihren Anspruch festigen.
Und wenn er sich selbst auf die Straße setzte ... Verdammt
wollte er sein, wenn er Jocelyns Holt einer Annie Joyce
überließ!
Er ließ keine Pause eintreten, um sie zu korrigieren: »Annes Vermögen!«
Und ihre Antwort kam ebenso schnell: »Mein Geld, Philip!«

6

»Eine höchst ungewöhnliche Situation«, bemerkte Mr. Cod-
rington. »Vertrackt – sehr vertrackt. Es wäre besser gewesen,
Sie hätten das Haus verlassen.«
Philip Jocelyn lächelte.
»Um es Miss Annie Joyce zu überlassen? Ich fürchte, ein
solcher Vorschlag findet nicht meinen Beifall.«
Mr. Codrington setzte eine bekümmerte Miene auf. Sein
Vater und er hatten vier der Jocelynschen Generationen
juristischen Beistand geleistet. Sie waren eine halsstarrige
Familie. Er hatte Philips Taufe beigewohnt und kannte ihn
seit seiner Geburt – er mochte ihn sehr, obwohl er nicht
abstreiten konnte, daß er ihn als den starrköpfigsten Vertre-
ter der Familie ansah. Anwälte lernen in ihrem Beruf den
Menschen kennen.
»Diese Personen-Feststellungsverfahren sind immer hei-
kel«, fuhr er fort, »sie lenken das Interesse der Öffentlichkeit
in unerwünschtem Maße auf sich.«
»Eine Untertreibung, möchte ich sagen.«

Mr. Codrington sah ihn düster an.

»Wenn sie dieses Verfahren vor Gericht anstrengt . . .«, sagte er und brach ab. »Ich könnte nicht in den Zeugenstand treten und schwören, sie sei nicht Anne Jocelyn, wenn ich ehrlich sein soll.«

»Das könnten Sie nicht?«

»Nein.«

»Dann glauben Sie also, sie würde gewinnen?«

»Das habe ich nicht gesagt. Sie könnte im Kreuzverhör zusammenbrechen. Falls aber nicht . . .« Er zuckte mit den Schultern. »Sie wissen doch selbst, daß die Ähnlichkeit verblüffend ist, und bedauerlicherweise kommen wir nicht an die Leute heran, die Annie Joyce kennen. Käme aber einmal die Zeit, wann wir sie befragen könnten – falls sie dann überhaupt noch leben, heißt das –, ist es sicherlich mit ihrem Erinnerungsvermögen nicht mehr weit her. Sie wohnte seit ihrem fünfzehnten Lebensjahr bei Miss Jocelyn in Frankreich. Seither sind elf Jahre vergangen. Ich sah sie zum letztenmal, ehe sie abfuhr – Miss Jocelyn brachte sie mit in mein Büro. Sie war ein, zwei Jahre älter als Anne, dünner im Gesicht, aber sonst fast ihr Ebenbild – die ganze Familie hat ja die gleichen Augen und ungefähr die gleichen Farben. Aber es gab Unterschiede im Detail. Das Blond ihrer Haare war dunkler als bei Anne, und gewellt war es auch nicht.«

»Haare können gefärbt und Locken gedreht werden.«

»Das wäre meiner Meinung nach ein Ansatzpunkt für die Beweisführung.«

Philip schüttelte den Kopf.

»Tante Milly brachte gestern abend beides zur Sprache.«

Miss Joyce war um eine Antwort nicht verlegen. Drei entbehrungsreiche Jahre hätten ihren Haaren mächtig zugesetzt. Sie ließ sich gleich nach der Landung eine Dauerwelle

legen. Sie sagte, sie habe einen ausgezeichneten Friseur in
Westhaven aufgetrieben und ihren letzten Penny bei ihm
ausgegeben. Und was die Haarfarbe betrifft, verwenden
blonde Mädchen durchweg Shampoos, die Bleichmittel ent-
halten. Auch Anne benützte so eine Marke. Da sehe ich
keine Möglichkeit für einen Gegenbeweis.«

Mr. Codrington schwang auf seinem Sessel herum.

»Philip«, sagte er, »wollen Sie mir jetzt verraten, weshalb
Sie so fest davon überzeugt sind, sie sei nicht Anne? Als ich
vorhin hereinkam und sie dort drüben unter dem Porträt
stehen sah, da ... nun, Sie wissen schon ...«

Philip Jocelyn lachte.

»Sie hält sich nirgends lieber auf als unter Annes Porträt.
Ein Jammer, daß sie nicht die ganze Zeit den Pelzmantel
tragen kann. Wie ich hörte, war ihr erster Auftritt in diesem
Kleidungsstück sehr wirkungsvoll; aber wenn sie im Pelzmantel im Haus herumläuft, macht sie sich nur lächerlich.
Alles andere ist sehr sorgfältig reproduziert – Haare, Kleid,
Perlen –, Anne, wie sie leibt und lebt, wenn wir die Zeit
zurückdrehen könnten. Sehen Sie nicht ein, daß sie sich
damit verrät? Warum sollte sich Anne so anziehen und
herrichten, wie sie vor vier Jahren einem Maler Modell
stand? Ist es selbstverständlich, daß sie heute ihre Haare so
trägt wie vor vier Jahren?« Er lachte kurz. »Und warum
überhaupt ihr eigenes Porträt kopieren und in Westhaven
erst zum Friseur gehen, damit er ihr für ihr letztes Geld eine
Dauerwelle legt? Wenn sie Anne wäre, könnte sie auf das
alles gern verzichten. Sie könnte in einem alten Fetzen heim-
kommen, mit einem Tuch um die Haare, wie heutzutage
viele Mädchen herumlaufen, und man käme nicht eine Sekunde auf die Idee, daß man sie für jemand anders halten
würde. Nur die Frau, die die Rolle einer anderen spielen will,

muß sich wie das Original anziehen und dessen Make-up
und Haarstil kopieren. Warum sollte Anne der Möglichkeit
vorbeugen, wir könnten ihre Identität anzweifeln? Auf so
einen Gedanken brauchte sie doch nie zu kommen!«

Mr. Codrington nickte nachdenklich.

»Das leuchtet mir ein. Aber ich weiß nicht, was ein
Schwurgericht dazu sagen würde. Geschworene lieben Tat-
sachenbeweise. Für Psychologie haben sie wenig Verständnis«, fürchte ich.«

»Das war nur einer meiner Gründe, die mich überzeugten, daß ich es nicht mit Anne zu tun hätte. Hier ist noch
einer – obschon Sie ihn ebenfalls als psychologisch einstufen
werden, fürchte ich. Sie sieht Anne verblüffend ähnlich –
einer Anne, wie sie ausgesehen hätte, wenn sie vier Jahre älter
geworden wäre –, gut, erstaunlich ähnlich im Aussehen.
Aber sie ist nicht Anne, denn die wäre mir in dem Moment
ins Gesicht gesprungen, als ich grob zu ihr wurde. Und ich
nahm kein Blatt vor den Mund, verstehen Sie? Doch sie
reichte mir statt dessen nur die andere Wange hin. Anne hätte
das niemals getan!«

»Sie hat dreieinhalb Jahre unter deutscher Herrschaft
leben müssen. Glauben Sie nicht, daß sie in dieser Zeit
gelernt hat, sich selbst zu beherrschen?«

Philip stand mit einer ungeduldigen Handbewegung aus
seinem Sessel auf.

»Nicht Anne – nicht bei mir!« Er begann, im Raum auf-
und abzugehen. »Bedenken Sie, wie die beiden Mädchen
aufgewachsen sind. Anne war das bezaubernde, verwöhnte
Einzelkind einer reichen Erbin. Mit achtzehn hatte sie selbst
geerbt. Sie hatte so viel Charme, daß man das verwöhnte
Kind nur entdeckte, wenn man ihren Willen durchkreuzen
wollte. Ich entdeckte es, als ich damals sagte, sie könnte

unmöglich Theresa Jocelyns Vermächtnis annehmen. Damit provozierte ich einen heftigen Ehekrach, und sie fuhr nach Frankreich. Wenn sie Anne wäre, wäre sie glatt explodiert, als ich sagte, sie sei Annie Joyce.«

»Fast vier Jahre unter deutscher Herrschaft, Philip!«

»Es gehören mehr als vier Jahre dazu, um aus einer Erwachsenen das zu machen, was sich uns als Anne präsentiert. Betrachten wir einmal, wer sie zeugte: der außereheliche Sohn des alten Ambrose, der nur knapp das Ziel der Legitimität verfehlte. Wäre Annes Großmutter einen Monat früher verstorben, hätte Onkel Ambrose zweifellos seine Mrs. Joyce geheiratet. Dann wäre aus dem jungen Roger ein Sir geworden. Aber so vergaß der Alte sogar, sein Testament zu unterschreiben, und Annie erbte nichts als Ärger. Theresa versuchte, die Kleine mit fünfzehn der Familie aufzudrängen. Deren Reaktion trug gewißlich nicht dazu bei, Annies Ärger zu verringern.

In den folgenden sieben Jahren stand sie unter der Fuchtel von Kusine Theresa. Diese Dame war sehr launisch, und das arme Mädchen wußte nie, wie es mit ihr dran war. Bald war es Prinzessin, bald Aschenputtel, und mußte erst jedes Wort überlegen, ehe es den Mund aufmachte. Annie konnte es sich gar nicht leisten, die Beherrschung zu verlieren.

Sieben Jahre Knechtschaft, um sich Theresas Erbschaft zu verdienen, und dann wurde sie von Theresa um ihren Lohn betrogen. Glauben Sie nicht, der Groll unseres Aschenputtels hat nach dieser Erfahrung noch zugenommen? War hier nicht eine Frau herangewachsen, die sich so einen Plan ausdenkt, um an ihr Geld heranzukommen?«

»Sehr überzeugend! Aber es ist gar nicht so einfach, eine fremde Identität anzunehmen. Natürlich hat es solche Fälle gegeben, und wir können sie auch für die Zukunft nicht ausschließen; doch so ein Betrug hat seine Tücken. Jedenfalls mußte sich Annie Joyce erst einmal mit der Familienge- schichte und den Fotos aller Familienmitglieder vertraut machen. Miss Jocelyn war eine unermüdliche Tratschtante. Sicherlich wußte sie eine Menge Anekdoten und Skandalge- schichten, die sie Annie mitteilte. Sie kannten auch dieses Haus, nicht wahr?«

»Sie waren beide eine Woche lang hier auf Besuch. The- resa bestand darauf, daß Annie ebenfalls eingeladen wurde, und wie ich hörte, gab es deswegen Ärger. Zum Glück war ich damals nicht zu Hause, sondern bereitete mich auf das Abitur vor.«

»Aha – also wieder eine Enttäuschung für das Mädchen.« Philip lächelte unangenehm.

»Wieder ein Indiz. Sie hatte eine Woche Zeit, sich alles einzuprägen – es war das erste große Haus, das sie in ihrem Leben von innen gesehen hatte. Ich erinnere mich noch daran, wie meine Stiefmutter mir das erzählte. Solche Ein- drücke sind von Dauer. Miss Joyce findet sich im Haus und Garten zurecht, als wäre sie hier geboren.«

»Oh – tatsächlich?«

»Das beeindruckt Sie? Mich nicht. Als ich fünfzehn war – also im gleichen Alter wie Annie Joyce, als sie dieses Haus besuchte –, war ich bei den McLarens im Hochland in deren Jagdhaus. Ich würde mich dort heute noch mit verbundenen Augen zurechtfinden, ohne mein Gedächtnis anstrengen zu müssen. Annie Joyce konnte das natürlich. Anne blieb drei Monate bei Theresa im Château. Und die Dame wird keine Ruhe gelassen haben, bis sie Anne auch die intimsten Ereig- nisse unseres Hauses entlockt hatte.«

Mr. Codrington nickte.

»Ich gebe zu, daß Annie Joyce idealere Voraussetzungen

für einen Personenwechsel besaß als die meisten Betrüger dieser Gattung. Wie ich hörte, ist sie aber auch im Besitz von Annes Pelzmantel, Verlobungs- und Ehering, Paß, Personal-ausweis und so fort. Wie erklären Sie sich das?«

Philip setzte seine Wanderung durch das Zimmer fort.

»Ich sagte beiden damals, sie sollten ihre Wertsachen zusammenpacken. Anne kam mit der Tasche herunter, die ich ihr zur Hochzeit geschenkt hatte. Darin mußten sich ihre Wertsachen und Papiere befunden haben. Jemand trug ihr den Pelzmantel nach. Vielleicht ist das sogar Annie gewesen. Ich kann mich nicht mehr genau erinnern.«

»Leider«, sagte Mr. Codrington trocken.

Philip richtete sich auf.

»Würde ich lügen, brauchte ich doch nur zu sagen, Annie habe den Pelzmantel getragen, oder? Ich kann mich aber nicht mehr genau daran erinnern. Jedenfalls hatte Anne den Mantel nicht an, als ich sie zum Boot trug. Pierre hatte ein paar Koffer gepackt. Was aus ihnen geworden ist, weiß ich auch nicht. Es war stockdunkel, und die Deutschen schossen auf uns. Anne wurde schon bei der ersten Salve getroffen. Vielleicht hat Annie ihre Tasche aufgehoben. Vielleicht trug sie die Tasche schon, als wir das Château verließen. Ich kann es nicht sagen.«

»Ich verstehe. Keine beweiskräftige Aussage. Man kann sie auch zu Ihrem Nachteil auslegen. Aber wie sieht es mit ihrer Handschrift aus?«

Philip antwortete düster: »Sie hatte dreieinhalb Jahre Zeit. Annes Handschrift einzuüben. Sie sieht mir ziemlich echt aus. Ich weiß natürlich nicht, was ein Experte dazu sagen würde.«

»Geschworene haben eine Aversion gegen Sachverständi-ge.«

Philip nickte.

»Ich habe auch den Eindruck, manche Sachverständigen können sich selten zu einem eindeutigen Standpunkt durchringen.«

»Und Geschworene mißtrauen technischen Einzelheiten.«

Philip kam zum Schreibtisch und setzte sich auf eine Ecke der Tischplatte.

»Um Gottes willen – reden Sie doch nicht dauernd von Geschworenen! Diese Frau ist nicht Anne, und wir müssen sie dazu bringen, das zuzugeben. Sie ist Annie Joyce, und ich möchte ihr sagen, daß sie als Annie Joyce meiner Ansicht nach Anspruch auf Theresa Jocelyns dreißigtausend Pfund hat. Ich sagte zu Anne, daß sie diese Erbschaft nicht behalten dürfe, und ich sagte Ihnen nach Annes Tod, ich wollte das Geld auf keinen Fall behalten, vorausgesetzt, Annie Joyce wäre noch am Leben. Nun – sie ist es –, sie sitzt drüben mit Lyndall im Salon. Vermutlich sehen sie sich gerade Tante Millys Fotoalbum an. Und was sie noch nicht wußte, holt sie in diesem Augenblick nach.«

»Sie hätten das nicht zulassen dürfen, Philip!«

»Das meiste hatte sie ja schon erledigt, ehe ich nach Hause kam. Lyn zeigte ihr alles, was sie sehen wollte. Sie folgt ihr überall hin wie ein Hund. Sie denkt . . . « Seine Stimme wechselte und wurde fast tonlos: »Ich weiß nicht, was sie denkt.«

Mr. Codrington trommelte mit den Fingern auf seiner Kniescheibe.

»Ich hätte Mrs. Armitage mehr Verstand zugetraut.«

»Oh, Tante Milly können Sie keinen Vorwurf machen. Sie und Lyn hatten nicht den geringsten Zweifel – bis ich kam. Tante Milly war wie vor den Kopf geschlagen. Aber Lyn . . . «

Er stieß sich vom Schreibtisch ab. »Ich möchte, daß Sie in den Salon hinübergehen und Annie mitteilen, sie könne Theresas dreißigtausend Pfund haben, aber nur gegen eine Quittung, die mit Annie Joyce unterschrieben ist.«

7

Lyndall kam aus dem Salon und schloß die Tür hinter sich. Einen Moment lang spürte sie ein wenig Erleichterung, ein trügerisches Gefühl gelungener Flucht. Aber dann kam Philip wütend auf sie zu, faßte ihren Arm und zerrte sie mit sich fort.

Als er die Tür des Arbeitszimmers hinter sich zugeworfen hatte, lehnte er sich dagegen und sagte:

»Jetzt bist du an der Reihe! Was für eine Rolle gedenkst du zu spielen?«

»Gar keine.«

»Die Rolle einer Närrin, wie?«

Worte kamen ihr auf die Zunge, aber sie wagte sie nicht, auszusprechen. Man hätte sie falsch auslegen können. Daß sie sich wünschte, Anne wäre nicht zurückgekommen, um ihnen Kummer zu machen. Sie konnte sich das nicht wünschen – durfte es nie.

Philip betrachtete sie mit – wie sie glaubte – Verachtung.

»Du bist eine verdammte kleine Närrin!« polterte er los.

»Du hast alles getan, um mir zu schaden! Warum?«

Sie stand vor ihm wie ein bekümmertes Kind.

»Was habe ich getan?«

Er lachte.

»Die Frage stellt sich eher, was du nicht getan hast. Falls

es etwas gab, was sie noch nicht wußte, ließt du auf den Knien, um es ihr zuzureichen. Oder etwa nicht?«

»Du sprichst von dem Fotoalbum?« fragte sie mit leiser, verlegener Stimme.

Philip faßte sie bei den Handgelenken.

»Schau mich an! Sie ist nicht Anne. Anne ist tot. Nein – du sollst mich ansehen! Warum glaubst du, sie wäre Anne?« Sein Griff wurde noch fester. »Glaubst du, sie sei es wirklich?«

Sie wich ihm nicht mehr mit den Augen aus, fand aber keine Worte. Er ließ sie los und wich lachend vor ihr zurück.

»Du bist dir nicht sicher, nicht wahr? Du stehst da und sagst kein Wort. Und warum nicht? Weil du sehr rasch reden würdest, wenn du dir sicher wärst. Soll ich dir sagen, was dir die Zunge lähmt?« Er griff heftig in seine Hosentaschen und lehnte sich gegen die Tür. »Zuerst warst du dir sicher – ohne jeden Argwohn. Ganz aufgelöst vor Freude: ›Anne ist gar nicht tot – sie war es nie!‹«

Sie sah immer noch nicht weg. Sie sagte:

»Ja . . .«

»Und dann war es gar keine ungetrübte Freude mehr, nicht wahr?« Er betrachtete sie mit halbgeschlossenen Augen. »Eine nicht ganz ungetrübte Freude. Du mußtest etwas verbessern. Das bedeutete, du mußtest dich überschlagen, um ihr jeden Wunsch zu erfüllen.«

»Ja . . .«, wiederholte sie, doch diesmal nicht mit blassen Lippen. Sie sagte es ihm mehr mit den Augen, während sie zusammenzuckte.

»Wenn ich dich nicht so lieben würde, könnte ich dir den Kopf abreißen!«

Wäre es möglich gewesen, noch blasser zu werden – es wäre ihr sicher gelungen. So spannte sie nur die Muskeln an,

die ihrem Gesicht einen zerknirschten Ausdruck gaben. Sie
preßte die Hände ineinander und sagte:

»Du darfst nicht . . .«

Nur ein geschultes Ohr konnte verstehen, was sie sagte.
Philip hatte geschulte Ohren. Er fragte:

»Was darf ich nicht?« Als sie ihn mit tragisch-vorwurfs-
vollen Augen ansah, fuhr er fort: »Dich lieben – oder dir den
Kopf abreißen?«

»Du weißt . . .«

Ein Lächeln, das so rasch auftauchte, wie es wieder verschwand, folgte. Einen kurzen Augenblick nur schimmerte
die warme, weiche Seite des Jocelyn-Typs aus Mund und
Augen. Ehe Lyndall Trost daran finden konnte, sagte er:

»Du hast ganz recht. Ich weiß, daß ich dich nicht lieben
darf, weil Annie Joyce uns Theater vorspielt und sich als
Anne ausgibt. Das ist es doch – nicht wahr?«

»Weil – weil Anne deine Frau ist.« Es klang ein wenig
lauter, obwohl Lyndall die Lippen kaum dabei bewegte.

Philip entgegnete mit eisiger Stimme:

»Diese Frau ist nicht Anne und ganz gewiß nicht meine
Frau! Meinst du, ein verheirateter Mann wüßte das nicht?
Glaubst du, in einem Jahr Ehe lernt man seine Frau nicht
kennen? Anne und ich kannten uns sehr gut. Jedesmal, wenn
wir uns stritten, lernten wir uns besser kennen. Diese Frau
kennt mich genausowenig wie ich sie. Es gibt keine Berüh-
rungspunkte – sie ist mir vollkommen fremd.«

Lyndalls Augen waren blank vor Schmerz. Nun regte sich
etwas darin – ein Gedanke, eine Bewußtheit. Dann spülte
der Schmerz wieder darüber hin.

Philip fuhr rauh fort: »Du willst die kleine Märtyrerin
spielen – nicht wahr? Ich liebe dich – also muß Anne am
Leben sein. Sie stellt sich zwischen uns – also muß Annie

Joyce Anne sein. Das tut höllisch weh – also mußt du alles
tun, damit sie uns auseinanderbringen kann. Und überdies
erwartest du wohl von mir, daß ich dir dabei noch helfe.
Einen Teufel werde ich tun!« Er streckte eine Hand aus.
»Komm her!«

Sie kam, ganz langsam, bis seine Hand auf ihre Schulter
fiel.

»Hast du geglaubt, ich wüßte nicht, was in dir vorgeht?
Zunächst warst du überzeugt, sie sei Anne. Dann, als dir
Bedenken kamen, dachtest du, wie gemein von mir – wie
gemein, daß ich daran zweifeln kann. Und dann tauchte der
Gedanke auf, deine Zweifel wären nur Ausdruck deines
Wunschdenkens, daß Anne doch lieber tot sein sollte. Und
danach mußtest du natürlich alles in deiner Macht Stehende
tun, um ihr und uns allen zu beweisen, wie froh du über ihre
Heimkehr bist. Ich weiß nicht, wieviel Schaden du damit
bereits angerichtet hast – beträchtlichen Schaden, möchte
ich meinen. Und hoffentlich wird dir das eine Lehre sein, in
Zukunft nichts vor mir zu verheimlichen, denn du wirst nie
überzeugend lügen können. Mir jedenfalls machst du nichts
vor.« Er zog sie an sich und hielt sie, einen Arm um ihre
Schultern, an sich gedrückt.

Sie holte tief Luft.

»Habe ich wirklich so viel Schaden angerichtet?«

»Vermutlich.«

»Es tut mir leid – es war nicht meine Absicht.«

»Mein Kind – nicht nur die Bosheit, sondern auch die
Gedankenlosigkeit ernährt den Teufel.«

»Du bist schrecklich.«

»Das war auch meine Absicht.«

»Philip – wieviel Unheil habe ich angerichtet?«

»Das werden wir nun feststellen – oder, *qui vivra verra*,

47

wenn du es lieber auf französisch hören willst. Ich vermute,
du hast ihr eine Menge erzählt, was sie nicht wußte, aber
hätte wissen müssen und nie erfahren hätte, wenn du nicht
gewesen wärst.«

»Welche Dinge?«

»Familiäre Dinge, die sie wohl größtenteils schon von
Theresa wußte, oder Dinge aus der Nachbarschaft. Jedenfalls ging sie da auf dünnem Eis und wäre eingebrochen,
wenn du ihr keine Hilfestellung gegeben hättest.«

Sie drehte sich in seinen Armen um.

»Philip, das ist nicht fair! Du mußt fair bleiben. Wenn
Anne drei Jahre fort gewesen ist und wieder heimkommt,
fragt sie doch, wie es diesem und jenem geht oder was aus
ihm geworden ist. Das ist doch ganz selbstverständlich!«

»Das kommt darauf an, wie. Sag mir, wie sie es angestellt
hat. Raffiniert vermutlich. Sie ist viel gerissener als Anne.
Anne war nicht einmal klug. Sie wußte, was sie wollte, und
bekam es in der Regel auch – falls nicht, gab es Krach. Alles
ganz offen und ehrlich. Sie hatte nie einen Grund, sich anders
zu verhalten. Annie Joyce hatte nie etwas erreicht, wenn sie
es nicht raffiniert anstelle. Ich vermute, sie hat viel Übung
darin. Vielleicht erzählst du mir mal, wie raffiniert sie es
anstellte, dich über die Nachbarschaft auszuhorchen.«

Lyndall biß sich auf die Lippe.

»Philip, du stellst es hin wie eine Gemeinheit, obwohl es
ganz natürlich zuging, wirklich! Sie wollte wissen, welche
Häuser in der Nachbarschaft leerstünden. Hätte Anne das
nicht auch wissen wollen? Und welche Söhne oder Väter im
Krieg gefallen seien, und was jeder in dieser kritischen Zeit
machte. Alles Dinge, die Anne ebenfalls interessieren mußten.«

»Und dann kam das Fotoalbum an die Reihe?«

»Auch das kam auf eine ganz natürliche Weise zustande. Sie fragte mich, ob ich denn nicht kriegsdienstverpflichtet sei. Ich sagte, ich wäre beim weiblichen Marine-Hilfskorps und im Augenblick nur wegen Krankheit beurlaubt. Da lachte sie und meinte, die Uniform müsse mir gut stehen und ob ich denn ein Foto davon hätte. Und ob Tante Milly immer noch so gern Schnappschüsse mache. Und – nun ja . . .«

Philip hatte begriffen, daß die Milch bereits verschüttet war und nicht mehr aufgewischt werden konnte.

Sie blickte zu ihm hoch.

»Philip . . .«

»Ja?«

»Philip . . .«

»Was hast du noch angerichtet?«

»Nichts! Ich wollte nur sagen, daß du nicht denken mußt, ich wäre mit allem einverstanden, was du mir vorgeworfen hast. Ich glaube nicht, daß irgend jemand außer Anne Dinge gewußt hätte, die sie mir erzählte.«

Er zog die Brauen in die Höhe und lächelte ironisch.

»Du hast eben nicht das Vergnügen gehabt, meine Kusine Theresa kennenzulernen. Ich kann dir versichern, daß sie nicht eher ruhte, bis sie alles über jeden erfuhr, und Annie Joyce hat sieben Jahre mit ihr unter einem Dach gelebt.«

Lyndall schüttelte den Kopf, als wolle sie sich von einer Last befreien.

»Du hast dir deine Meinung gebildet, Philip, und damit treibst du mich in eine andere Richtung. Aber jemand muß in dieser Sache fair bleiben! Ich habe Anne sehr gern gehabt. Ich war der Überzeugung, sie sei zurückgekehrt. Wenn nicht, ist das ein grausames und gemeines Täuschungsmanöver. Aber wenn doch – wenn sie wirklich Anne ist – was tun wir ihr dann an? Daran muß ich ununterbrochen denken:

Daß sie nach Hause kommt und feststellen muß, sie ist unerwünscht. Nicht einmal ihr eigener Ehemann möchte sie haben. Das – das muß furchtbar sein. Und das will und will mir nicht aus dem Kopf.«

Philip trat von der Tür weg und ließ Lyndall allein stehen.

»Hör auf, dich zu quälen. Sie ist nicht Anne.«

8

Mr. Codringtons Verhandlung nahm nicht den gewünschten Verlauf – jedenfalls nicht den Verlauf, den Philip sich wünschte. Das Angebot, dreißigtausend Pfund aus dem Nachlaß von Miss Theresa Jocelyn gegen eine Quittung mit der Unterschrift von Annie Joyce einzutauschen, wurde so prompt und lächelnd zurückgewiesen, als handelte es sich um ein Fischbrötchen.

»Mein lieber Mr. Codrington, wie käme ich dazu! Es wäre ungesetzlich, ich meine, ich kann doch nicht die Unterschrift der armen Annie fälschen . . .«

»Philip hätte das Geld sowieso nicht behalten wollen . . .«

Er biß sich auf die Unterlippe. Er hätte ›Sir Philip‹ sagen müssen. Wenn er mit Annie Joyce verhandelte, sollte er sich korrekt ausdrücken. Nur fand er es unmöglich, zu glauben, daß er nicht mit Anne Jocelyn verhandelte.

Sie saß ihm gegenüber am Kamin, die langen schlanken Beine vor dem Feuer ausgestreckt, den Kopf mit den blonden Locken in das Polster zurückgeworfen, das das Blau ihres Kleides wiederholte – ein sehr angenehmes Bild, abgetönt durch den Dunst der Zigarette, die sie von sich weghielt. Die Hand ruhte auf der Sessellehne.

Sie lächelte.

»Ja, Philip dachte nie daran, es zu behalten. Deswegen kam es ja auch zum Streit zwischen uns. Ich glaube, er ist heute noch nicht darüber hinweg. Deswegen ist er ja auch so gemein zu mir. Uns lief beiden die Galle über, wir warfen uns an den Kopf, es wäre besser gewesen, wir hätten nicht geheiratet . . .« Sie bewegte die Zigarette hin und her. »Jedenfalls alles Dinge, die weh taten. Er hatte natürlich insofern recht, als Kusine Theresa nicht mir das Geld hätte vermachen sollen, nachdem sie Annie praktisch adoptiert hatte. Und ich hätte es auch nicht angenommen, Mr. Codrington, ich wolle es wirklich nicht –, wenn Philip nicht mit dem Fuß aufgestampft und verlangt hätte, ich habe darauf zu verzichten. Das konnte ich mir natürlich nicht bieten lassen. Es war ja immer noch mein Erbe und meine Entscheidung.« Sie lachte ein wenig hektisch. »Philip war sehr, sehr taktlos, und selbstverständlich gab ich nicht nach und brauste ab nach Frankreich. Und nun – tja, ich bin darüber hinweg; aber er noch nicht, wie es scheint. Ich kann nicht verstehen, wie er wirklich glauben kann, ich wäre Annie Joyce. Verrückt! Ich kann mir das nur mit seiner Halsstarrigkeit erklären. Sie wissen ja, wie die Jocelyns sind.«

Mr. Codrington war von Minute zu Minute mehr überzeugt. Es war knapp vier Jahre her, daß er sie zuletzt gesehen hatte. Sie war älter, hagerer geworden und sah aus, als hätte sie eine schwere Krankheit überstanden. Sie hatte etwas an sich, das ausländisch wirkte. Hatte sie nicht über drei Jahre unter Ausländern leben müssen? So etwas mußte abfärben!

»Was wollen Sie also?« fragte er.

Sie führte die Zigarette zum Mund. Sie nahm einen Zug, ohne sich zu beeilen. Der Dunst wurde dichter. Sie sah weg ins Feuer und sagte:

»Ich verlange eine Versöhnung.«

»Ich fürchte, das wird nicht so einfach sein.«

»Nein, aber die verlange ich. Ich will nicht, daß ich zusehen muß, wie unsere Ehe zerbricht, ohne einen Rettungs-
versuch unternommen zu haben. Philip mochte mich immerhin so sehr, daß er mich heiratete, und wir verlebten sehr
glückliche Stunden. Ich habe seither viel dazugelernt ...,
zum Beispiel mein Temperament zu zügeln. Vermutlich hat
er Ihnen das als Beweis dafür angegeben, daß ich Annie
Joyce sein müsse. Wenn ich nicht gelernt hätte, mich zu
beherrschen, hätte ich in dem besetzten Land nicht lange
gelebt. Das können Sie Philip von mir ausrichten.«

Dann beugte sie sich zu ihm hinüber. »Mr. Codrington,
helfen Sie uns! Philip ist wütend, weil ich zurückgekommen
bin. Er glaubt, er sei in Lyndall verliebt, und dabei störe ich
ihn nur. Ich möchte unsere Ehe retten, verstehen Sie? Wollen
Sie mir bei diesem Versuch helfen?«

Er gab ihr keine direkte Antwort, hob nur die Hand und
ließ sie auf sein Knie zurückfallen. Tatsächlich war er sehr
gerührt.

Nach einer Weile sagte sie in einem anderen Tonfall:
»Mr. Codrington, was soll ich tun? Ich habe kein Geld.
Ich kann diese Quittung nicht unterschreiben, aber können
Sie mir etwas von dem Geld überlassen? Schließlich gehört
es ja mir, von welchem Standpunkt Sie es auch betrachten.«

»Nicht ganz, fürchte ich.«

»Was soll nun passieren? Es ist alles so sonderbar. Ich
hätte so etwas nie erwartet und weiß nicht, was ich tun soll.
Gibt es eine Möglichkeit für mich – ich meine, eine juristi-
sche Möglichkeit?«

»Sie können Philip auf Herausgabe des Vermögens verklagen, das er als Erbe von Anne Jocelyn erwarb.«

Sie sah bekümmert aus.

«Oh, das würde ich nicht tun.»

Er beobachtete sie scharf.

«Oder Philip verklagt Sie auf Herausgabe der Perlen, die Sie tragen, und aller anderen Juwelen, die seiner Frau gehörten. In beiden Fällen würde das Urteil davon abhängen, ob Sie Ihre Identität als Anne Jocelyn beweisen können.»

Der Ausdruck von Niedergeschlagenheit nahm zu. Sie sog an ihrer Zigarette.

«Würde Philip klagen?»

«Möglich.»

«Das wäre schrecklich. Es stünde in der Zeitung. Oh, das können wir doch nicht tun! Ich dachte . . .»

«Ja? Was dachten Sie?»

«Ich dachte . . . Mr. Codrington, könnten wir das nicht privat regeln? Daran dachte ich! Die Familie zusammenbringen und sie entscheiden lassen! Wie der *Conseil de famille* in Frankreich.»

«So eine Entscheidung hätte juristisch kein Gewicht.»

Ihr Gesicht hatte eine lebhafte Farbe bekommen. Sie sah hübsch aus, wenn sie sich erregte.

«Aber wenn wir uns einig sind, braucht es doch keine gerichtliche Entscheidung. Oder müssen Sie einen Prozeß anstrengen, um zu beweisen, daß Sie Mr. Codrington sind? Nur weil Philip hartnäckig darauf besteht, daß ich nicht seine Frau bin, müssen wir vor Gericht gehen?»

Mr. Codrington hob eine Hand, um sie zu unterbrechen.

«Moment – Moment – Anne Jocelyn ist dem Gesetz nach tot. Selbst wenn Philip Sie als seine Frau wiedererkannt hätte, müßten gesetzliche Vorschriften beachtet . . .»

Sie unterbrach ihn heftig:

«Aber das könnten Sie doch erledigen! Deswegen müssen

wir doch keine Klage einreichen und uns vor der Öffentlichkeit bloßstellen! Ich wäre eben nur heimgekommen, nachdem jeder geglaubt hatte, ich sei tot.«

»So könnte man verfahren, wenn Philip Ihre Identität
anerkennt und niemand sonst sie in Frage stellt.«

Sie fragte rasch: »Wer sollte das sonst noch tun?«

»Philips nächste Blutsverwandte – die nächsten Erben des
Titels und Vermögens.«

»Das wäre Perry Jocelyn. Wäre er dazu imstande?«

»Ich kann nicht sagen, wie jeder reagieren würde. Das
käme darauf an, ob er glaubt, daß Sie Anne sind.« Seiner
Meinung nach würde Perry nicht die geringsten Schwierigkeiten machen; doch es stand ihm nicht zu, sich so zu
äußern.

Sie fragte gespannt:

»Wo steckt er? Können Sie ihn erreichen? Oder ist er im
Ausland?«

»Nein, meines Wissens hält er sich in der Nähe von
London auf. Er ist verheiratet, seit zwei Jahren, mit einer
Amerikanerin. Er wäre also nicht ganz unparteiisch.«

»Ich verstehe. Es wäre zu seinem Vorteil, wenn Philip
verheiratet und von seiner Frau getrennt lebte.«

Mr. Codrington entgegnete trocken: »Ich kann mir nicht
vorstellen, daß Perry auf solche Gedanken käme.«

Sie sagte: »Oh, nun . . .« Sie führte anmutig die Zigarette
zum Mund und lachte ein bißchen. »Ich dachte, wir würden
uns über den gesetzlichen Standpunkt unterhalten. Sie dürfen das nicht als meine private Ansicht betrachten, aber
kommen wir auf den Familienrat zurück. Bringen Sie die
Familie zusammen – Perry, dessen Frau und wessen Sie
sonst noch habhaft werden! Lassen Sie sie entscheiden, ob
sie mich wiedererkennen. Falls ja, wäre vermutlich das Pro-

blem erledigt, und Philip muß seine Halsstarrigkeit aufgeben, denn er allein gegen den Rest der Familie – da würde
ihm wohl keiner mehr glauben! Aber wenn sie sich auf
Philips Seite stellen ... Nun gut, dann werde ich fortgehen
und mich eben anders nennen. Aber als Annie Joyce lasse
ich mich nicht eintragen, denn ich bin Anne Jocelyn, und das
lasse ich mir von keinem wegnehmen!« Ihre hübschen Augen funkelten stolz.

Mr. Codrington bewunderte sie und applaudierte im stillen. Er war überzeugter denn je, daß sie Anne sein müsse
und daß sie sich von einem bezaubernden, impulsiven Mädchen in eine nicht weniger bezaubernde Frau verwandelt
hatte.

Nach einer kurzen Pause fuhr sie sanfter, aber eindring-
lich fort: »Mr. Codrington, wollen Sie mir helfen? Ich bitte
Sie nur um eine Chance, meine Ehe zu retten! Käme es zum
Prozeß, wäre das Band zwischen Philip und mir zerrissen.
Egal, wie er ausginge, wir könnten unsere Beziehung nicht
mehr fortsetzen. Er ist zu stolz ...« Sie hielt inne und biß
sich auf die Lippe.

Mr. Codrington gab ihr recht. Alle Jocelyns waren stolz.
Er dachte an die Schlagzeilen in den Zeitungen und deren
mögliche Wirkung auf Philip Jocelyns Stolz. Er sagte nichts;
bewegte aber zustimmend den Kopf.

Sie fuhr fort:

»Das wäre tödlich! Deswegen würde ich niemals einen
Prozeß gegen ihn führen, selbst wenn er mich mittellos auf
die Straße setzte. Wollen Sie ihm das mitteilen? Ich möchte
nicht, daß er glaubt, ich setze ihm die Pistole auf die Brust.
Ich möchte, daß Sie ihm sagen, ich würde ihn unter keinen
Umständen verklagen. Und daß ich ihm die Gerechtigkeit
widerfahren lasse, zu glauben, er verklagte mich ebenfalls

nicht. Aber ein Familienrat wäre eine ganz andere Sache – da gäbe es keine Publicity, keine Außenstehenden. Ich würde mein Bestes tun, um seine Zweifel zu beseitigen. Wenn die Familie überzeugt ist, möchte ich, daß Philip mich hier wohnen läßt. Ich verlange nicht, daß er mit mir leben soll; aber er soll mit mir unter einem Dach wohnen, wie sich das unter anderen Umständen gehörte. Und wenn er in der Stadt sein muß, möchte ich ihn dorthin begleiten. Ich will nur eine Chance haben, die Dinge zwischen uns in Ordnung zu bringen. Ich weiß, daß das nicht leicht sein wird; aber ich denke, ich sollte meine Chance bekommen. Wenn ich in einem halben Jahr nichts erreicht habe, ziehe ich aus und gebe ihm seine Freiheit. Wenn es dazu kommen sollte, über-lasse ich es Ihnen, eine Ihrer Ansicht nach faire finanzielle Regelung zu treffen. Inzwischen muß ich ja etwas haben, um existieren zu können – nicht wahr?

Wollen Sie das bitte auch mit Philip regeln?«

Sie brach plötzlich in ein Gelächter aus.

»Es ist zu dumm, nicht wahr? Aber ich bin so arm, daß ich mir nicht einmal eine Schachtel Zigaretten kaufen kann!«

6

»Ich habe mich nicht dazu geäußert«, sagte Mr. Codrington.

»Sie meinen, Sie haben ihr nicht abgeraten«, erwiderte Philip bitter. »Mir gaben Sie sehr deutlich zu verstehen, daß mir keine andere Wahl bliebe.«

»Das habe ich nicht gesagt. Ich wollte Sie auf die unbe-streitbaren Vorteile einer privaten Vereinbarung hinweisen.

Ein Prozeß würde die darin verwickelten Parteien unvermeidbar in einen öffentlichen Skandal hineinziehen. Ich kenne keine Familie in England, die nicht alles täte, um das zu vermeiden.«

»Ich habe nicht die Absicht, Annie Joyce als meine Ehefrau zu akzeptieren, nur um einen Skandal zu vermeiden.«

»Einverstanden. Aber ich möchte Sie darauf hinweisen, daß es hierbei nicht um diese Alternative geht. Ich habe den Vorschlag eines Familienrates mit keinem Wort unterstützt, würde Ihnen aber raten, dieses Angebot sorgfältig zu prüfen. Abgesehen davon, daß dabei keine schmutzige Wäsche in der Öffentlichkeit gewaschen wird, hat der Plan auch andere Vorzüge. Eine private Ermittlung dieser Art könnte sofort durchgeführt werden und würde verhindern, daß ein betrügerischer Antragsteller Gelegenheit bekommt, sich das für ihn notwendige Material zu beschaffen und damit seine Position zu verbessern. Und bei einem privaten Verhör ist der Befragte nicht, wie vor Gericht, durch die strengen Vorschriften der Beweiserhebung geschützt. Jeder kann sie über alles befragen, und die Tatsache, daß Anne nicht nur bereit, sondern sogar begierig darauf ist, sich diesem Test zu unterwerfen . . .«

»Anne?« fragte Philip mit düsterer Stimme.

»Mein lieber Philip, wie soll ich sie denn sonst nennen? Genaugenommen sind beide Mädchen auf den Namen Anne getauft worden.« Er legte mehr Wärme in diese Worte, als er eigentlich beabsichtigt hatte. Dann fing er sich wieder: »Sie müssen nicht glauben, daß ich kein Verständnis für Ihre Lage hätte. Im Gegenteil, ich fühle so sehr mit Ihnen, daß ich meine eigenen Empfindungen kaschieren muß. Ich möchte Sie um die Erlaubnis bitten, die Angelegenheit meinem Sozius Trent vortragen zu dürfen, der kurz vor dem

Krieg in die Firma eintrat. Ein sehr fähiger Bursche mit recht
soliden Ansichten. Auch Mrs. Armitage und Lyndall haben
sich von ihm schon beraten lassen. Ich würde das alles noch
einmal mit ihm durchsprechen und . . .«

»Bereden Sie mit ihm, was Sie wollen«, sagte Philip mit
müder Stimme. »Wir können froh sein, wenn es dabei
bleibt.«

Mr. Codrington sah ihn ernst an.

»Gerade wollte ich Sie auf diesen Aspekt des Falles hinweisen. Wenn diese Affäre im Familienkreis beigelegt werden kann, vermeiden Sie eine Menge höchst unerwünschter
Publicity. Abgesehen von allen anderen – können Sie sich
jetzt leisten, in einen cause célèbre verwickelt zu werden? Sie
sind doch gerade dabei, einen neuen Job zu übernehmen!
Wäre diese Art von Rampenlicht eine Empfehlung für das
Kriegsministerium?«

Ein ungeduldiges Kopfschütteln war die Antwort. Mr.
Codrington fuhr wieder im Ton eines sachkundigen Ver-
mittlers fort:

»Meiner Meinung nach sollten Sie die Sache so sehen: Die
Familie wird in so einem Fall viel kompetenter urteilen als
jedes Schwurgericht. Falls die Familie diese Frau anerkennen sollte, können Sie sicher sein, daß jedes Schwurgericht
der Welt zu dem gleichen Ergebnis kommen wird.«

Philip ging schweigend auf und ab. Dann kehrte er zum
Schreibtisch zurück, lehnte sich dagegen und sagte:

»Ich bin mit dem Familiengericht einverstanden. Perrys
Interessen sind betroffen; die Frage, ob ich nach dem Gesetz
noch verheiratet bin, hat für ihn rechtliche Konsequenzen.
Er gehört zu dem Kreis, der Klarheit haben muß. Er und
seine Frau müssen teilnehmen. Dazu noch Tante Milly und
Theresas Schwester Inez. . . . Warum, zum Kuckuck, mußte

Kusine Maude diesen beiden Weibsbildern spanische Vornamen geben!«

Mr. Codrington nickte: »Das hat Ihren Vater auch geär-
gert.«

»Prophetische Namen vermutlich, sie haben immer nur
Unruhe in der Familie gestiftet. Aber Inez werden wir leider
nicht übergehen können.«

»Wenn Sie sie ausschließen, macht sie vermutlich noch
mehr Terror.«

»Dann selbstverständlich Onkel Thomas – und möglicherweise Tante Emmeline.«

Mr. Codrington räusperte sich.

»Mrs. Jocelyn wird sicherlich teilnehmen wollen.«

Philip lachte kurz.

»Wilde Pferde werden sie davon nicht abhalten können!
Nun, das wär's wohl. Archie und Jim halten sich irgendwo
in Italien auf; aber sie sind so entfernte Verwandte, daß wir
sie nicht zu berücksichtigen brauchen.«

»Nein, das müssen wir nicht.«

»Keine Joyces?«

Mr. Codrington schüttelte den Kopf.

»Es gab nur einen Sohn in der Joyceschen Ahnentafel.
Roger Joyces Frau starb, als Annie fünf Jahre alt war. Andere
Kinder hatte er nicht. Ihr Vater setzte Mrs. Joyce ein Legat
aus, verweigerte Roger jedoch jede Unterstützung. Er war
ein schwacher, unauffälliger Mann. Wir besorgten ihm eine
Stelle in einem Speditionsbüro. Er besaß weder Ehrgeiz
noch Initiative.«

»Und seine Frau?«

»Lehrerin in der Grundschule – einziges Kind und Voll-
waise. Es ist also niemand da, den wir von der Joyceschen
Seite einladen müßten.«

Philip richtete sich auf.

»Dann hätten wir also die Teilnehmer beisammen. Sie sorgen dafür, daß jeder so rasch wie möglich benachrichtigt wird. Aber Sie verstehen, daß ich nur zustimme, weil es für uns die beste Chance ist, die Zurückgekehrte zum Stolpern zu bringen. Wenn sie vor Gericht ginge, hätte sie monatelang Zeit, herauszubekommen, was sie noch nicht weiß. Das sagten Sie selbst.«

»Moment! Sie ginge nicht vor Gericht. Das sollte ich Ihnen noch einmal von ihr ausrichten.«

»Humbug! Sie will doch nur an Annes Geld heran. Nach dem Gesetz ist Anne tot. Sie wird alle Hebel in Bewegung setzen wollen, sie wieder zum Leben zu erwecken.«

»Das wäre eine reine Formalität, wenn niemand Widerspruch erhebt.«

»Mit meinem Widerspruch hat sie zu rechnen.«

»Falls die Verhandlung vor dem Familienrat Sie nicht umstimmen sollte.«

Philip schüttelte den Kopf.

»Das wird nicht geschehen. Aber wenn sie zusammenbricht, wäre die Affäre bereinigt.«

»Und wenn sie sich behauptet – was machen Sie dann? Ich habe Ihnen ihre Bedingungen mitgeteilt – sechs Monate unter einem Dach!«

»Warum nur?«

»Sie verlangt eine Chance, um Sie überzeugen zu können! Sie sagte mir ganz offen, daß sie ihre Ehe retten möchte.«

»Die Ehe war zu Ende, als Anne starb.«

Mr. Codrington machte eine ungeduldige Handbewegung.

»Ich trage Ihnen nur ihre Bedingungen vor. Sie würde in

eine Scheidung einwilligen, wenn nach sechs Monaten keine Versöhnung zustande gekommen ist.«

Philip lachte.

Mr. Codrington sagte ernst:

»Überlegen Sie, daß Sie sich in einer sehr schwierigen Lage befinden, wenn der Familienrat ihr bestätigt, sie sei Anne Jocelyn, und Sie weder eine Versöhnung noch eine Scheidung erreichen. Angenommen, Sie möchten wieder heiraten. Sie könnte das verhindern...« Er stockte und fügte hinzu: »Für immer!«

Sie waren allein im Arbeitszimmer vor dem Kamin mit den glühenden Scheiten. Die roten Vorhänge waren zugezogen, und an der Decke brannte nur eine Birne, die ein mattes Licht auf den Schreibtisch und die dort verstreuten Papiere warf. Eine Sekunde lang sahen beide Männer eine dritte, gar nicht anwesende Person im Raum: Lyndall, zierlich und klein, mit dunklen Haaren und traurigen Augen – mit grauen Augen, aber so verschieden von dem typischen Jocelyn-Grau. Ihre Augen zeigten in der Regenbogenhaut braune und grüne Flecken. Sie waren sanft, kindlich und wehrlos. Wurde Lyndall verletzt, sprach es aus ihren Augen. Liebte sie, zeigten sie es ebenfalls. Der Schmerz machte ihre Augen blank und feucht. Sie war blaß, weil sie eben erst von einer Krankheit genesen war. Langsam hatte sie wieder etwas Farbe bekommen, doch nun war ihr Gesicht wieder blutleer.

Philip trat an den Kamin und starrte ins Feuer.

Am nächsten Tag erschienen die ersten Schlagzeilen. Der *Daily Wire* füllte damit die halbe Titelseite. Die letzten Siegesmeldungen waren zusammengedrängt worden. Die Überschrift lautete: EINE TOTE KEHRT NACH DREIEINHALB JAHREN ZURÜCK UND BESICHTIGT IHREN GRABSTEIN.

Darunter war ein Foto von dem weißen Marmorkreuz auf dem Friedhof von Holt. Die Inschrift war deutlich zu erkennen:

Anne
– die Frau von Philip Jocelyn –
starb am 26. Juni 1940
im Alter von 21 Jahren an
einer Schußverletzung durch
Feindeshand

Daran schloß sich ein Interview mit Mrs. Ramage an, die als Köchin und Haushälterin in Jocelyns Holt angestellt war.

Mrs. Armitage kam mit der Zeitung in der Hand in die Küche.

»Mrs. Ramage – wie konnten Sie nur so etwas tun!«

Mrs. Ramage brach in Tränen aus, die sich aus mindestens drei Teilen Aufregung und einem Teil Reue zusammensetz-ten. Ihr blasses Gesicht schimmerte und bibberte wie ein Grießflammeri:

»Sagte kein Wort, daß es in die Zeitung käme! Sieg an der Hintertür von seinem Fahrrad und fragte mich ganz höflich, ob ich ihm den Weg zum Friedhof zeigen könnte. Ich deutete

auf den Kirchturm und sagte, er könnte ihn gar nicht verfeh-
len, weil er gleich neben dem Park liegt.«

»Sie scheinen aber viel mehr getan zu haben, als ihm den
Weg zum Friedhof zu zeigen, Mrs. Ramage!«

Mrs. Ramage kramte ein Taschentuch aus ihrer Schürze
und drückte es gegen die Augen.

»Er fragte mich, wie er dort das Grab von Lady Jocelyn
finden könne, und ich sagte . . .«

»Was sagten Sie?«

Mrs. Ramage schluckte:

»Ich sagte, daß wir nicht mehr an Gräber und so was
Trauriges denken wollen, wo doch unsere Lady wieder
heimgekehrt ist.«

Mrs. Armitage betrachtete schicksalsergeben die Titelseite des *Wire*.

»*Mrs. Ramage erzählte, sie sei wie vom Blitz getroffen
gewesen . . . ‹ Leider nur im übertragenen Sinne! › Ich kann
mich noch an den Tag erinnern, als sie als Braut hierherkam . . . So wunderschöne Perlen – das gleiche Kollier, das sie
auf ihrem Porträt trägt, was in der Königlichen Akademie
ausgestellt war. Das hatte sie um den Hals, und den herrlichen
Pelzmantel über den Schultern . . . ‹ Miss Ivy Fossett, Kam-
merzofe in Jocelyns Holt, berichtet: ›Natürlich wußte ich
nicht, wer draußen steht, als ich die Tür öffnete, aber sobald
ich sie mir genauer ansah, erkannte ich sie wieder. Sie war ja
genauso angezogen wie auf ihrem Porträt im Salon . . . ‹*«

Mrs. Ramage fuhr fort, sich mit dem Taschentuch die Augen
zu reiben. Milly Armitage gab ihre drohende Haltung plötzlich auf. Was hatte es jetzt noch für einen Sinn, sich aufzu-
regen? Sie sagte gutmütig:

»Oh, hören Sie schon mit dem Weinen auf! Vermutlich hätten Sie gegen ihn sowieso keine Chance gehabt. Am Ende hätte er Sie auf jeden Fall weichgeklopft. Nur – woher wußten die, daß hier etwas zu holen war?«

Mrs. Ramage schluckte noch einmal und sah sich in der Küche um. Sie war leer. Ivy und Flo machten oben die Betten.

»Es war Ivy. Sie hat es mir gestern abend gebeichtet. Sie schrieb dem *Wire* eine Postkarte, daß die Lady heimgekommen wäre, nachdem jeder geglaubt habe, sie sei tot. Und das Kreuz auf dem Friedhof hat sie ebenfalls erwähnt.« Sie steckte ihr Taschentuch in die Schürze zurück. »Und so ein schönes Foto von dem Kreuz!«

Milly Armitage blickte auf die Titelseite.

Anne
die Frau von Philip Jocelyn . . .

Sie würden natürlich die Inschrift ändern lassen müssen. Wenn Anne oben im Salon mit Lyn zusammensaß, konnte Annes Leiche ja nicht unter dem Marmorkreuz liegen. Niemand kann an zwei Stellen zugleich sein. Sie wünschte sich von ganzem Herzen, sie wäre überzeugt, daß die Inschrift die Wahrheit sagte. Vermutlich war das sehr gemein von ihr, daß ihr Anne auf dem Friedhof lieber war als oben im Salon. Das Dilemma bestand jedoch darin, daß sie sich nicht sicher sein konnte.

Manchmal hatte Philip sie schon so weit, und manchmal auch Anne. Sie war so ehrlich zu sich selbst, wie sie das überhaupt sein konnte. Es spielte doch gar keine Rolle, ob sie sich Anne am Leben oder auf den Friedhof wünschte. Entscheidend war die Beseitigung des Zweifels. Es war ab-

solut entsetzlich, sich vorzustellen, daß Annie Joyce sich
Philip samt Jocelyns Holt und Annes Vermögen unter den
Nagel risse! Aber mindestens so schlimm war der Gedanke,
Anne kehre von den Toten zurück und müsse erkennen, daß
niemand sie haben wollte.

Ihr Blick blieb auf der Titelseite haften.

Annie

Tochter von Roger Joyce

So mußte es neu eingemeißelt werden, wenn Anne noch
lebte . . . Was für eine entsetzliche Geschichte!

Sie sah hoch, begegnete dem mitfühlenden Blick der Köchin und sagte mit einer Offenheit, die ihrer Familie zuweilen in die Glieder fuhr:

»So ein Mist – wie?«

»Nicht ganz erfreulich, könnte man sagen.«

Mrs. Armitage nickte. Immerhin stand Mrs. Ramage seit
zwölf Jahren im Dienst der Familie. Sie hatte Philips Hochzeit miterlebt. Man konnte solche Dinge nicht vor den
Leuten im eigenen Haus geheimhalten. Also mußte sie aus
einer Not eine Tugend machen. Sie sagte:

»Haben Sie sie – sofort erkannt?«

»Die Lady meinen Sie, Ma'am?«

Mrs. Armitage nickte.

»Haben Sie sie erkannt . . . « Sie setzte nach einer Pause
hinzu: »Auf der Stelle?«

»Sie nicht, Ma'am?«

»Doch. Ich habe an gar nichts anderes gedacht.«

»Ich auch nicht.«

Sie sahen sich gegenseitig an. Mrs. Ramage fragte mit
banger Flüsterstimme:

»Nur Sir Philip ist sich nicht sicher, nicht wahr?«

»Er war so sicher, sie wäre tot, daß es ihm jetzt schwer-fällt, an einen Irrtum zu glauben. Wir haben sie damals ja nicht sterben sehen – nur er. Das macht es so schwer für ihn.«

Mrs. Ramage überlegte und meinte dann bedächtig:

»Ich habe viele tote Leute vorher und nachher gesehen. Manche wirkten so lebendig, als wären sie nur eingeschlafen; und andere erkannte man kaum wieder. Und wenn man an unsere Lady denkt, so ganz blaß im Gesicht und mit sträh-nigen nassen Haaren, weil die Wellen über das Boot hinweg-rollten, wie Sir Philip, wie Sie sagten, erzählt haben soll – das muß einen Menschen doch stark verändern, nicht? Und wenn diese andere Lady ihr so ähnlich sah . . .«

»Ich habe nichts von einer anderen Lady gesagt, Mrs. Ramage.«

»Wirklich nicht, Ma'am? Aber es wird doch darüber ge-redet – muß ja wohl, wenn das unsere Lady ist oben im Salon –, daß eine andere Lady aus Versehen an ihrer Stelle begraben wurde. Und das kann ja nur Miss Annie Joyce gewesen sein, die vor zehn, elf Jahren mit Miss Theresa hier auf Besuch war. Konnte man doch gleich sehen, daß sie zur Familie gehörte.«

»Können Sie sich noch erinnern, wie sie ausgesehen hat?«

»Lang aufgeschossen, dünn – so hager, daß ihr die Rippen herausstanden. Trotzdem sah man sofort die Familienähn-lichkeit – hätte Sir Philips Schwester sein können, wenn sie sich ein bißchen gerader hielte und ein bißchen mehr Farbe im Gesicht und Speck auf den Knochen gehabt hätte. Nun, meiner Meinung nach konnte sie unserer Lady so ähnlich gesehen haben, daß Sir Philip sie verwechselt hat, wenn man bedenkt, daß der Tod das Aussehen verändert. Konnte gut möglich sein. Und so ist es wohl auch gewesen. Darauf können Sie sich verlassen, Ma'am.«

Milly Armitage öffnete den Mund, schloß ihn wieder und sagte dann hastig:

»Sie glauben also, unsere Lady sitzt oben im Salon?«

Mrs. Ramage sah sie betroffen an.

»Nun, das kann man doch gar nicht leugnen, Ma'am. Ein bißchen älter zwar – aber werden wir das nicht alle?«

»Sind Sie sicher?«

»Sicher? Sie kommt durch die Tür dort und geht direkt auf mich zu. Und dann sagt sie: ›Ich hoffe doch, Sie sind froh, mich wiederzusehen, Mrs. Ramage.‹«

Tränen schimmerten in Milly Armitages Augen. Anne kommt heim und keiner freut sich, sie wiederzusehen ... Sie riß sich zusammen. Lyn jedenfalls war ihr um den Hals gefallen – doch nun sah sie aus wie ein Gespenst – sie ist sich auch nicht mehr sicher ...

Mrs. Ramage sagte: »Ein bißchen hart, wenn man nach Hause kommt und feststellen muß, daß man unerwünscht ist, Ma'am.«

11

Der Nebel, der den ganzen Tag über dem Friedhof gehangen hatte, hatte sich gegen halb drei Uhr nachmittags im Park eingenistet und kroch nun die lange Steigung zum Haus hinauf. Die blaßliche Sonne, die eine Stunde lang durchkam, war machtlos gegen den Dunst gewesen.

Milly Armitage hatte damit begonnen, die Bettwäsche und die Rationen zu zählen, denn wenn der Nebel sich nicht

verzog, würden weder Inez noch Emmeline in die Stadt
zurückfahren wollen, und wenn sie hierblieben – Thomas
natürlich auch – wäre es sicherlich viel besser, wenn Perry
und Lilla auch hier übernachteten. Drei Gästezimmer . . .
und Fischfrikadellen – sie mußten den Kabeljau strecken,
sonst reichte er nicht für alle. Und wenn Emmeline glaubte,
sie müßte auch in Kriegszeiten ihren Diätplan einhalten,
konnte sie ja beim zweiten Gang zusehen, wie die anderen
Würstchen aßen; denn was anderes hatte Mrs. Armitage
nicht anzubieten. Und zum Nachtisch dann Bratäpfel . . .
Mr. Codrington würde ganz bestimmt in die Stadt zurückfahren wollen, wenn der Nebel nicht zu dick wurde.
Falls ja, mußte er eben das Blaue Zimmer bekommen . . .
Und Florence mußte mit heißem Wasser gefüllte Tonfla-
schen in alle Betten legen . . . Stellte sich die Frage, ob Mr.
Codringtons Sekretär ebenfalls untergebracht werden müßte, falls Mr. Codrington hier übernachtete. Vermutlich ja –
dann mußte er im Ankleidezimmer im Oberstock einquartiert werden. Der Sekretär war ein harmloser, ältlicher, aber
vertrauenswürdiger Mann, der alles, was gesprochen wurde,
mitstenografieren sollte. Unangenehm, aber natürlich hatte
Mr. Codrington recht – es war ein Gebot der Fairness, daß
für alle Beteiligten ein Protokoll angefertigt wurde.

Ihre Gedanken kehrten zum Essen zurück. Wenn es für
zwei Leute mehr reichen sollte, mußte Mrs. Ramage eine
Menge Reis in die Frikadellen tun. Und dazu noch Pellkar-
toffeln . . . Vielleicht klarte der Nebel doch noch auf? Ein
Blick aus dem Fenster dämpfte ihre optimistischen Erwar-
tungen.

Mr. und Mrs. Thomas Jocelyn trafen als erste ein. Nachdem Milly die beiden in der Halle begrüßt hatte, führte sie
sie in das Speisezimmer, wo der Tisch ausgezogen und eine

entsprechende Menge von Stühlen bereitgestellt worden war.

Niemand konnte behaupten, daß eine fröhliche Familienatmosphäre herrschte. Das verhinderte schon die verschossene, schmutzige, aber außerordentlich kostbare chinesische Wandtapete – eines von diesen Erbstücken, die das Wohnen unbehaglich machte. Sie verlieh dem Raum eine schimmelgrüne Note. Der Teppich, ursprünglich mit einem lebhaften viktorianischen Dekor, hatte sich inzwischen zu einem üblichen Ockerbraun abgenützt. Das Mobiliar, das aus der Zeit stammte, als Mahagoni ganz groß in Mode war, ragte in Gestalt von Büffets und Serviertischen an den Wänden auf. Wenn weniger als vierundzwanzig Leute in diesem Raum speisten, machte er einen verwaisten Eindruck. Ein großes Holzfeuer versuchte vergeblich, die klamme Feuchtigkeit jahrelanger Ungenutztheit zu vertreiben.

Mrs. Thomas Jocelyn sah sich um und sagte: »Sehr geräumig, nicht wahr?« und schloß wieder den obersten Knopf ihres Pelzmantels. Mr. Codrington, der hinter ihr über die Schwelle kam, schaltete den Kronleuchter über dem Tisch ein. Die Schatten verkrochen sich daraufhin in den Ecken, und Tisch und Stühle wurden zu einer im warmen Goldton glänzenden Insel. Mr. Codringtons Sekretär, der im Kielwasser seines Chefs folgte, bewegte sich im Lichtkreis zum Fußende des Tisches, wo er einen Notizblock und einen Bleistift niederlegte. An das Kopfende stellte er einen kleinen Aktenkoffer. Danach zog er sich zum Aufwärmen an den Kamin zurück.

Mr. Codrington deutete mit dem Kopf auf den Aktenkoffer.

»Ich werde dort Platz nehmen. Philip wünscht, daß ich den Vorsitz übernehme. Es ist alles außerordentlich peinlich für ihn, aber ich hoffe, es kommt doch etwas Definitives dabei heraus. Sie werden sicher Verständnis haben, daß wir vorher nicht über die Angelegenheit reden. Es ist so schwierig, unbefangen zu bleiben.« Er dirigierte die Ankömmlinge zum Tisch. »Philip wird zu meiner Rechten sitzen, und die — nun, ich denke, wir bezeichnen sie am besten als Antragstellerin – sitzt zu meiner Linken. Daneben werden Sie und Mr. Jocelyn Platz nehmen, während sich Mr. und Mrs. Perry Jocelyn auf Philips Seite anschließen werden. Miss Inez Jocelyn bekommt den nächsten Stuhl, und Mrs. Armitage und Lyndall werden wieder auf der linken Seite sitzen. Mein Angestellter, Mr. Elvery, bekommt den Stuhl am Fußende und wird alles in Kurzschrift mitschreiben.« Er zog den dritten Stuhl an der linken Tischseite zuvorkommend zurück. »Vielleicht nehmen Sie schon mal Platz. Ich glaube, das Ehepaar Perry Jocelyn ist soeben eingetroffen, und Miss Jocelyn wollte mit den beiden reisen. Wir könnten also gleich anfangen.«

Mrs. Jocelyn setzte sich. Als sie ihren Stuhl näher an den Tisch heranrückte, leuchtete ihre Haarflut rostrot auf. Mit Vierzig war der Farbton genauso kräftig wie unter ihrem Brautschleier vor achtzehn Jahren, nur mußte er wie ihre Figur inzwischen strenger kontrolliert werden. Ihr Teint war immer noch recht gut, auch ohne kosmetische Nachbesserung. Überhaupt hätte sie als Schönheit gelten können, wenn ihre Augen ein wenig mehr auseinandergestanden und farblich eine Idee blauer gewesen wären. Aber trotz der Tönung ihrer strohfarbenen Wimpern wirkten sie ausgesprochen milchig. Jedesmal, wenn Milly Armitage sie ansah, fühlte sie sich an ihre weiße Perserkatze erinnert, die sie und Louie als Kinder gehabt hatten. Louie war tot und die Perserkatze war tot, aber hier lebten ihre Augen in Emme-

lines Gesicht – flach und rund wie Schälchen voll Mager-
milch. Abgesehen davon war Mrs. Thomas Jocelyn jedoch
eine imponierende Erscheinung mit der schwarzen Pelzkap-
pe auf den Locken, dem teuren Mantel, der dazugehörte,
und den eleganten Schuhen und Seidenstrümpfen.

Neben ihr wirkte Thomas Jocelyn grau und unansehn-
lich. Er hatte das typische Familiengesicht, jedoch schon
sehr verwittert. Er war erst knapp über fünfzig – fünf Jahre
jünger als Philips Vater –; aber man hätte ihn leicht für
fünfundsechzig halten können. Vielleicht war das jahrelange
Büroleben daran schuld, vielleicht aber auch die überschäu-
mende Vitalität seiner Gattin.

Das Ehepaar Perry Jocelyn kam herein. Perry lachte, und
Lilla kniff ihn in den Arm, damit er sich benehmen sollte.
Sobald sie sich nur flüchtig berührten, gerieten sie in eine
solche Hochstimmung, daß ihr Betragen kaum feierlich genannt werden konnte.

Perry war blond wie alle Jocelyns, jedoch kleiner als
Philip, wenn auch kantiger im Gesicht und mit einer beweg-
licheren Mundpartie. Lilla war klein, plump und rosig, hatte
große braune Augen, einen großen roten Mund und eine
allerliebste Stupsnase. Sie waren so sehr ineinander verliebt,
daß ihnen das Glück förmlich aus den Augen strahlte und
Licht und Wärme bis in den hintersten Winkel dieses düsteren Raumes zu verbreiten schien.

Ihnen folgte, nicht sehr glücklich darüber, das Schlußlicht
zu sein, Miss Inez Jocelyn, wortgewaltig wie immer. Als
Milly sich ihr zuwandte, nachdem sie Perry und Lilla
umarmt hatte, mußte sie sich mächtig anstrengen, um sich
ihre Betroffenheit nicht anmerken zu lassen.

Selbst bei einem so unglücklichen Anlaß, wo jeder mit
seinen eigenen Gedanken beschäftigt schien, mußte Inez

Jocelyn die allgemeine Aufmerksamkeit auf sich lenken. Ihre Haare, von Natur aus ein mausfarbenes Blond, zeigten nun ein sehr aggressives Platin. Uneingedenk ihrer fünfzig Jahre, ließ sie sie in Kaskaden über ihre Schultern herabfließen und krönte sie mit einem kleinen schwarzen Hütchen von der Form und Größe eines Marmeladenglasdeckels. Alles andere richtete sich danach: der kurze gebauschte Rock, die enggeschnürte Taille, die schwarzen Netzstrümpfe und die hohen Pfennigabsätze. Vor diesem extrem jugendlichen Hintergrund kam ihr sehr langes, sehr dünnes und trotz reichlicher, aber ungeschickt verteilter Schminke sehr ältliches Gesicht äußerst unglücklich zur Geltung. Niemand konnte übersehen, daß sie eine Jocelyn war; aber eine Jocelyn als Karikatur!

Sie hauchte einen Kuß auf Millys Wange, während sie ununterbrochen mit schriller Stimme redete:

»Meine Liebe, ich habe noch nie so etwas Absonderliches gehört! Unglaublich könnte man es auch nennen. Wie geht es dir, Thomas – wie geht es dir, Emmeline? Wo ist Philip? Er wird doch hoffentlich anwesend sein! Wie geht es Ihnen, Mr. Codrington? Philip wird doch hoffentlich jeden Moment kommen! Sehr eigenartig, wenn er nicht erschiene – aber die ganze Angelegenheit ist ja überhaupt sehr eigenartig. Ich verstehe nicht, wie es auch nur den geringsten Zweifel für mich geben könnte. Entweder ist Anne tot oder sie lebt. Etwas anderes kommt doch wohl überhaupt nicht in Frage.«

»Gewiß, Miss Jocelyn. Wenn Sie bitte hier Platz nehmen wollen. Philip wird jeden Moment hier sein. Perry, Sie und Ihre Gattin bitte hier – und der Stuhl neben Ihnen für Miss Jocelyn. Ehe wir weiterfahren, möchte ich ein paar Worte sagen. Sie sind hier, um Ihr Urteil über die Identität einer

Person abzugeben, die Anne Jocelyn zu sein behauptet. Sie traf am Dienstagabend hier ein, bekleidet mit der Garderobe, die Anne bei ihrem Abschied aus England trug, mit ihrem Pelzmantel, ihren Perlen, ihrem Ehe- und ihrem Verlobungsring und ihrer Handtasche, die ihren Paß und ihren Personalausweis enthielt. Sie wurde unverzüglich von Mrs. Armitage, Lyndall und der Köchin, Mrs. Ramage, die als einzige vom alten Hauspersonal übriggeblieben ist, als Anne erkannt. Philip weilte zu dieser Zeit in London. Als er am nächsten Tag zurückkehrte, weigerte er sich strikt, ihre Identifikation zu akzeptieren. Er behauptete gleich bei seiner Rückkehr und behauptet es auch jetzt, die Antragstellerin sei Annie Joyce.«

»Theresas Annie Joyce?« fragte Inez Jocelyn mit schriller Stimme.

»Ja.«

Emmeline Jocelyn sagte mit fester Stimme:
»Das kann doch nicht so schwierig sein. Wir alle kannten Anne – ich nehme an, daß wir sie auch alle wiedererkennen werden. Was für eine ungewöhnliche Geschichte!«

Mr. Codrington wandte sich ihr erleichtert zu:
»Ja, das ist es – aber wir sollten meiner Meinung nach jetzt lieber nicht darüber diskutieren. Ah, hier kommt Philip!«

Philip Jocelyn blieb einen Moment im Türrahmen stehen. Er hob die Hand zu den Lichtschaltern neben dem Türpfosten. Alle anderen Lampen im Zimmer flammten auf – eine über jedem Büfett an den Wänden, zwei zu beiden Seiten des Kamins, eine über einem Serviertisch und eine über dem Türsturz. Der Raum behielt seinen düsteren Charakter, aber dunkel war er nirgends mehr. Jeder Gegenstand im Raum, jede Person darin, jede Veränderung im Gesichtsausdruck wurde gnadenlos beleuchtet. Die drei großen Fenster, hinter denen eine Nebelsuppe wogte, traten dahinter zurück und verloren jede Bedeutung. Das schwache Licht vor den Schei- ben konnte nichts mehr ausrichten.

Dann kam Philip an den Tisch und schüttelte seinem Onkel, seiner Tante, Inez und Lilla die Hand. Er klopfte Perry auf die Schulter und ließ sich auf den leeren Stuhl zwischen Perry und Mr. Codrington fallen, der zu seinem Sekretär am Tischende schaute und ihm ein Zeichen gab. Mr. Elvery erhob sich und verließ das Zimmer.

Es ist wie bei einer Beerdigung, nur noch schlimmer, dachte Milly Armitage. Lyn ist eigensinnig; aber ich weiß nicht, ob es mir lieber wäre, wenn sie sich anders verhielte. Sie hat sich auf Annes Seite geschlagen und möchte mit ihr zusammen hereinkommen. Das wird Philip schrecklich weh tun. Sie stellt sich gegen ihn. Nein, das ist es nicht. Sie ist loyal – sie liebte Anne, und solange eine Chance besteht, daß sie Anne sein könnte, will sie ihr beistehen.

Mr. Elvery kam zurück, setzte sich ans Fußende des Tisches und beugte sich, den Bleistift in der Hand, über den Notizblock. Er hatte die Tür offen gelassen, und kurz nach ihm betraten Lyndall und Anne gemeinsam den Raum.

Lyn drehte sich um, um die Tür hinter sich zu schließen. Anne ging geradeaus weiter auf den Tisch zu. Sie trug das blaue Kleid, in dem sie gemalt wurde, ebenso die Perlen. Sie war gut, weil unauffällig zurechtgemacht: das Gesicht ge- schminkt und gepudert; aber nur mit sparsam aufgetrage- nem Rouge; die Lippen korallenfarben, desgleichen die Fin- gernägel. Ohne zu zögern, ging sie rechts an Mr. Elvery vorbei und begrüßte das Ehepaar Thomas Jocelyn; beiden die Hand gebend:

»Onkel Thomas! Tante Emmeline!«

Es war offensichtlich, daß sie beide wie vom Donner

gerührt waren, doch ohne ihnen Zeit zu lassen, ein Wort zu erwidern, ging sie weiter bis zum Stuhl, der links von Mr. Codrington stand, und grüßte von dort aus mit einem Kopfnicken über den Tisch.

»Oh, Perry, wie nett, dich wiederzusehen! Es ist so viel Zeit inzwischen vergangen, nicht wahr? Und Lilla kenne ich noch gar nicht; aber wie nett, sie heute ebenfalls begrüßen zu dürfen.« Ihr Blick wanderte weiter: »Wie geht es dir, Kusine Inez?«

Philip lehnte sich in seinem Stuhl zurück. Es war der erste Test, den sie mit Ehren bestand. Doch auch Annie Joyce hatte diese Probe bestehen können. Theresa hatte Fotos von allen Familienmitgliedern und kannte deren Geschichte genau. Sie wußte natürlich noch nichts von Lilla, aber hier konnte ihr Lyn geholfen haben. Er sah vorwurfsvoll zu Lyn hinüber.

Diese hatte inzwischen neben Milly Armitage Platz genommen. Sie trug ein dunkelgrünes Kleid mit einem Kragen aus irgendeinem musselinartigen Stoff. In diesem Kleid sah sie noch blasser aus als sonst. Vielleicht lag es gar nicht so sehr an der Farbe des Kleides, ihre Haut hatte die ebenmäßige Blässe von Milch. Ihre seltsam gefleckten Augen waren hinter dunklen Wimpern verborgen. Sie wollte Philip nicht ansehen.

Er versuchte, ein mürrisches Gesicht zu machen und wandte die Augen ab. Lyndall dachte: Er ist wütend – er haßt mich. Besser so als anders. Was soll aus uns allen werden? Ich konnte sie doch nicht allein lassen bei ihrem Auftritt.

Mr. Codrington sah auf den Tisch hinunter und sagte: »Hat jemand irgendwelche Fragen, die er jetzt stellen möchte? ... Ja, Mrs. Jocelyn?«

Emmeline beugte sich vor.

»Sie haben eben meinen Mann erkannt – vielleicht können Sie uns sagen, an welchem Platz der Familiendynastie er
steht.«

Thomas Jocelyn lehnte sich zurück und schlug die Augen
nieder. Ihm mißfiel diese Frage auf das äußerste. Er wünschte, Emmeline wäre zu Hause geblieben, oder würde wenigstens stumm dabeisitzen und die Fragerei anderen überlassen. Nach fast zwanzigjähriger Ehe erschien ihm beides als
unerfüllbares Wunschdenken. Aber die Hoffnung soll man
ja nie aufgeben.

Anne, die zu seiner Linken saß, gab lächelnd Auskunft:

»Aber sicher. Philips Vater hatte zwei Brüder. Onkel
Thomas war sein jüngster Bruder. Perrys Vater der mittlere
der drei Brüder.«

»Und haben wir Kinder?« fragte Emmeline.

»Vier Söhne. Der älteste muß inzwischen sechzehn sein.
Er heißt Tom – die anderen sind Ambrose, Roger und Ja-
mes.«

»Wir nennen ihn Jim«, verbesserte Emmeline, und Anne
lachte.

Dann sagte sie:

»Ich weiß nicht; aber meiner Meinung nach bringt uns das
nicht weiter. Ich meine, wenn jemand mich fragt, wer Kusine
Inez ist, und ich antworte, sie ist die Schwester von Kusine
Theresa, und deren Vater war ein Vetter ersten Grades meines Großvaters, dann haben wir damit überhaupt nichts
erreicht, weil Philip zu glauben scheint, ich wäre Annie
Joyce. Annie würde aber solche Fragen genausogut beantworten können wie ich.«

Sie sahen nun alle zu ihr hin. Philip sah sie an. Sie schien
die Offenheit in Person. Ihr Gesicht hatte sich lebhaft ge-

färbt, ihr Mund lächelte, ihre linke Hand mit dem Ehering
und dem Saphirring darüber, den er Anne zur Verlobung
geschenkt hatte, lag achtlos – oder berechnet sorglos? – auf
der dunklen, polierten Tischplatte. Die Augen der Damen
hingen an den Ringen. Inez sagte:

»Sehr richtig – diese Fragerei taugt überhaupt nichts –
reine Zeitverschwendung!« Ihre hellen Augen wanderten
boshaft zu Emmeline weiter. »Wir wollen etwas Praktisches
hören. Warum behauptet Philip, sie kann nicht Anne sein?
Warum denkt er, sie ist Annie Joyce? Damit sollten wir
anfangen.«

Es war unmöglich, einen vernünftigen Vorschlag verlet-
zender vorzutragen. Der Stimmklang, die herausfordernden
Blicke, die zwischen Emmeline, Lyndall und Philip hin- und
herwanderten, hatten etwas ausgesprochen Feindseliges an
sich.

Mr. Codrington griff mit nüchterner Stimme ein:

»Vielleicht würden Sie freundlicherweise die Frage beantworten, Philip.«

Philip blickte starr geradeaus über Annes Kopf hinweg
auf das Porträt von Philip Jocelyn, der als Page am Hof von
William und Mary diente. Enge weiße Gamaschenhose mit
zitronengelbem Rock, das hellblonde Haar in einer verwe-
genen Tolle über der linken Braue. Das elegante Porträt
zeigte ihn im Alter von acht Jahren. Mit achtundzwanzig
wurde er bei einem Duell tödlich verwundet. Der Anlaß,
seine treulose Frau, war in einen Winkel des Oberstocks
verbannt: eine Fülle schwarzer Schmachlocken, rosaroter
Bänder und Kleidersäume.

Er erzählte dieselbe Geschichte wie vor einigen Tagen im
Salon: die Eroberung Frankreichs, der Fall von Dünkir-
chen, der verzweifelte Versuch, Anne nach England hin-

überzubringen, ihr Tod im Augenblick des Gelingens. Seine
Stimme war außerordentlich ruhig und tonlos. Er war sehr
blaß.

Als er geendet hatte, hielt Emmeline schon eine Frage
bereit:

»Du bist hinübergefahren, um Anne zurückzuholen, und
hast sie und Annie Joyce zusammen im Schloß gesehen.
Soweit ich weiß, hat außer dir niemand mehr Annie nach
ihrem fünfzehnten Lebensjahr zu Gesicht bekommen –
oder du, Inez?«

Miss Jocelyn schüttelte ihre platinfarbenen Locken mit
dem aufgestülpten Hutdeckel.

»Ich hielt Theresas Fimmel für dieses Mädchen für ausgesprochen lächerlich! Ich sagte ihr das auch, und sie nahm
mir das übel. Die Leute mögen ja in den seltensten Fällen die
Wahrheit hören; aber ich sage immer, was ich denke. Ich
sagte es also Theresa, und sie fing mit mir deswegen einen
Streit an. Niemand kann behaupten, das wäre meine Schuld
gewesen. Wir sahen uns dann bei Annes Hochzeit wieder,
redeten aber kein Wort miteinander. Theresa war sehr nach-
tragend. Was Annie Joyce betrifft, sah ich sie vor ungefähr
zehn Jahren ein einzigesmal. Eine dürre, absolut reizlose
Göre. Völlig unerklärlich, wie Theresa an diesem Mädchen
Gefallen finden konnte. Aber, wenn ihr mich fragt, wollte
sie damit nur die Familie ärgern!«

Da jeder, der hier am Tisch saß, ihre Ansicht teilte, erhob
sich kein Widerspruch.

Emmeline sagte rasch:

»Bitte, laß Philip erst einmal meine Frage beantworten,
Inez. Er sah Anne und Annie Joyce zusammen – das stimmt
doch, Philip?«

»Ja.«

78

»Wie stark war die Ähnlichkeit der beiden? Das würden wir hier alle gern wissen.«

Er blickte Emmeline an. Er steht unter einem furchtbaren Streß, dachte Milly Armitage. Es ist schlimmer als ein Begräbnis – und dabei kann es noch Stunden dauern.

»Ich fürchte, ich habe damals nicht so sehr darauf geachtet. Es war bereits nach Mitternacht. Ich mußte in das Haus einbrechen. Pierre wachte auf und weckte dann die Mädchen. Du sagst, ich sah sie zusammen – wir waren in der Küche und wagten nur eine Kerze anzuzünden. Ich trieb sie zur Eile an. Ich schickte Pierre los, das englische Ehepaar zu holen. Die Mädchen kamen erst kurz vor dem Aufbruch in die Küche zurück.«

Emmeline blieb hartnäckig:

»Aber du hast sie zusammen gesehen – du mußt bemerkt haben, ob sie sich ähnlich sind.«

»Natürlich waren sie sich ähnlich.«

»Annies Haare waren dunkler als Annes Haare«, sagte Inez Jocelyn. »Obwohl sie erst fünfzehn war, konnte man deutlich den Unterschied sehen.«

Emmeline warf ihr einen vielsagenden Blick hinüber.

»Haare haben nicht konstant die gleiche Farbe – oder doch, Inez?«

Lilla hätte am liebsten losgelacht; doch dann ging diese Anwandlung vorüber, und sie dachte: Wie schlimm – sie sind sich nicht grün.

Philip richtete das Wort an Tante Emmeline:

»Annie Joyce hatte sich ein Tuch um den Kopf gebunden. Ich habe ihre Haare nicht gesehen.«

»Dann weißt du nicht, wie ähnlich sie Anne gesehen hätte, wenn sie das Haar in den Nacken hängen ließ, wie es Anne zu tragen pflegte.«

Thomas Jocelyn schaltete sich nun zum erstenmal ein:
»Das ist alles sehr schmerzlich, aber es muß geklärt werden! Du hast gesagt, Anne wäre während der Rückfahrt
gestorben. Ich nehme an, du hast sie später identifiziert – für
den Totenschein, meine ich. Hat sie noch jemand identifiziert?«

»Die Behörden hielten das nicht für erforderlich.«

»Und du warst dir absolut sicher, daß das Mädchen, das
auf der Überfahrt starb, Anne gewesen ist?«

»Absolut sicher.«

»Es müßte sich dann schon um eine bemerkenswerte
Ähnlichkeit gehandelt haben, wenn du dich getäuscht haben solltest. Aber von der Erscheinung her muß eine der-
artige Ähnlichkeit bestanden haben. Wenn es nicht Anne
ist, die in dieses Haus zurückkam, dann doch jemand, der
ihr so ähnlich sieht, daß Milly, Lyndall und Mrs. Ramage
sie sofort als Anne akzeptierten. Wir können uns täuschen.
Ich will damit nicht zum Ausdruck bringen, daß ich sie für
Anne halte – noch nicht! Aber glaubst du nicht, Philip, daß
es zumindest denkbar ist, daß du dich getäuscht haben
kannst und das tote Mädchen im Boot Annie Joyce gewesen
sein könnte?«

»Es war Anne.«

»Du warst gewiß davon überzeugt, die Tote sei Anne. Mir
scheint jedoch bei einer Toten ein Irrtum viel leichter möglich als bei einer Lebenden. Die Anordnung der Haare
verändert zudem das Aussehen einer Person erheblich. Annie Joyce trug ein Tuch um den Kopf, sagtest du. Wenn dieses
Tuch sich löste, was an Bord eines offenen Bootes leicht der
Fall sein kann, würde die Familienähnlichkeit so stark zugenommen haben, daß du Annie möglicherweise mit Anne
verwechselt hast – besonders nach Eintritt des Todes, der

dem Gesicht jeden persönlichen Ausdruck nimmt und nur
noch die Züge erkennen läßt – richtig?«

Die beiden Jocelyns sahen sich an. Philip hatte schon
immer großen Respekt vor dem Urteilsvermögen seines
Onkels. Er respektierte es auch jetzt. Er hatte auch eine
starke Zuneigung zu ihm. So sagte er nachdenklich:

»Ich stimme dir zu, daß so etwas passieren könnte. Ich
bestreite aber, daß so etwas passiert ist.«

12

Anne streckte mit einer raschen spontanen Bewegung die
Hand mit den beiden Ringen nach Thomas Jocelyns Arm
aus. Die andere Hand drehte sie, mit der Innenseite nach
außen, Philip zu.

»Onkel Thomas, ich muß mich bei dir bedanken – sofort,
ohne erst auf die nächste Frage zu warten –, weil du meine
Zweifel bestätigt hast. Ich verstehe jetzt, wie es gewesen sein
kann – ohne Philips Wissen. Du hast mir nicht nur gezeigt,
wie es passiert sein könnte, sondern wie es passiert ist.«

Ihre Hand sank herab, ihr Blick ging zu Philip hinüber.

»Ich fürchte, ich habe ein paar schreckliche Dinge zu dir
gesagt, als wir darüber redeten, und das tut mir sehr leid. Ich
möchte dich hiermit um Verzeihung bitten. Du mußt verstehen – ich habe nie verstanden, wie es möglich sein konnte,
daß du . . . ich kam nie über das schreckliche Gefühl hinweg,
daß ich zurückbleiben sollte . . .« Ihre Stimme riß ab. Sie sah
von Philip weg, der sie nicht angeblickt hatte. Sie lehnte sich
im Stuhl zurück und schloß einen Moment die Augen.

Ohne sich zu bewegen, nahm Philip alles wahr, was sie

tat. Hinter der Fassade eiserner Selbstbeherrschung waren die Gedanken im Aufruhr. Wie gerissen – wie verdammt gerissen – diese kleinen Gesten, die versagende Stimme! Anne war nicht annähernd so raffiniert gewesen. Sie hatte das Leben geliebt. Sie liebte es, ihren Willen durchzusetzen, und eine Weile lang hatte sie sogar ihn geliebt. Dann, wie eine Kaltwasserdusche, kam der Gedanke: Angenommen, sie ist gar nicht raffiniert – angenommen, es ist echt – angenommen, sie ist Anne . . .

Jeder am Tisch mußte erst seine eigene Verlegenheit überwinden. Lilla rückte ein bißchen näher an Perry heran. Sie schob ihre Hand unter seinen Arm und drückte ihn. Sie sah aus wie ein kleiner, heiterer Vogel, der ein Versteck sucht. Ihr Pelzmantel, der am Kragen offen war, zeigte den Halsansatz eines rosenfarbenen Pullovers, eine Reihe von milchfarbener Perlen und eine Diamantspange. Sie lehnte sich an Perry, dessen Verlegenheit stärker war als bei allen anderen am Tisch. Szenen waren für ihn eine Hölle, und Familienszenen waren die Hölle im Quadrat. Er hatte die größte Hochachtung vor Philip und wünschte ihm und allen anderen so viel Glück, wie er und Lilla es genießen dürfen.

Die Stille wurde von Emmeline beendet. Die Feststellungen ihres Gatten hatten sie sehr überrascht. Es war ganz und gar nicht die Gewohnheit von Thomas, das große Wort zu führen. Und er hatte sie unterbrochen, als sie diese Rolle zu spielen gedachte – eine Rolle, die ihr gemäß war und zu der sie viel besser befähigt war als Thomas. Sie sagte nun mit ihrer entschiedensten Stimme:

»Ich hatte einiges sagen wollen, aber leider hat dein Onkel mich dabei gestört. Wir müssen praktisch vorgehen. Zunächst die Handschrift – wie steht es damit?«

Diesmal war es Mr. Codrington, der antwortete:

»Gewiß, Mrs. Jocelyn. Aber diese Frage bot sich gewissermaßen von selbst an. Weder Philip noch ich noch Mrs.
Armitage vermochten irgendeinen Unterschied zwischen
alten Unterschriften von Anne und den Unterschriften festzustellen, die in den letzten Tagen geleistet wurden.« Während er sprach, öffnete er seinen Aktenkoffer, nahm ein paar
Blätter heraus und reichte sie Thomas Jocelyn. »Ich denke,
jeder sollte sich davon überzeugen. Einige hier geleistete
Unterschriften sind neueren, andere wieder älteren Datums.
Die Unterschriften aus jüngster Zeit sind absichtlich durch
Flecken und Knicke verfremdet worden. Wenn einer von
Ihnen trotzdem einen Unterschied entdeckt, ist er klüger als
ich.«

Mr. Jocelyn ließ sich Zeit. Dann gab er die Papiere kopf-
schüttelnd an seine Frau weiter.

»Vielleicht könnte ich Schlüsse aus dem Alter der Tinte
ziehen, bestimmt nicht aus der Schrift, wofür die Tinte
verwendet wurde.«

Auch Emmeline ließ sich Zeit. Da war ein ganzer Brief,
der mit der Zeile »Lieber Mr. Codrington« begann und mit
»Ihre sehr ergebene Anne Jocelyn« endete. Dazwischen ein
paar Zeilen, in denen sie für die Zusendung einiger nicht
spezifizierter Papiere dankte.

Sie nahm das nächste Blatt zur Hand. Drei oder vier
Zeilen am Ende eines Briefes: Das Wetter sei so feucht – sie
hoffe, es würde bald besser werden. Und dann wieder die
ergebene Anne Jocelyn.

Zwei weitere Briefe, die um die Übersendung einer Ab-
schrift ihres Testaments baten. Im zweiten Brief bedankte sie
sich für den Empfang desselben.

Emmeline begann: »Ich nehme an . . .« Sie unterbrach sich
und gab die Papiere an Milly Armitage weiter, die sie bereits

kannte und den Packen über den Tisch Inez Jocelyn zu-
schob. Diese machte ein großes Gewese daraus, raschelte mit
dem Papier, hielt den Packen vor das Gesicht, warf ein Blatt
auf den Tisch, hob es wieder auf und fächerte dann die Briefe
in der Hand auseinander wie Spielkarten.

»Die beiden Briefe, ihr Testament betreffend, müssen
natürlich verfaßt worden sein, ehe sie nach Frankreich fuhr.
Keine sehr gute Auswahl, möchte ich meinen. Sie kann doch
kaum in den paar Tagen, seit sie wieder hier ist, ein Testament
niedergelegt haben – oder?« Ihr unangenehmes Lachen
dröhnte in aller Ohren. »Daran mußte ich sofort denken!
Man kann doch nicht erwarten, daß wir uns nur auf die
Schrift konzentrieren, ohne den Inhalt zu berücksichtigen.
Der Gegenstand des Briefes ist ebenfalls beweiskräftig, Mr.
Codrington.« Mit einem Schwung ihrer platinfarbenen
Locken gab sie die Briefe an Perry weiter, der den Kopf
schüttelte und meinte, sie sähen für ihn alle gleich aus.

Als Mr. Codrington die Briefe wieder einsammelte, sagte
er trocken:

»Die beiden Briefe, das Testament betreffend, habe ich
vor zwei Tagen der Verfasserin in die Feder diktiert.«

Mrs. Thomas Jocelyn gestattete sich ein Lächeln, ehe sie
das Wort an Philip richtete:

»Nun, nachdem wir das abgehakt haben, möchte ich dich
etwas fragen, was sich auf die Nacht bezieht, in der du nach
Frankreich gefahren bist. Ich möchte wissen, was die beiden
Mädchen anhatten. Denn wenn ihre Kleider nicht identisch
waren, vermag ich nicht einzusehen, wie du sie verwechseln
konntest.«

»Ich fürchte, von der Kleidung habe ich nicht viel bemerkt. Es war stockdunkel. Sie trugen eben Sachen, die
Mädchen so anhaben – Dinge, auf die man nicht weiter

achtet. Rock und Pullover. Danach, glaube ich, hatten sie
Mäntel an.«

»Trug Anne ihren Pelzmantel?«

»Ich weiß es nicht – ich achtete nicht darauf.«

Anne sagte rasch mit leiser Stimme: »Ja, ich trug ihn. Ich
habe ihn noch – ich kam damit ja nach Hause.«

»Oh . . .« machte Emmeline. Und dann: »Es war ein sehr
kostbarer Mantel – Nerz, glaube ich. Milly müßte wissen,
ob es Annes Mantel war. War es ihr Mantel, Milly?«

»Daran besteht überhaupt kein Zweifel«, sagte Milly Armitage.

»Oh . . .«, machte Emmeline abermals. Dann fuhr sie mit
ihrer Befragung fort:

»Wir müssen die Frage der Bekleidung klären, weil sie
sehr wichtig ist. Das Mädchen, das auf dem Boot starb – das
du für Anne gehalten hast –, wie war es angezogen? Du hast
die Tote identifiziert. Du mußt sie also bei Tageslicht gesehen haben.«

Perry spürte, wie Lilla zusammenzuckte. Thomas Jocelyn
war von einem dunklen, unbestimmten Zorn erfüllt. Lyndall
sah auf ihre Hände, die sie im Schoß zu Fäusten ballte.

Philip antwortete: »Ja, ich sah sie bei Tageslicht. Aber ich
fürchte, ich kann mich trotzdem nicht an ihre Kleider erinnern. Ich weiß nur noch, daß sie ganz naß und schmutzig
waren – die See war bewegt, und Brecher rollten über uns
hinweg. Nein, das wird uns nicht weiterbringen, fürchte ich,
Tante Emmeline. Wir haben das Problem der Kleider schon
einmal erörtert und kamen zu keinem Ergebnis.«

»Wo waren Annes Perlen und Ringe? Die Perlen waren
ja keine Imitation!«

Wieder antwortete Anne auf diese Frage:

»Der Schmuck war in meiner Handtasche. Ich trug ihn

bei mir.« Sie zögerte einen Moment und fuhr dann fort:
»Den Ehering hatte ich abgezogen, als wir uns stritten vor
meiner Abreise nach Frankreich. Als ich erfuhr, daß er
gekommen war, um mich heimzuholen, steckte ich den Ring
wieder an den Finger.«

»Wußtest du, daß sie den Ehering abgezogen hatte, Philip?«

»Ja.«

»Wenn ich auch mal was fragen darf . . .«, warf Inez im
ätzenden Ton ein, »natürlich nur, wenn Emmeline ihr Verhör schon beendet hat. Ich denke, wir sollten wissen, worüber die beiden stritten. Anne wird uns das vermutlich sagen
können, Annie Joyce aber nicht.«

Anne sah sie mit einem unsicheren Lächeln an.

»Natürlich kann ich dir sagen, worüber wir stritten. Es
war alles sehr dumm – Ehezwistigkeiten sind das meistens.
Kusine Theresa hatte mir geschrieben und mich nach Frankreich zu sich eingeladen. Sie schrieb, sie habe ein Testament
zu meinen Gunsten verfaßt, als sie anläßlich unserer Hochzeit bei uns war. Sie wollte mit mir über die Verteilung von
Andenken im Familienkreis reden. Philip war außerordentlich aufgebracht über ihren Brief. Er sagte, sie habe nicht den
geringsten Anlaß, Annie Joyce als Erbin zu übergehen, und
er wolle mir verbieten, nach Frankreich zu fahren. Selbstverständlich hatte er vollkommen recht, was Theresas Geld
betraf, und ich hätte es auch nicht angenommen, was ich ihm
natürlich verschwieg, weil ich genauso wütend war wie er.
Ich wollte mir nicht diktieren lassen, was ich zu tun habe.
Also stritten wir uns. Ich reiste nach Frankreich, ohne mich
vorher mit ihm auszusöhnen.«

Inez Jocelyn fixierte Philip mit ihren blassen Augen und
schob ihr blasses Kinn vor.

»Ist das wahr?«

»Absolut wahr«, erwiderte er und sah plötzlich Anne an. Seine sehr kalten und ihre sehr hellen Augen begegneten sich. Da war etwas in den ihren, das er nicht zu deuten wußte.

»Wo?«

»Ja, wo? An welcher Stelle und zu welcher Tageszeit?«

Sie sagte ganz langsam, als kostete sie jedes Wort aus:

»Im Salon – nachmittags – gleich nach dem Lunch.«

Dieser kalte Blick hielt ihrem triumphierenden Funkeln stand. Sie war es, die schließlich die Augen abwandte.

»Vollkommen richtig«, sagte er.

Schweigen. Mr. Elvery kritzelte auf seinem Notizblock.

»Annie Joyce würde höchstvermutlich so etwas nicht wissen können!« sagte Inez Jocelyn und lachte scheppernd. »Aber Anne könnte es ihr erzählt haben. Nicht sehr wahrscheinlich, würde ich sagen, aber Mädchen tratschen gern. Nur gibt es auch dafür eine Grenze. Man weiß zwar nie, doch ... Warum fragst du sie nicht, wo du ihr einen Heiratsantrag machtest und wie du das ausgedrückt hast? Ich nehme nicht an, daß Annie und sie so dick befreundet waren. Oder?«

Philip sah über den Tisch und sagte:

»Du hast gehört, was Kusine Inez fragte. Bist du bereit, ihr eine Antwort darauf zu geben?«

Sie sah ihn so zärtlich an, wie sie das bisher noch nie getan hatte.

»Man gestattet uns keine Privatsphäre, nicht wahr?«

»Willst du dafür plädieren?«

Sie schüttelte den Kopf.

»Oh, nein! Es spielt ja heute wohl keine große Rolle mehr.« Sie drehte sich dann Inez zu. »Er machte mir am

siebten Juli neunzehnhundertneununddreißig einen Heiratsantrag, und zwar im Rosengarten. Es war eine romanti-
sche Szenerie, aber der Antrag als solcher war nicht sehr
romantisch, fürchte ich. Wir hatten über all das gesprochen,
was Philip am Haus gern verbessern wollte, wenn er das
Geld dafür hätte. Er sagte, er wollte alles beseitigen lassen,
was mein Großvater errichtet hatte. Er nannte diese Anbau-
ten teure Scheußlichkeiten, und ich sagte, ich gäbe ihm recht.
Dann sagte ich, ich würde auch im Garten einiges verändern,
und er fragte mich, was. Und ich sagte, ich würde einen
Lilienteich anlegen und die Kletterrosen aus dem Rosengarten entfernen – solche Dinge. Und er antwortete: ›Schön, das
kannst du alles machen, wenn du willst‹. Und ich fragte: ›Was
meinst du damit?‹, und er legte den Arm um mich und sagte:
›Ich frage dich, ob du mich heiraten möchtest, Dummes. Wie
wäre es damit?‹ Und ich sagte: ›Oh, das wäre lustig!‹ Und
dann küßte er mich.«

»Stimmt das?« fragte Inez Jocelyn mit kreischender Stimme.

»Oh, ja«, antwortete Philip.

Nachdem er diese beiden Worte ausgesprochen hatte,
preßte er die Lippen zusammen.

Inez beugte sich vor und brachte vor allem Lilla mit der
folgenden Aufforderung in Bedrängnis:

»Nun, es muß ja noch eine Menge anderer Dinge geben,
die du sie fragen solltest – Dinge, die nur du oder sie wissen
kann! Schließlich habt ihr ja gemeinsame Flitterwochen erlebt, nicht wahr?«

Thomas Jocelyn blickte sie scharf an. Mr. Codrington hob
protestierend eine Hand. Doch ehe jemand etwas sagen
konnte, schob Anne ihren Stuhl zurück.

Immer noch lächelnd, aber ohne Eile, ging sie um das

Tischende herum und legte eine Hand auf Philips Schulter. Als sie ihn ansprach, hatte ihre Stimme einen zärtlich-amü-sierten Klang:

»Kusine Inez wünscht, daß du dir absolut sicher bist, ich sei bei deinen Flitterwochen dabeigewesen. Glaubst du nicht, das wäre für die Familie ein wenig *de trop?* Ich meine – selbst die freundlichste Kusine ist nicht unbedingt bei so einer Sache als Gast willkommen. Wäre es nicht ratsam, wenn wir hinausgingen und das unter uns klärten?«

Ohne seine Antwort abzuwarten, ging sie auf die Tür zu. Nach einigem Zögern erhob Philip sich ebenfalls und ging ihr nach. Sie verließen zusammen den Raum. Die Tür fiel hinter ihnen zu.

Alle am Tisch außer Inez fühlten sich erleichtert. Jeder war überdies der Meinung, Anne habe viel Taktgefühl und Lebensart bewiesen – beides Eigenschaften, die Miss Joce-lyn schmerzlich vermissen ließ.

Emmeline hob ihre schönen Augenbrauen und sagte nur:

»Wahrhaftig!«

»Wahrhaftig was, Emmeline? Du weißt so gut wie ich, daß nur etwas absolut Intimes einen schlüssigen Beweis liefern kann. Was nützt es da, ›wahrhaftig!‹ zu rufen und mich dabei so anzuschauen? Nur weil du nicht so viel Courage besitzt wie ich? Schließlich sind wir doch hier, um die Wahrheit herauszufinden – oder etwa nicht? Und ich hätte ja gern mal von dir gehört, wie du dir die Wahrheitsfindung denn anders vorstellst! Was nützt es da, die Entrüstete zu spielen? Wenn sie Philip Sachen sagen kann, die nur seine Frau wissen kann – nun, dann ist sie doch Anne! Falls aber nicht – nun, dann ist sie nicht!«

Während Inez noch ihren Vortrag hielt, stand Lilla auf, ging um den Tisch herum und setzte sich neben Lyndall. Sie legte ihre kleine Hand auf Lyndalls Hände, die verkrampft in deren Schoß lagen, und berührte eine eiskalte Haut.

»Lyn – ich möchte so gern, daß du einmal zu uns kommst und bei mir bleibst. Perry muß morgen wieder zu seiner Einheit. Könntest du nicht mit uns fahren?«

Ohne Lilla anzusehen, antwortete Lyndall:

»Heute an eurem letzten Abend? – Oh, nein.«

»Dann morgen? Sei ein Engel und steh mir bei! Kusine Inez hat ein Auge auf unser Gästezimmer geworfen. Sie möchte nicht mehr in Little Claybury bleiben. Sie glaubt, die Bombennächte seien zu Ende. Sie will wieder nach London ziehen, und ich glaube nicht, daß ich das aushalten könnte.«

Sie sprachen im Schutz eines allgemeinen Wortschwalls. Alle bis auf Perry und Mr. Elvery redeten jetzt durcheinander. Lyndall gab rasch und leise zurück:

»Ja, ich werde kommen.«

»Du bist ein Schatz, Lyn!«

Die Familie redete immer noch lautstark, als die Tür sich öffnete und Anne hereinkam, der Philip in kurzem Abstand folgte. Anne lächelte, Philip war totenblaß. Sie ging zu ihrem Stuhl und setzte sich. Philip blieb stehen. Als jeder sich zu ihm umdrehte und ihn ansah, sagte er:

»Ich habe mich geirrt. Ich muß vor drei Jahren einen Fehler gemacht haben. Ich muß ihr Abbitte leisten. Sie ist Anne.«

Und dann blieb doch niemand über Nacht. Die einzige, die
Neigung zeigte, in Jocelyns Holt zu übernachten, war Inez;
aber da sie nicht dazu ermuntert wurde, reiste sie ab, wie sie
gekommen war – mit Perry und Lilla.

Eine vorübergehende Anwandlung schlechten Gewissens
veranlaßte Milly Armitage, Lilla beiseite zu nehmen.

»Hör zu: Ich will sie nicht hier haben – wir haben auch
ohne Inez schon genug Schwierigkeiten. Aber wenn das
bedeutet, daß sie sich bei euch einlädt und dir den letzten
Urlaubsabend mit Perry verdirbt, dann laß sie lieber hier.
Vermutlich dürfte ich so was gar nicht sagen, weil ich dazu
nicht mehr befugt bin. Wenn Anne zurückgekommen ist, ist
es ja ihr Haus, und ich bin nur zu Besuch hier.«

Lilla sah sie liebevoll an.

»Jeder hätte dich liebend gern als Gast bei sich, Milly. Und
das mit Kusine Inez geht schon in Ordnung, weil sie bei ihrer
Freundin Roberta Loam wohnt. Bis jetzt haben sich die
beiden noch nicht gestritten, obwohl sie, wie ich vermute,
dicht davor sind. Lyn versprach, morgen zu mir zu kommen.
Das wäre also alles gedeichselt. Und was wirst du jetzt
anfangen?«

Milly Armitage schnitt eine Grimasse.

»Philip möchte, daß ich weiter hier wohnen bleibe. Natürlich kann ich das nicht – wenigstens sehe ich nicht, wie
ich das könnte, wenn Anne nicht ebenfalls diesen Wunsch
äußert. Sie sagt, sie will, daß ich bleibe, also werde ich es eine
Weile versuchen. Alles gar nicht so einfach, nicht wahr?«

Lilla meinte: »Nein«, drückte ihr dann beide Hände und
küßte sie herzhaft auf die Wangen.

Philip kam herein, nachdem er die Gäste auf den Weg gebracht hatte, und bemerkte, eine widerwärtigere Frau als Kusine Inez sei ihm noch nie begegnet. Sie hatte mit ihm noch auf der Schwelle gescherzt, ihn mit ihren schrecklichen Locken gekitzelt und ihm aus dem heruntergekurbelten Fenster des bereits anfahrenden Taxis scherzhafte Ratschläge für seine zweiten Flitterwochen erteilt.

»Theresa war schon schlimm genug. Ein prahlerisches, streitsüchtiges und neugieriges Klatschweib. Aber sie hatte wenigstens eine wenn auch erschreckende Art von *joie-de-vivre*. Und sie war nicht rachsüchtig. Und sie färbte sich auch nicht das Haar – wenigstens hatte sie es nicht gefärbt, als ich sie zum letztenmal sah. Denn ich erinnere mich, daß sie auf mich den Eindruck einer großen, grauen Vogelscheuche machte.«

»An unserem Hochzeitstag«, ergänzte Anne, einen leichten, angenehmen Plauderton anschlagend, als habe es seit diesem Tag kein einziges Wölkchen am Ehehimmel gegeben. Dann, ehe Philips Schweigen zu auffällig wurde, bemühte sie sich liebenswürdig um das Ehepaar Thomas Jocelyn und Mr. Codrington. Sie war nicht länger die »Antragstellerin«, die sich einem Verhör unterziehen mußte, sondern eine sehr selbstbewußte Anne Jocelyn, die als Hausherrin die Gäste verabschiedete.

Ein paar Stunden später, in der untätigen Zeit vor dem Abendessen, traf Philip Lyndall dann allein im Salon an. Sie hatte sich einen dunkelroten Hausanzug angezogen, und das Kaminfeuer spiegelte sich im warmen Falterwurf ihres Samtmantels wider. Nur eine Lampe brannte – eine abgeschirmte Glühlampe am entfernten Fenster. Sie zeigte Lyndall in der Hocke vor dem Kamin, beide Hände der Glut entgegengestreckt.

Er beobachtete sie erst eine Weile, ehe er zum Kamin kam und sich neben sie stellte.

»Ich möchte mit dir reden.«

Sie bewegte sich nicht; aber ihre Hände zitterten ein wenig.

»Ja«, sagte sie.

Er sah sie nicht an, sondern blickte hinunter ins Feuer.

»Alles in meinem Verstand spricht dafür, daß sie Anne ist – Vernunft, Logik, Beweise. Und alles andere in mir schreit: ›Sie ist eine Fremde. Was tut man in diesem Fall?‹«

Lyndall sagte so leise wie ein müdes Kind:

»Das kann ich dir doch nicht sagen – oder?«

»Nein. Ich nehme an, daß sich als Kern meiner Ablehnung die Tatsache herausschält, daß wir uns fremd geworden sind. Der Punkt, an dem wir zusammenkamen, liegt lange hinter uns. Wir haben uns inzwischen in ganz verschiedene Richtungen entwickelt. Einen zweiten Treffpunkt in der Zukunft vermag ich nicht zu erkennen. Sie denkt, es gäbe einen, und daß wir es uns schuldig seien, wenigstens zu versuchen, uns wieder zusammenzuleben. Ich habe ihr gesagt, daß sie mir nichts schuldig ist. Ich kann ihr nicht sagen, daß auch ich ihr nichts schulde. Von ihrem Standpunkt aus betrachtet, schulde ich ihr eine Menge. Wie es auch geschehen sein mag – ich ließ sie in der Gefahr zurück, während ich mich in die Sicherheit rettete.«

»Philip«, sagte sie und blickte ihn beschwörend an.

»Lyn, siehst du denn nicht, wie das Ganze auf sie wirken müßte? Ich habe eine andere Frau als ihre Leiche identifiziert, ihr Geld geerbt, und als sie dann nach Hause kommt, erkennst du sie wieder, Tante Milly erkennt sie wieder – Mrs. Ramage, Mr. Codrington, die ganze Familie erkennt sie wieder. Doch ich behaupte weiter, sie sei nicht Anne, bis das

Gewicht der Beweise mich einfach erdrückt. Du begreifst, wie es jetzt ausgelegt werden kann? Ich ließe sie im Stich, verließe sie, verleugnete sie, baute eine Lüge auf!«

»Philip – bitte . . .«

Der schnelle, bittere Fluß seiner Worte riß ab, doch nur für Sekunden. Er starrte auf sie hinunter, als sähe er nicht sie, sondern einen phantastischen Abgrund, dessen Rand immer noch abbröckeln und ihn in die Tiefe reißen konnte.

»Verstehst du denn nicht? Wenn du nicht so denkst, dann zum mindesten Mr. Codrington. Er hat mir schon zu verstehen gegeben, wie dankbar ich sein sollte, daß sie mich schont. Hätte sie sich für eine Klage entschieden, sich unversöhnlich gezeigt, nicht so viel Geduld für mich aufgebracht, wäre mein Name Schmutz. Sie will kitten, will, daß wir Freunde sind, will uns beiden eine Chance geben. Bis jetzt hat sie noch nicht davon gesprochen, daß wir zusammenleben sollen. Sie bat nur darum, daß wir vernünftig und normal unter einem Dach leben – uns gemeinsam in der Öffentlichkeit zeigen – bis der Klatsch nachläßt. Was kann ich machen? Ich kann ihr das nicht abschlagen, oder?«

»Nein«, sagte Lyndall. Sie stand auf, bewegte sich langsam und ein wenig steif, weil er sonst sehen würde, wie ihre Knie zitterten. Sie bemühte sich sehr, ihn das nicht merken zu lassen, aber dabei hatte sie das Gefühl, sie sei kantig und ungelenk wie eine Puppe.

Als sie sich aufgerichtet hatte, sagte sie behutsam:

»Du mußt tun, was sie von dir verlangt. Du hast sie geliebt. Das Gefühl wird wiederkommen.«

»Wird es? On revient toujours à ses premiers amours. Ich hielt das stets für eine besonders krasse Lüge. Ich sagte schon, wir haben uns in ganz verschiedene Richtungen entwickelt. Lyn, selbst jetzt, wo ich mich unwiderlegbaren

Beweisen beugen muß, versichere ich dir, daß sie für mich nicht Anne ist.«

»Wer ist sie dann?«

»Eine Fremde! Ich habe nicht das Gefühl, daß wir auch nur eine Stunde gemeinsam verbracht hätten, selbst wenn sie mir Dinge sagt, von denen nur Anne wissen kann.« Er bewegte sich abrupt. »Du gehst fort?«

»Ja.«

»Wann?«

»Morgen.«

Es folgte ein langes, bedrückendes Schweigen. Es lag wie eine Last im Raum, wie ein Gewicht auf ihren Herzen. Morgen würde sie aus seinem Leben verschwinden. Sie hatten sich nichts mehr zu sagen, weil schon alles gesagt war. Wenn er die Hand ausstreckte, würde er sie berühren. Aber er brachte das nicht fertig. Sie waren schon getrennt, und je länger dieses Schweigen anhielt, um so tiefer wurde die Kluft zwischen ihnen, während das Band ihrer Gefühle und Gedanken sich zum Zerreißen spannte und dann riß.

Als Milly Armitage in den Salon kam, hatten sie sich nicht von der Stelle gerührt, doch jeder hatte bereits einen weiten Weg zurückgelegt.

14

Nach neun Tagen hatte sich auch die Presse wieder beruhigt. Alles in allem war sie schonend mit Philip Jocelyn umgegangen. Annie Joycens Verbindung mit der Familie, ihre Ähnlichkeit mit Anne, die zu einer wahrscheinlichen Verwechslung führte, wurden diskret behandelt, und die Affäre geriet allmählich in Vergessenheit. Eine Woche nach Annes Rück- kehr hörten auch die Anrufe der Reporter auf, die ein Inter- view haben wollten.

Anne bekam eine Lebensmittel- und Kleiderkarte und fuhr nach London, ein Scheckbuch in der Handtasche und mit dem beruhigenden Gefühl, daß ihr Bankkonto großzü- gig ausgestattet war. Sie hatte einen ganzen Tag für Einkäufe eingeplant. Die Kleidung würde zum Problem werden. Sie hatte zwanzig Punkte zur Verfügung auf ihrer Karte – sehr ärgerlich, daß sie bis Ende Januar nicht mehr einlösen konn- te. Fünfzig Punkte hatte ihr Mrs. Armitage überlassen, die ihr Geld lieber für andere Sachen aufsparte. Dazu kam noch eine eventuelle Sonderzuteilung durch das Versorgungsamt, der besonderen Umstände wegen, doch die Entscheidung würde noch eine Weile auf sich warten lassen. Achtzehn Punkte für einen Mantel, die gleiche Anzahl für ein Kostüm, elf für ein Kleid, sieben für ein Paar Schuhe, und dann noch Unterwäsche – die Abschnitte gingen weg wie Wasser in einem Sieb. Es war unmöglich, Tante Milly einen Vorwurf zu machen, weil sie die Garderobe der toten Anne Jocelyn an ausgebombte Mitbürger verschenkt hatte – aber es war eben doch sehr ärgerlich.

Dann mußte sie sich wieder eine Dauerwelle legen und maniküren lassen. Sie hatte wirklich ein volles Tagespro- gramm, auf das sie sich gefreut hätte, wenn nicht dieser Brief in ihrer Handtasche gewesen wäre. Lästig, aber ohne Belang, redete sie sich ein.

Die Sache konnte sicherlich ohne große Mühe bereinigt werden. Sie hätte das eigentlich selbst erledigen können. Sie brauchte lediglich – eventuell in der dritten Person – folgen- de Zeilen zu verfassen: »Lady Jocelyn bedauert, nichts dem

Bericht hinzufügen zu können, der in der Angelegenheit Annie Joyce bereits in den Zeitungen erschienen ist. Sie glaubt nicht. . .«

Nein, das war nicht gut. Zu steif, zu sehr *de haut en bas*. Man durfte die Gefühle des Volkes nicht verletzen. Ein schlichter Brief war am besten: »Liebe Miss Collins, ich glaube nicht, daß ich Ihnen mehr über den Tod von Annie Joyce sagen kann, als bereits bekannt wurde. Der Ausschnitt, den Sie Ihrem Brief beilegten, enthält alle Informationen, die ich ebenfalls besitze. Ich würde gern mit Ihnen persönlich zusammentreffen, wenn ich das Gefühl hätte, es käme dabei etwas Nützliches heraus. Aber ich denke, so ein Zusammentreffen wäre für uns beide nur eine Enttäuschung.« Ja, so würde es gehen.

Sie spürte ein flüchtiges Bedauern, daß sie nicht so einen Brief geschrieben und zur Post gegeben hatte. Wer konnte denn wissen, daß Nellie Collins sich schriftlich an sie gewendet und dann eine Antwort von ihr erhalten hatte? Aber während sie noch in Gedanken die Sache bagatellisierte, wußte sie schon, daß sie weder das noch irgend etwas anderes verheimlichen konnte, und daß die Antwort, die sie auf diesen Brief verfaßte – wenn ihr das überhaupt überlassen blieb –, Bestandteil eines Planes war. Eines Planes, den sie nicht entworfen hatte – eines sehr genauen Planes, an den sie sich strikt zu halten hatte.

Einen Moment lang erlebte Anne so etwas wie einen Kurzschluß. Es war ein sehr sonderbares Erlebnis – ein heftiger Schock –, von einer Sekunde zur anderen, der sie betäubt, verwirrt und verstockt zurückließ. Der Schock ging vorüber, und danach wäre sie nur noch ängstlich gewesen, wenn sie sich erlaubt hätte, darüber nachzudenken. Glücklicherweise hatte sie eine Menge anderer Dinge zu

bedenken. Man konnte immer noch Kleidung in ausgezeichneter Qualität kaufen, aber man mußte lange danach suchen
und sie kostete einen sündhaften Preis. Sie gab fünfundzwanzig Pfund für ein Kostüm aus gutem schottischem
Tweed aus, dazu achtzehn Punkte von ihrer Kleiderkarte.
Ein Paar braune Halbschuhe und ein Paar Hausschuhe –
vierzehn Punkte. Sechs Paar Strümpfe – noch einmal achtzehn Punkte. Am Ende dachte sie gar nicht mehr an den
Kaufpreis der Textilien, sondern nur noch an die Abschnitte,
die sie dafür opfern mußte.

Es war bereits drei Uhr nachmittags, ehe sie die Muße
fand, sich zu erinnern, daß sie Angst gehabt hatte. Sie stand,
nur eine winzige Sekunde unschlüssig, zwischen zwei ein
wenig kleinkariert wirkenden Schaufenstern, in welchen zu
ihrer Linken ein lächelnder Wachskopf mit kunstvoll frisier-
ten blonden Haaren, zu ihrer Rechten eine wachsbleiche
Hand mit gefärbten Nägeln auf einem Samtkissen ausgestellt
waren. Der Hintergrund beider Fenster war mit einem Stoff
in heller Farbe ausgekleidet, die man als *bleu de roi* zu
bezeichnen pflegt. Das Kissen unter der manikürten Hand
und das Tuch unter dem Wachskopf waren rosenfarbig mit
dem gleichen Hochglanzeffekt des Hintergrundes. Ein ver-
goldetes Schriftband über der Tür trug den Namen *Félise*.

Anne Jocelyn drückte die Klinke nieder und trat ein.
Wäre sie noch ein wenig länger unschlüssig gewesen oder
gar nicht hineingegangen, wären manche Dinge ganz anders
verlaufen oder überhaupt nicht geschehen. Wäre sie, ohne
erst anzuhalten, durch die Ladentür gegangen, würde Lyndall sie nicht bemerkt haben. Hätte sie eine Idee länger vor
dem Laden gestanden, hätte Lyndall sie noch vor der Ladentür eingeholt und angesprochen. In diesem Fall würde Anne
sicherlich ihre Verabredung mit Mr. Felix nicht eingehalten

und vermutlich – wahrscheinlich – den Brief von Nellie Collins selbst beantwortet haben.

Doch so blieb Lyn erst einmal auf der anderen Straßenseite stehen und war nicht ganz sicher, ob sie sich geirrt oder tatsächlich Anne vor dem Friseurladen gesehen hatte. Wäre es nur um die Entscheidung dieser Frage gegangen, wäre das wirklich nicht wichtig gewesen, doch sie war sich auch nicht sicher, ob Anne sie gesehen hatte. Denn die obere Hälfte der Tür zwischen den beiden Fenstern bestand aus Spiegelglas. Es fragte sich also, wieviel von der gegenüberliegenden Straßenseite in diesem Spiegel abgebildet wurde und ob Anne sie bemerkt hatte, als sie verdutzt anhielt. Und wenn es Anne gewesen war und sie Lyndall erkannt hatte, die zu ihr hinüberstarrte, mußte sie glauben – nun, was? Daß Lyn die Straße nicht überqueren wolle, um sie anzusprechen? Daß sie einen Grund hatte, ihr, Anne, aus dem Weg zu gehen? Es wäre schlimm, wenn sie so etwas dächte. So ein Gedanke durfte gar nicht erst aufkommen. Soweit es in ihrer Macht stand, mußte sie so etwas verhindern.

Sie mußte, wie es ihr vorkam, eine Ewigkeit warten, bis der Verkehr ihr erlaubte, die Straße zu überqueren. Inzwischen hatte sich ihre Courage erheblich abgekühlt; aber an ihrem Entschluß änderte das nichts. Sie war sich immer noch nicht sicher, ob sie Anne in den Laden hatte gehen sehen; aber sie würde das feststellen. Sie hatte einen Pelzmantel und darunter ein blaues Kleid in den Laden gehen sehen. Es würde nur eine Sekunde dauern, um festzustellen, ob in dem blauen Kleid und dem Pelzmantel hinter der Spiegelglastür Anne steckte oder nicht.

Sie trat in den Laden und sah zwei Frauen, die vor dem Kassenschalter warteten, und eine dralle Verkäuferin in einem Kittel, die ihr den Rücken zudrehte und etwas vom obersten Brett eines Regals herunterholte. Keine von beiden wartenden Damen war Anne Jocelyn, aber sie trugen beide auch keinen Pelzmantel. Und daß sie einen Pelzmantel in den Laden hatte eintreten sehen, wußte Lyndall nun ganz genau.

Sie wartete darauf, daß die Verkäuferin sich zu ihr umdrehte, aber die drehte sich nicht um. Eine der wartenden Frauen erklärte immer wieder, was für ein Shampoo sie haben wollte, und jedesmal, wenn die Dame Luft holen mußte und die Verkäuferin auch mal zu Wort kam, sagte diese, dieses Shampoo hätten sie nicht, dafür aber ein anderes, das überdies viel besser sei als das verlangte. Lyndall konnte absehen, daß dies noch eine Ewigkeit so weitergehen würde.

Einem jähen Impuls folgend, ging sie weiter, an dem Kassenschalter vorbei und durch den Vorhang, der den Durchgang zur anderen Hälfte des Ladens verschloß, in dem sich die Kabinen für die Kunden befinden mußten, die sich die Haare und die Nägel pflegen lassen wollten. Wenn Anne eine Dauerwelle brauchte, würde Lyn sie in dieser Abteilung finden. Es dauerte höchstens eine Sekunde, um festzustellen, ob sie dort war. Wenn nicht, konnte sie immer noch sagen, sie suche hier nach einer Freundin.

Sobald sie den Vorhang durchschritten hatte, konnte sie das Gurgeln ablaufenden Wassers hören. Die Kabinen hatten ebenfalls Vorhänge, keine Türen. Es war ganz leicht, zwischen den Vorhängen hindurch in die Kabinen zu blikken. Eine dicke Frau mit einem roten Hals – eine dürre Frau, die ihren Kopf über das Waschbecken hielt – ein zierliches, dunkelhaariges Mädchen, das sich die Nägel behandeln ließ – eine Dauerwelle – noch eine Maniküre. Keine Spur von Anne, keine Spur von einem Pelzmantel!

Am Ende des Ganges, von dem die Kabinen abgingen, stieß sie abermals auf eine Spiegelglastür. Sie sah, wie sie sich selbst entgegenkam – Lyn Armitage in einem grauen Tweedkostüm, mit einem dunkelroten Hut auf dem Kopf, und mit einem Paar ängstlichen Augen darunter.

Warum so furchtsam auftreten und sich damit ins Unrecht setzen? Etwas Dümmeres konnte sie nicht tun. Wenn man etwas vorhatte, bei dem man sich nicht so gut fühlte, wie man eigentlich wollte, streckte man das Kinn heraus und machte dabei ein Gesicht, als gehöre einem die Welt, für die man noch dazu in bar bezahlt hatte.

Sie stieß die Tür so energisch auf, wie sie in den Laden gekommen war, und fand sich in einem engen, rechteckigen Raum wieder, von dem links eine steile Holztreppe in den Oberstock hinaufführte und zwei Türen abgingen. Im Gegensatz zu dem hell erleuchteten Laden war es hier dunkel, und die Luft wirkte schal und muffig nach den Dämpfen, die sie im Gang zwischen den Kabinen eingeatmet hatte. Zweifellos befand sie sich in den Hinterräumen des Friseursalons, in denen die Kundschaft nichts verloren hatte. Anne konnte unmöglich hier sein.

Und während sie das dachte, hörte sie Anne Jocelyns Stimme.

Sie erschrak darüber, obwohl sie nicht wußte, warum. Es war nur die Stimme, nicht etwa die Worte, was sie zweifeln ließ. Nein, sie war sich nicht mehr so sicher, ob sie Annes Stimme hörte. Hätte sie in diesem Moment nicht so fest an Anne gedacht, wäre sie vielleicht gar nicht auf die Idee gekommen, daß das Annes Stimme sein könnte. Sie machte zögernd einen Schritt nach vorn. Die Tür direkt vor ihr war nicht ganz geschlossen. Sie war auch nicht offen, sondern nur nicht ganz eingerastet, weil der Riegel klemmte. Manche

Türen haben das so an sich – ihre Klinken stehen waage-
recht, und sie gehen trotzdem auf, oder der Riegel schnappt
sogar ein, gibt aber beim geringsten Druck an der Tür wieder
nach.

Lyndall legte nur die Hand gegen die Türfüllung. Es war
eine impulsive Handlung ohne Vorbedacht. Die Tür gab
sofort nach. Eine dünne Linie, fein wie Golddraht, bildete
sich am rechten Türpfosten. Und sie hörte die Stimme, die
sie an Anne erinnert hatte, sagen: »Sie können es ruhig mir
überlassen, den Brief von Nellie Collins zu beantworten. Sie
ist eine vollkommen harmlose Person!« Eine Männerstimme
flüsterte vernehmlich zurück: »Das zu entscheiden, steht
Ihnen nicht zu.«

Lyndall nahm rasch die Hand von der Tür und drehte sich
um. Ihr Herz schlug ihr bis in den Hals hinauf. Sie fühlte
sich beschämt und zugleich von einer unerklärbaren Angst
ergriffen. Wenn sie sich jetzt gehenließ, würde die Panik sie
überwältigen. Sie mußte fort von hier – rasch, aber ohne ein
Geräusch zu machen. Und dabei hatte sie das Gefühl, als sei
sie vor Schreck wie gelähmt und könne sich überhaupt nicht
mehr bewegen.

Warme und parfümierter Dampf hüllten sie zwischen den
Kabinen ein. Sie lief zurück in den Verkaufsraum und fand
dort die Szene unverändert: die beiden Frauen, die vor dem
Ladentisch warteten; das Für und Wider einer bestimmten
Shampoomarke; die Verkäuferin, die ihr immer noch den
Rücken zukehrte und Fläschen auf einem Regalbrett hin-
und herschob.

Sie ging hinaus auf die Straße und schloß die Ladentür
hinter sich. Niemand hatte sie kommen oder gehen sehen.

Pelham Trent war, wie Mr. Codrington ihn charakterisiert hatte, ein sehr angenehmer Bursche. Lyndall Armitage konnte dieses Urteil nur bestätigen. Er ließ sich, sooft er konnte, in Lilla Jocelyns Wohnung sehen, was Lilla sehr begrüßte.

»Sie sind nur befreundet«, erklärte sie Milly Armitage. »Wenigstens gilt das für sie – bei ihm bin ich mir weniger sicher. Aber er ist genau das, was sie zur Zeit braucht – jemanden, der mit ihr ausgeht und ihr das Gefühl gibt, sie bedeute ihm etwas.«

Lyn ging tatsächlich gern mit Pelham Trent aus. Er war ein ausgezeichneter Gesellschafter und der allerbeste Gastgeber. Das war besser, als zu Hause zu hocken und das Gefühl zu haben, die Welt wäre zu Ende. Wenn man unter einem solchen Gefühl litt, mußte man so rasch wie möglich in die Welt eines anderen hinüberschlüpfen.

Es war ihre Welt, die zusammengebrochen war – ihre und Philips Welt. Vielleicht auch Annes Welt. Doch Pelham Trents Welt würde auf einer festen Umlaufbahn verharren. Es war eine sichere, heitere Welt, in der es viel zu lachen gab und einen amüsanten Zeitvertreib – Kinobesuche, Tanzabende, ein Theaterstück, oder eine Kabarettvorstellung –, so daß sie die Rückkehr in die kalte Trümmerstätte, wo ihre eigene Welt einmal gestanden hatte, so lange wie möglich hinausschob.

Zuweilen blieben sie auch abends in Lillas Wohnung und unterhielten sich in ihrem bezaubernden Salon. Manchmal spielte er ihnen auch etwas auf dem Flügel vor. Wenn dann die Zeit kam, wo er sich verabschieden mußte, hielt er

Lyndalls Hand einen Moment fest und fragte: »Hat es dir gefallen?«

Manchmal sagte sie ja, und manchmal sah sie ihn nur an, denn wenn ihre Gefühle zu aufgewühlt waren, war es für sie schwierig, sie in Worte zu übersetzen. Nur bei Philip war ihr das leichtgefallen, weil er fast immer wußte, was sie bewegte. Und da zwischen ihnen keine Worte nötig waren, war es auch einfach gewesen, sich auszudrücken.

Die Musik entführte sie in eine Welt, die weder ihr noch Pelham Trent gehörte. Sein Spiel öffnete ihr die Pforte zu einer Welt, in der Gefühle und Emotionen verfeinert wurden, bis sie nur noch die Qualität reiner Schönheit besaßen. Wo Trauer sich in Musik auflöste, wo sie Trost fand für einen Verlust.

Sie kehrte erholt und gestärkt aus dieser Welt zurück.

Milly Armitage blieb nun doch nicht in Jocelyns Holt. Zuerst brachte sie es nicht fertig, Philips Angebot auszuschlagen, hatte aber dann noch nie so eilfertig einem der nicht gerade seltenen Appelle ihrer Schwägerin Cotty Armitage nachgegeben wie jetzt. Cotty erfreute sich einer schwachen Gesundheit. Seit ungefähr fünfundzwanzig Jahren litt sie unter periodischen Anfällen, denen bisher kein Arzt einen Namen zu geben vermochte. Sie stürzten die Familie in ein Maximum von Aufregungen bei einem Minimum eigener Beschwerden. Sie hatte einen Ehemann damit unter die Erde gebracht, zwei Töchter zur Flucht in die Ehe und die dritte an den Rand eines Nervenzusammenbruchs getrieben. Nun, da Olive offensichtlich mit den Nerven am Ende war, hatte sie zu Papier und Feder gegriffen und ihre ›liebste Milly‹ aufgefordert, sie zu besuchen. Und Milly in ihrer unheilbaren Weichherzigkeit tat, was sie von ihr verlangte.

»Was sie natürlich wirklich braucht, ist jemand, der ihr ein
großes Faß kaltes Wasser über den Kopf schüttet.«

»Und warum tust du das nicht?« fragte Lilla, mit der sie
bei einem Zwischenaufenthalt in London zum Essen ging.

»Das Faß ist für mich zu schwer, Liebes. Aber jemand
müßte es tun. Jedesmal, wenn ich sie besuchte, habe ich mir
vorgenommen, ihr zu sagen, daß sie eine egoistische Skla-
ventreiberin ist und Olive schamlos ausbeutet; aber ich brin-
ge es nicht über die Lippen.«

»Weshalb denn nicht?«

»Einmal, weil Olive es mir nicht danken würde. Das ist ja
das Bedrückende an dieser Art von Sklaverei – in den
schlimmsten Fällen will das Opfer nicht einmal frei sein.
Olive ist so ein Fall. Lyndall konnte sich damals gerade noch
retten, weißt du? Sie wohnte zwei Jahre bei Cotty, nachdem
ihre Mutter und ihr Vater bei einem Autounfall ums Leben
kamen. Sie hat furchtbar darunter gelitten. Sie ist sehr sensi-
bel. Für solche Leute ist das Leben nicht einfach. Du bist ein
Engel, daß du sie zu dir genommen hast, Lilla.«

»Ich habe sie wirklich gern bei mir, Tante Milly.«

Milly Armitage zerkrümelte auf eine schrecklich ver-
schwenderische Art eine Scheibe Brot über ihrem Teller.
Lilla sah ihr eine Weile dabei zu und lachte dann auf ihre
warmherzige Art.

»Warum rückst du denn nicht einfach heraus mit dem,
was du sagen möchtest, ohne erst lange zu überlegen, wie?«

Milly Armitages Gesicht hellte sich auf. Ein breites, reui-
ges Lächeln zeigte ihr tadelloses Gebiß.

»Sollte ich wohl lieber, wie? Ich sehe selbst keinen Vorteil
darin, um den heißen Brei herumzuschleichen wie eine Katze, aber irgendwie scheinen das die Leute von mir zu erwarten. Meine Mutter behauptete immer, ich nähme nie ein Blatt

vor den Mund. Recht hat sie gehabt. Ist es was Angenehmes – warum es erst in allerlei Artigkeiten verpacken? Und
ist es was Unangenehmes – nun, je früher man es loswird,
um so wohler ist einem! Philip und Anne kommen nach
London. Jetzt weißt du es.«

»Auf Besuch?«

»Sie ziehen hierher. Es ist zu anstrengend für ihn, jeden
Tag zwischen Jocelyns Holt und seiner Arbeitsstelle hin-
und herzufahren. Das sagte er neulich beim Abendessen,
und gleich am nächsten Morgen zog Anne los und mietete
eine Wohnung. Das allerdings hatte er nicht beabsichtigt,
aber er konnte es ihr nun auch wieder nicht sagen. Sie war
eben überaus taktvoll.«, Da ich dieses Talent nicht besitze,
habe ich nicht unbedingt eine grenzenlose Hochachtung vor
solchen Menschen – ihre Art kommt mir irgendwie schlei-
mig vor. Du weißt schon – ganz Rücksichtnahme – die Stimme verhalten – vor Güte hinschmelzend! Sie hoffe, er freue
sich darüber. Sie habe daran denken müssen, wie eintönig
diese Fahrerei im Winter sei, und als sie von dieser Wohnung
erfuhr, wollte sie die einmalige Chance nicht versäumen. Sie
mußte sich rasch entscheiden – Bewerber standen Schlange
danach –, lauter solche Sachen.« Milly verzog das Gesicht
auf eine Weise, die Zerknirschung oder Reue andeuten sollte.
»Oh – ich habe kein Recht, so über sie zu reden, nicht wahr?
Aber ich habe sie nie gemocht und werde sie auch nie
mögen!«

Lilla, das Kinn in die Hand gestützt, betrachtete sie über
den Tisch hinweg, und in ihre braunen, etwas verwirrten
Augen trat der Hauch eines Lächelns.

»Warum magst du sie nicht, Tante Milly?«

»Ich weiß nicht – es ist eben so. Sie ist eben eine Katastrophe
für Philip, sie war es immer – doch vielleicht hätten sie sich

zusammengerauft, wenn diese Trennung nicht gewesen wäre. Da beginnt ein Mann gerade zu begreifen, daß er die falsche Frau geheiratet hat, und darf sich dreieinhalb Jahre darüber freuen, daß das Schicksal diesen Fehler korrigiert hat, und plötzlich hängt ihm der Mühlstein wieder am Hals. Was, glaubst du, empfindet dieser Mann dabei? Selbst wenn er sich nicht so sehr in Lyn verliebt hätte?«

»Hat er das?«

Milly Armitage nickte.

»Vermutlich auch etwas, worüber ich nicht reden dürfte! Aber es ist wahr. Und bis Anne wieder auftauchte, war ja auch nichts Unrechtes daran. Lyn ist genau die richtige für ihn, und er der richtige für sie. Wie, glaubst du, fühlt er sich jetzt? Ich sage dir, ich bin froh, daß ich mich zu Cotty flüchten kann. Drastischer kann ich es gar nicht ausdrücken. Und am schlimmsten finde ich, daß sie sich beide so verzwei-felt bemühen! Ich habe noch kein Ehepaar gesehen, das sich so anstrengt wie diese beiden. Anne versucht ihn mit all diesen Mitteln zurückzugewinnen, die ihr gar nicht gemäß sind. Ich bekomme jedesmal eine Gänsehaut, wenn ich zu-sehen muß, wie gütig, rücksichtsvoll und einfühlend sie ist, und wie Philip beherrscht und höflich darauf reagiert. Er glaubt, er habe an ihr gutzumachen, daß er sie nicht gleich erkannt hat, aber das geht ihm alles gegen den Strich. Wenn sie sich anranzen würden oder einmal die Fetzen flögen, wäre das ja noch zu ertragen. Aber nein – sie bemühen sich nur.«

»Das hört sich schrecklich an«, sagte Lilla bekümmert.

Milly Armitage schnitt eine Grimasse, für die sie als Kind immer gescholten wurde. Sie bekam dadurch eine bemer-kenswerte Ähnlichkeit mit einem Frosch. Jetzt hätte sie auch mit stundenlangen Erklärungen ihr Unbehagen über die

108

Jocelyn-*ménage* nicht besser ausdrücken können. Dann fuhr sie fort:

»Es wird sehr hart für Lyn werden, wenn sie erfährt, daß die beiden nun in der Stadt wohnen werden. Sie ist Anne sehr ergeben – war es wenigstens. Ich weiß nicht, wieviel von diesem Gefühl noch übrig ist; aber sie wird denken, es wäre ihre Pflicht, diesem Gefühl treu zu bleiben, und das wird sie in einen grauenvollen Zwiespalt stürzen. Sie werden sich doch dauernd über den Weg laufen. Ich glaube nicht, daß Anne etwas ahnt – sie käme gar nicht auf diesen Gedanken. Sie sieht in Lyn immer noch das kleine Schulmädchen, das sie vor dem Krieg gewesen ist – mit einer Schwäche für ihren Mann. Und Lyn wird sich ihre wahren Gefühle nie anmerken lassen. Sie wird sich dazu zwingen, Anne zu besuchen und ihr freundschaftlich verbunden zu bleiben, weil sie glaubt, das gehöre sich so. Und wenn sie einmal von der Richtigkeit einer Sache überzeugt ist, wird sie sich entsprechend verhalten, auch wenn es noch so weh tut. Sie hat keinen Panzer – ist ihren Gefühlen wehrlos ausgeliefert. Und ich kann nicht ertragen, daß ihr weh getan wird – deshalb rede ich auch darüber.«

»Ja?«

Milly Armitage streckte impulsiv die Hand über den Tisch.

»Ich meine, daß ich froh bin über ihre Bekanntschaft mit Pelham Trent. Ich will damit nicht sagen, ich wünschte mir, es würde etwas Ernsthaftes daraus – er ist ein bißchen zu alt für sie.«

»So kommt er mir gar nicht vor.«

»Ungefähr siebenunddreißig, schätze ich. Aber das spielt keine Rolle. Es ist ein Geschenk Gottes, jemand im Haus zu haben, der sie bewundert, sie ausführt und ihr die Zeit vertreibt. Ich glaube zwar nicht, daß etwas daraus wird, aber sie mag ihn, und er wird ihr über eine schlimme Zeit ein bißchen hinweghelfen.«

Das Gespräch endete, wo es angefangen hatte – bei Pelham Trent.

16

Miss Nellie Collins suchte sich in einem leeren Dritte-Klasse-Abteil einen Eckplatz aus und hoffte, sie würde noch nette Gesellschaft bekommen. Sie reiste nicht gern in einem leeren Abteil, denn es bestand natürlich immer die Möglichkeit, daß ein Fahrgast dazukam, der nicht so nett war. Als sie noch ein kleines Mädchen war, hatte sie eine Geschichte von einem Verrückten gelesen, der sich zu einer Dame ins Abteil gesetzt und sie gezwungen hatte, von Swindon bis Bristol Karotten und weiße Rübchen zu essen. Die Dame hatte danach einen Nervenzusammenbruch erlitten.

Dieser Zug hielt allerdings zu häufig zwischen Blackheath und dem Waterloo-Bahnhof, um einem Verrückten eine echte Chance geben zu können, doch Miss Nellie wollte doch lieber auf Nummer Sicher gehen. Sie saß sehr gerade in ihrem besten Kostüm, mit ihrem Sonntagshut und dem Pelzkragen, den sie nur bei besonderen Gelegenheiten anlegte, weil er schon ein bißchen kahl wurde und bei den horrenden Preisen für Rauchwaren noch wer weiß wie lange halten mußte, in ihrer Ecke. Das Kostüm zeigte ein ziemlich freundliches Blau, denn als Nellie Collins noch jung gewesen war, hatte ihr jemand gesagt, sie müsse immer etwas tragen, das zu der Farbe ihrer Augen passe. Zwar hatte dieser

Jemand eine andere geheiratet, aber sie blieb trotzdem auf eine krankhafte Weise dieser Farbe zugetan. Ihr Hut war schwarz, denn man hatte sie in dem Glauben erzogen, daß sich für Damen nur schwarze Hüte schickten; aber er war wenigstens mit einem blauen Band versehen, das eine Idee von dem Blau ihres Kostüms abwich. Außerdem trug er ein Blumensträußchen, dessen Farbe sich hundertprozentig mit jenem Blau deckte. Unter der ziemlich breiten Krempe sahen ihre Haare in Büscheln hervor, die vormals die Farbe von reifem Weizen hatten, doch nun an ein verstaubtes Stoppelfeld im August erinnerten. Als junges Mädchen war ihr Teint so rosig wie ein in Blüte stehender Apfelbaum gewesen, doch auch davon war nichts nachgeblieben. Nur ihre Augen hatten noch dieses erstaunliche Blau.

Sie wollte sich gerade damit abfinden, daß sie allein reisen mußte, als noch ein halbes Dutzend Leute die Sperre passierte. Zwei davon waren Männer, die auf dem kürzesten Weg über den Bahnsteig ein Abteil ansteuerten. Miss Collins atmete erleichtert auf. Sie machten einen recht fröhlichen Eindruck; einer von den beiden schien nicht mehr ganz fest auf den Beinen zu sein. Es blieben noch eine robust gebaute Dame mit zwei Kindern, und eine zierliche, sehr gerade gehende Gestalt im schwarzen Tuchmantel mit einem Pelzkragen, der schon bessere Tage gesehen hatte.

Die Familie folgte den Männern in deren Abteil, doch die zierliche Gestalt ging weiter an den Waggons entlang. Miss Collins hoffte inständig, die Dame in dem aus der Mode gekommenen Mantel würde sich ihr zugesellen. Sie öffnete sogar ein wenig ihre Abteiltür und gestattete sich so etwas wie ein aufmunterndes Lächeln.

Und tatsächlich, als der Zug sich bereits in Bewegung setzte, wurde ihre Abteiltür noch zurückgeklappt, und die

Dame in Schwarz ließ sich in der gegenüberliegenden Ecke fallen. Dabei fing sie einen mitfühlenden Blick von Miss Collins auf und hörte diese sagen: »Gütiger Himmel – fast hätten Sie den Zug versäumt!«

Die Lady, die zugestiegen war, war Miss Maud Silver. Ursprünglich hatte sie den Beruf einer Gouvernante ausgeübt, und dem Aussehen nach mußte sie immer noch dafür gelten; aber seit etlichen Jahren waren ihre Visitenkarten in einer Ecke mit dem Zusatz versehen: *Private Ermittlungen.* Es gehörte zu ihrem Geschäft, sich jeder Gesellschaft anpassen zu können. Ihren Erfolg hatte sie zum erheblichen Teil der Tatsache zu verdanken, daß die Leute sie als Zuhörerin schätzten. Sie verschreckte sie weder durch Steifheit noch durch Redseligkeit. Wenn es eine gesunde Mitte zwischen diesen Extremen gibt, so konnte man mit Fug und Recht behaupten, daß sie von Miss Silver eingenommen wurde.

Sie quittierte die Anrede mit der milden, aber freundlichen Bemerkung, es sei immer ein Ärgernis, wenn man einen Zug versäumte – »aber meine Uhr geht nach, und ich mußte mich nach der Wanduhr meiner Nichte richten, die aber auch nicht so zuverlässig zu sein scheint, wie sie mir beteuerte.«

Das war genau die Eröffnung, die Miss Collins zu einem Einstieg in die Konversation brauchte.

»Sie waren bei einer Nichte auf Besuch? Wie nett!«

Miss Silver schüttelte den Kopf. Sie trug einen Vorkriegs-Filzhut, dessen Band jedoch inzwischen erneuert worden war. Und der Vergißmeinnicht-Wachsblumenstrauß hatte erst eine Wintersaison gesehen.

»Nicht auf Besuch«, antwortete sie. »Ich war nur zum Lunch eingeladen, und zum Tee habe ich schon wieder eine Verabredung in London.«

Miss Collins betrachtete sie neidisch. Lunch mit einer Nichte – und Tee schon wieder mit jemand anderem – was für ein buntes Leben!

»Wie angenehm für Sie«, sagte sie. »Ich habe mir oft gedacht, wie nett es wäre, Nichten zu haben, die man der Reihe nach besuchen könnte; aber wir waren nur zwei Schwestern in meiner Familie, und wir haben beide nicht geheiratet.«

Miss Silver hüstelte.

»Der Ehestand kann sehr glücklich, aber auch sehr unglücklich sein.«

»Aber es muß doch sehr angenehm sein, Nichten zu haben. Da hat man nicht so eine Verantwortung wie bei eigenen Kindern, wenn Sie wissen, was ich meine. Aber doch so viel, daß man das Gefühl hat, man habe etwas eigenes.«

Miss Silver lächelte etwas gezwungen. Wäre es ihre Nichte Ethel Burkett gewesen, die sie zum Lunch eingeladen hätte, wäre ihre Reaktion merklich wärmer ausgefallen. Doch sie hatte schon immer den Verdacht gehabt, Gladys sei als Kind zu sehr verwöhnt worden, und ihr heutiger Besuch hatte sie in ihrer Überzeugung nur noch bestärkt. Jünger als Ethel und erheblich hübscher, hatte sie auch noch eine bessere Partie gemacht, indem sie einen Witwer heiratete, der doppelt so alt war wie sie und eine gutgehende Praxis als Anwalt führte. So etwas konnte sie natürlich nicht einer fremden Person mitteilen; aber insgeheim fürchtete sie, daß Gladys nicht zuverlässiger war als ihre Wohnzimmeruhr. Und sie hatte sich erlaubt, herablassend über ihre Schwester Ethel und deren Mann zu sprechen, der Geschäftsführer in einer Bank war, und auch über deren Kinder, die Miss Silver überaus schätzte. Sie öffnete nun ihre Handtasche und entnahm ihr Stricknadeln und einen angefangenen Strumpf aus vernünftiger grauer Wolle, den sie für Johnny Burkett in Arbeit hatte.

«Natürlich ist es immer eine Verantwortung», fuhr Miss Collins fort, «wenn man Kinder großzieht, ob man nun mit ihnen verwandt ist oder nicht. Meine Schwester und ich haben ein kleines Mädchen aufgezogen, und wenn es noch am Leben wäre, würde ich es ja gern besuchen – sozusagen als wäre es meine Nichte.»

Miss Silver zeigte milde Anteilnahme.

«Es starb?»

«Vermutlich.» Miss Collins hatte zögernd geantwortet. Eine leichte Röte färbte ihre Wangen. «Meine Schwester und ich, müssen Sie wissen, hatten ein kleines, aber angesehenes Geschäft. Ich führe es noch – Andenken, auch ein paar Spielzeuge und Weihnachtskalender. Wir hatten das ganze Haus für uns, als meine Mutter starb, und wir vermieteten das Parterre – sehr angenehme, ruhige Mieter, die ein kleines Mädchen zwischen drei und vier Jahren hatten und nie Anlaß zu Beschwerden gaben. Und wir verliebten uns in das Mädchen – Sie wissen ja, wie das so kommt. Und als Mrs. Joyce starb – nun, was sollten wir anderes tun? Wir konnten doch den armen Mr. Joyce nicht auf die Straße setzen – er war ja ganz am Boden zerstört. Und so kam es eben dazu, daß wir die kleine Annie großzogen. Vermutlich haben die Leute darüber geklatscht; aber Carrie war erheblich älter als ich, und schließlich – man muß doch human bleiben, nicht wahr? Und keiner von seiner großartigen Verwandtschaft kümmerte sich um ihn, als er in dieser Klemme steckte.»

Miss Silvers Nadeln klickten, und die Maschen reihten sich mit erstaunlicher Geschwindigkeit aneinander. In ihren Augen lag ein wachsamer Ausdruck.

»Du meine Güte!« zum Fortfahren ermuntert.

»Niemand besuchte ihn«, wiederholte Nellie Collins, jedes Wort betonend. »Er redete beständig von ihnen, denn
wenn sein Vater seine Mutter geheiratet hätte, wie es sich
gehörte, wäre er ein Baron geworden mit einem stattlichen
Landsitz – statt nur ein kleiner Angestellter in einer Speditionsfirma! Und eigentlich hätte man erwarten können, daß
diejenigen, die an seiner Stelle den Titel und Besitz erbten,
sich ein bißchen um ihn gekümmert hätten – aber weit
gefehlt! Zwölf Jahre wohnte er im Parterre unseres Hauses,
und nicht ein einzigesmal in dieser Zeit ließ sich jemand von
seiner Verwandtschaft bei ihm blicken; nicht eher, als bis er
schon als Leiche im Zimmer aufgebahrt lag.«

»Dann ist jemand erschienen?«

Miss Collins warf den Kopf in den Nacken.

»Eine Kusine. Wenigstens hat sie das behauptet.«

Miss Silver ließ ein leises Hüsteln hören.

»Eine Miss Theresa Jocelyn, nehme ich an.«

»Oh!« sagte Miss Collins mit einem explosiven Atemge-
räusch. »Oh! Ich sagte doch nicht – ich hätte nie gedacht ...«

Miss Silver lächelte. »Sie erwähnten den Namen Joyce
und nannten das kleine Mädchen Annie. Sie müssen verzeihen, daß ich zwei und zwei zusammenzählte. Denn die
Zeitungen waren ja voll von Berichten über Lady Jocelyns
Heimkehr, nachdem sie dreieinhalb Jahre von ihrer Familie
als Tote betrauert worden war. Und daß die Person, die unter
ihrem Namen begraben worden war, ein legitimer Sproß der
Familie wäre, die von einer Miss Theresa Jocelyn adoptiert
wurde und den Namen Annie Joyce trug.«

Miss Collins schien sich in peinlichster Verlegenheit zu
befinden.

»Ich hätte sicherlich kein Wort darüber verloren, wenn ich gedacht hätte – der Name muß mir ganz gegen meine Absicht herausgerutscht sein. Es wäre mir bestimmt nicht passiert, wo ich doch versprechen mußte . . .«

»Was mußten Sie versprechen?«

»Nun, dem Gentleman, der mich anrief und im Auftrag von Lady Jocelyn die Verabredung traf. Er nannte zwar nicht seinen Namen am Telefon; und ich frage mich seither, ob es nicht Sir Philip selbst gewesen sein kann, der mich anrief – denn man liest ja ständig von solchen Baronen, und bisher habe ich noch nie mit so einem Adeligen gesprochen. Er wäre der erste, wenn er tatsächlich an der Strippe gehangen hätte.«

Miss Silver widmete sich nun ihrem Gegenüber mit liebenswürdiger Aufgeschlossenheit:

»Wie interessant! Und was sagte er zu Ihnen?«

»Nun, Sie müssen wissen, daß ich an Lady Jocelyn geschrieben habe – ich hoffe doch nicht, daß Sie mich für eine aufdringliche Person halten . . .«

»Ich bin überzeugt, daß Sie diese Eigenschaft überhaupt nicht besitzen.«

Miss Collins nickte geschmeichelt.

»Nun, ich dachte, ich hätte ein Recht dazu, wo ich Annie doch schließlich großgezogen habe.«

»Und was schrieben Sie ihr?«

»Ich teilte ihr mit, wer ich sei, und schrieb, ich würde sie gern besuchen, wenn es gestattet sei, weil ich gern alles über die arme Annie erfahren möchte. Und ich würde natürlich gespannt ihrer Antwort entgegensehen und war wirklich neugierig, was sie mir wohl schreiben würde. Und dann kam der Anruf von diesem Gentleman. Ich habe mir das Telefon angeschafft, als meine Schwester krank wurde, und die Dame, die nun das Erdgeschoß bewohnt, bezahlt die Hälfte der Gebühren, so daß das Telefonieren für mich nicht so teuer kommt. Seit Carrie verstorben ist, habe ich diese Anschaffung nie bereut, denn man fühlt sich doch nicht so einsam, wenn man eine Freundin anrufen kann, falls einem danach zumute ist. Deshalb setzte ich im Kopf meines Briefes auch die Telefonnummer ein, und prompt kam der Anruf von diesem Gentleman, von dem ich Ihnen ja schon erzählte. Aber er nannte nicht seinen Namen, er sagte nur, Lady Jocelyn wolle mich sprechen, und ob es mir was ausmache, Punkt Viertel vor vier bei der Standuhr im Bahnhof Waterloo auf sie zu warten; und zwar mit einer Zeitung in der linken Hand, damit die Lady mich auch erkennen könne.«

Die Zeitung lag säuberlich gefaltet neben ihr. Miss Silver warf einen Blick darauf und lenkte ihn dann auf Miss Collins Gesicht zurück. Sie war wirklich die angenehmste Zuhörerin der Welt.

»Und ich sagte ihm, das wäre überhaupt nicht nötig, denn wenn Lady Jocelyn auch nur im entferntesten der armen Annie ähnlich sähe – und das müsse sie doch wohl, weil sonst Sir Philip die beiden unmöglich miteinander verwechselt haben könnte –, würde ich die Lady schon auf den ersten Blick erkennen. Und er fragte: ›So, würden Sie das?‹, und ich sagte: ›Natürlich würde ich das, denn in den Zeitungen war ja ein Bild von Lady Jocelyn, und danach hätte ich sie überall erkannt.‹ Weil sie doch meiner Annie so ähnlich sieht, verstehen Sie? – Die gleichen Gesichtszüge, und so was ändert sich nicht mit den Jahren! Schon mit fünf, als ich Annie in meine Obhut nahm, hatte sie so ein Gesicht! Natürlich bleibt bei kleinen Mädchen nicht alles so, wie es ist – sie setzen in einem Jahr Speck an, sind dann im nächsten wieder dürr wie Bohnenstangen, daß man sie kaum wiedererkennt. Aber nicht meine Annie – die hatte schon mit fünf ihr fertiges Gesicht, und das ist ihr bis zu unserer Trennung geblieben. Und Lady Jocelyn sieht ihr wirklich zum Verwechseln ähnlich. Deshalb sagte ich zu diesem Gentleman: ›Ich halte eine Zeitung in der Hand, obwohl das nicht nötig wäre, weil ich sie auf Anhieb erkenne.‹«

Miss Silver betrachtete ihr Gegenüber mit gleichbleibendem Interesse.

»Und was sagte er darauf?«

Nellie Collins beugte sich vor. Sie genoß dieses Gespräch. Ihr Leben war einsam. Sie vermißte Carrie schrecklich. Mrs. Smithers, die nun das Erdgeschoß bewohnte, hatte zwar immer eine Menge zu erzählen, hörte aber nie zu. Sie hatte acht Kinder, alle verheiratet und über den ganzen Globus verstreut, so daß der Strom der Familiennachrichten nie abriß – Geburten, Krankheiten, Verlobungen, Unfälle, Beförderungen, Schicksalsschläge, glückliche und unglückliche Ereignisse, Taufen, Beerdigungen, Skandale, Preise in der Schule, Geschäftszusammenbrüche, die fatalen Seitensprünge eines Schwiegersohns mit einer Striptease-Artistin –: ein nie versiegender Strom von Neuigkeiten, in dem Nellie zuweilen zu ertrinken fürchtete. Es war Balsam für ihre Seele, daß sie auch mal ihre Geschichte einer so ruhigen und interessierten Lady erzählen konnte, die anscheinend nichts lieber tat als zuzuhören.

Der Zug hatte bereits ein paarmal gehalten, doch niemand war bisher zugestiegen. Nellie beugte sich vor und sagte mit Verschwörerstimme:

»Er fragte mich, ob das Foto in der Zeitung Annie wirklich ähnlich sähe, und ich antwortete, ›Jawohl! Und er fragte, ob ich glaubte, ich könnte die beiden doch noch auseinanderhalten – Lady Jocelyn und Annie, verstehen Sie? –, und ich sagte, nicht nach diesem Foto; aber wenn ich die beiden in Fleisch und Blut vor mir hätte, würde ich den Unterschied sehr rasch merken. Und er fragte: ›Woran?‹ und ich meinte: ›Das möchten Sie wohl gern wissen!‹ Da lachte er und sagte: ›Nun, das können Sie ja dann Lady Jocelyn erzählen, wenn Sie mit ihr zusammentreffen.‹ Er war sehr freundlich am Telefon, und deshalb fragte ich mich, ob ich nicht mit Sir Philip spräche. Glauben Sie auch, daß er selbst am Apparat gewesen ist?«

Miss Silver hüstelte.

»Das kann ich Ihnen natürlich nicht sagen.«

Es hätte Nellie Collins sehr gefallen, wenn ihre Zuhörerin sie in der Idee bestärkt hätte, daß sie mit einem echten Baron verhandelt hatte. Sie war ein bißchen enttäuscht und redete weiter, um die Panne wettzumachen:

»Ich dachte, es kann ja gar niemand anders sein. Ob ich vielleicht Lady Jocelyn danach frage, wenn ich sie treffe? Glauben Sie, ich könnte das?«

»Oh, ja!«

»Wissen Sie, er muß es gewesen sein, weil er mich fragte, ob ich schon weitererzählt hätte, daß ich einen Brief an die Lady geschrieben habe. Und er bat mich, niemandem zu verraten, daß ich Lady Jocelyn treffen würde. Sie hätten schon mal eine schreckliche Plage mit den Reportern gehabt, und das reichte ihm. Das klang doch so, als wäre Sir Philip am Apparat gewesen – nicht wahr?«

Der graue Strumpf wuchs auf den Nadeln. Miss Silver sagte:

»Ja.«

»Selbstverständlich versprach ich ihm, ich würde niemandem ein Wort davon sagen, und das habe ich auch nicht getan. Nicht einmal Mrs. Smithers weiß davon – die Frau, die jetzt bei mir die Erdgeschoßwohnung hat, wo früher die Joyces einquartiert waren. Sie ist ganz ordentlich, aber sie klatscht gern, und deshalb darf man ihr keine Geheimnisse anvertrauen.«

»Sehr klug von Ihnen, daß Sie es nicht weitererzählt haben.« Miss Silver hüstelte. »Sie sagten vorhin, Sie wären überzeugt, daß Sie Annie Joyce niemals mit Lady Jocelyn verwechseln könnten. Ich frage mich, ob Sie damit meinten, es gäbe gewisse Erkennungsmerkmale – etwas, woran Sie Miss Joyce unwiderlegbar identifizieren könnten?«

Nellie Collins bewegte den Kopf auf eine Art, die man als Nicken hätte auslegen können, wenn sie nicht die Reaktion auf halbem Weg abgebrochen, die Lippen gespitzt und sich zurückgelehnt hätte. Nach einem kurzen Schweigen sagte sie kurz:

»Davon habe ich nicht gesprochen.«

»Oh, nein – natürlich nicht! Ich überlegte nur, wie schwierig eine eindeutige Identifizierung sein könnte. Die Zeitungen haben sich ja sehr diskret ausgedrückt, ließen aber durchblicken, die Familie sei nicht sofort davon überzeugt gewesen, die Heimgekehrte könnte niemand anders als Lady Jocelyn sein. In so einem Fall wäre das, was Sie wissen, vielleicht von großer Wichtigkeit.«

Zum erstenmal seit vielen Jahren fand sich Nellie Collins als wichtige Persönlichkeit bestätigt. Das stieg ihr ein biß-chen zu Kopf. Ein lebhaftes Rot färbte ihre Wangen, als sie Miss Silver anvertraute:

»Und genau das habe ich ihm auch am Telefon gesagt! ›Mich können Sie nicht täuschen‹, sagte ich – ›mich nicht!‹ Und er lachte – sehr liebenswürdig, das muß ich schon sagen – und antwortete: ›Sie sind sich Ihrer Sache ja sehr sicher, Miss Collins – das ist mein Name, Nellie Collins. Und ich bestätigte: ›Natürlich bin ich meiner Sache sicher‹, erzählte ihm aber nicht, warum. Nur kann man sich ja denken, wenn man ein Kind von seinem fünften Lebensjahr an betreut, gewaschen und angezogen hat, weiß man doch Bescheid, nicht wahr? Ich meine, da kann man einem doch kein X für ein U vormachen.«

Miss Silver wollte gerade sagen, daß man das natürlich nicht kann, als der Zug wieder hielt. Diesmal drängten sich Leute auf dem Bahnsteig. Ehe der Waggon richtig zum Stillstand kam, wurde schon die Abteiltür aufgerissen, und Fahrgäste strömten herein, die nicht nur alle Sitzplätze belegten, sondern auch zwischen den Bänken keinen Quadratzentimeter freien Raum übrigließen.

Miss Silver packte ihr Strickzeug ein, und Nellie Collins faltete ihre Zeitung auseinander. Eine Fortsetzung ihres Gesprächs war unmöglich.

Aber als sie im Bahnhof Waterloo anlangten, drehte sich Miss Collins noch einmal auf dem Bahnsteig um und verabschiedete sich höflich von Miss Silver.

»Eine Reise ist doch immer ein Vergnügen, wenn man so angenehme Gesellschaft hat. Vielleicht sehen wir uns wieder, wenn Sie wieder mal Ihre Nichte besuchen.«

Miss Silvers etwas spitzes, aber feines Gesicht zeigte eine höfliche Bereitschaft, obwohl sie es für sehr unwahrscheinlich hielt, daß sich ein Besuch bei Gladys wiederholte – jedenfalls nicht in absehbarer Zeit.

»Ich wohne ganz in der Nähe des Bahnhofes. Jeder kann Ihnen das Haus zeigen – ›Lady's Nähschachtel‹ – lavendelfarbene und blaue Vorhänge! Und mein Name ist Collins – Nellie Collins.«

Miss Silver konnte nicht umhin, dieses Entgegenkommen

zu erwidern, und sofort öffnete Nellie Collins ihre Handtasche, um einen Schreibstift und Papier hervorzukramen.
»Schreiben Sie mir das doch bitte auf. Ich habe so ein
schlechtes Namensgedächtnis.«

Miss Silver schrieb ihren Namen in deutlich lesbarer
Schrift auf das Papier. Nach einem kurzen Zögern fügte sie
ihre Adresse hinzu: Montague Mansions Nr. 15, West Leaham St.

Miss Collins schob den Zettel hinter den kleinen Spiegel,
der im Seitenfach ihrer Handtasche steckte, und schüttelte
dann Miss Silver überschwenglich die Hand.

»Hoffentlich sehen wir uns bald wieder!«

Miss Silver sagte nichts darauf. Sie ging mit einem leichten
Stirnrunzeln weiter zur Sperre, wo sie ihre Fahrkarte abgab.
Ein Stück vor sich im Gedränge konnte sie den hellblauen
Wachsblumenstrauß auf Nellie Collins' Hut erkennen. Er
tauchte auf und nieder wie ein Stück Treibgut auf wild
bewegter See. Schließlich verlor sie das blaue Sträußchen aus
den Augen. Der Bahnsteig war wirklich voll – förmlich
überflutet von Reisenden. Viele von diesen netten amerika-
nischen Soldaten, auch Kanadier. Und französische Seeleute
mit ihren so hübschen, mit roten Bommeln versehenen Kappen. Und Polen – eigenartig, dieser Kontrast zwischen weiß-
blonden Haaren und brünetter Haut. Alles sehr interessant,
sehr kosmopolitisch. Sie sah hinauf zur Uhr an der Stirn-
wand des Bahnhofs. Es war bereits zehn Minuten vor vier.
Als sie den Blick wieder senkte, nahm sie noch einmal einen
blauen Schimmer in der Menge wahr. Das konnte das blaue
Wachsblumensträußchen auf Nellie Collins Hut gewesen
sein. Oder auch nicht. Sie wußte es nicht zu sagen.

Miss Silver setzte ihren Weg zu ihrer Verabredung fort. Ihre Vorfreude auf eine angenehme Teegesellschaft war etwas getrübt, wodurch, hätte sie nicht genau erklären können. Miss Nellie Collins hatte sie neugierig gemacht – sehr neu- gierig sogar. Sie hätte gern ihr Zusammentreffen mit Lady Jocelyn als Zeugin beobachtet. Hier war sie mit ihrer kleinen Statur wirklich benachteiligt – ihre Ausblicksmöglichkeit in einer Menschenmenge war begrenzt, war bedauernswert eingeengt. Nie hatte Miss Silver – außer bei sich selbst – zugegeben, daß ihre Kleinwüchsigkeit ein Handicap sein könnte. Tatsächlich war eine Menschenmenge der einzige Ort, wo sie ein derartiges Minderwertigkeitsgefühl be- schlich. In allen anderen Lebenslagen konnte sie mangelnde Größe durch Würde ausgleichen, und als Persönlichkeit konnte man sie ja kaum übersehen.

Sie betrat ein Zimmer, in dem sich vier Leute unterhielten, und wurde herzlich von der Gastgeberin, Janice Albany, begrüßt, die vor kurzem noch Janice Meade geheißen hatte. »Garth ist ja für eine Einladung zum Tee nie zu gebrau- chen; aber ich soll Sie von ihm herzlich grüßen. Er bedauert außerordentlich, daß er die Gelegenheit versäumen muß, Sie persönlich kennenzulernen ... Mr. und Mrs. Murgatroyd ... Und das ist Lyndall Armitage – eine Kusine von mir.«

Das Ehepaar Murgatroyd, das man weder übersehen noch überhören konnte, fragte lachend:

»Was für eine Kusine, Mrs. Albany?«

Auch Janice lachte. Das Licht spiegelte sich in ihren Haar- locken, deren Tönung exakt mit der Farbe ihrer Augen übereinstimmte.

»So wie man eben eine sehr nahe Verwandte bezeichnet, die einem liegt. Lyn ist eine sehr nahe Verwandte.«

Miss Silver schüttelte reihum Hände und erkundigte sich höflich nach dem Befinden von Colonel Albany, nach der Gesundheit des sechs Monate alten Babys Michael und dem Verbleib von Colonel Albanys Tante, Miss Sophy Fell. Offensichtlich ging es Garth gut, obwohl er im Kriegsministerium sehr beschäftigt war – »kommt natürlich selten vor Mitternacht nach Hause«, und das Baby weilte mit Miss Sophy in Bourne. »Dort ist es sicherer als hier in London. Natürlich besuche ich Michael regelmäßig. Ein Glück, daß ich noch meine alte Nanny habe, so daß ich das Baby stillen und Garth im Auge behalten kann.«

Zwei oder drei Leute kamen noch zu der Gesellschaft. Miss Silver fand sich schließlich auf einem Stuhl neben Lyndall wieder, und auf die natürlichste Art der Welt kam sie recht bald in den Besitz der Informationen, daß Miss Armitage dem weiblichen Hilfskorps der Marine angehörte, sehr krank gewesen sei und deshalb noch beurlaubt wäre . . .

»Aber ich sehne mich förmlich danach, an meinen Posten zurückkehren zu dürfen!«

Miss Silver hatte eine Schwäche für Mädchen wie Lyndall. Sie betrachtete es freundlich und sagte:

»Aber vorher kosten Sie doch noch gründlich Ihren Urlaub aus. Die Zeit vergeht überraschend schnell, wenn man sie angenehm verbringt, nicht wahr?«

»Oh, ja!«

Miss Silver mußte erkennen, daß die Zeit für Lyndall Armitage weder rasch noch angenehm verstrich. Sie war blaß und hatte blaue Ringe um die Augen. Man mußte natürlich ihre Krankheit in Rechnung stellen, doch keine übestandene Krankheit läßt in den Augen eines so jungen

Mädchens so traurige Spuren zurück. Miss Silver fand das beklagenswert. Sie fragte:

»Sie wohnen hier bei Freunden?«

»Bei einer Kusine. Eigentlich ist sie gar keine echte Kusine, aber die Tante, die mich aufzog, ist auch ihre Tante, weil Lilla deren Neffen, Perry Jocelyn, geheiratet hat. Als sie mit ihren Erklärungen so weit gekommen war, lächelte sie ein wenig scheu und sagte:

»Klingt schrecklich kompliziert, nicht wahr?«

Miss Silver meinte heiter:

»Es ist nie einfach, Familienbeziehungen einem Fremden erklären zu müssen. Sagten Sie nicht eben, daß Ihre angeheiratete Kusine Jocelyn heißt?«

»Ja.«

»Himmel, das nenne ich aber einen Zufall! Ich bin nämlich eben mit einer gewissen Miss Collins nach London zurückgereist, die heute mit Lady Jocelyn verabredet ist.«

Lyndall sah zweifellos überrascht, wenn nicht sogar ein wenig erschrocken aus.

»Lady Jocelyn?«

Miss Silver hüstelte etwas herablassend.

»Ist sie vielleicht ebenfalls mit Ihnen verwandt?«

»Ja – sie ist mit meinem Vetter Philip verheiratet.«

Die Erklärung wurde mit außerordentlicher Treuherzigkeit vorgetragen, und erst, als die Worte noch zwischen ihr und Miss Silver im Raum schwebten, wurde es Lyndall bewußt, daß sie nicht wahr waren. Philip war genausowenig ihr Vetter wie Perry. Doch während sie ihre familiäre Beziehung zu Perry unschwer hätte erklären können, fand sie es unmöglich, ihre Beziehung zu Philip zu beschreiben. Eine vetterliche Beziehung war es nicht, und wenn man diese Bindung bestritt, blieben viel zu viele anders gelagerte Bindungen übrig. Sie konnte seinen Namen nicht aussprechen, ohne zu spüren, wie es mit Stricken an ihrem Herzen zerrte. Miss Silver, die sie aufmerksam beobachtete, merkte, daß sie hier an eine Wunde rührte. Ein kurzes Zucken verriet den Schmerz. Ein weniger erfahrener Beobachter mit weniger Gespür für Atmosphäre hätte überhaupt nichts bemerkt. Es war etwas ganz Geringfügiges, nur den Bruchteil einer Sekunde Dauerndes, was jedoch nicht an der Oberflächlichkeit des Gefühls liegen konnte. Miss Silver überlegte, daß die betreffende Person es gewöhnt war, sich in ihren Reaktionen sehr streng zu beherrschen.

Fast im gleichen Atemzug fuhr Lyndall fort:

»Aber Anne kann heute unmöglich mit jemandem verabredet sein – jedenfalls verstehe ich nicht, wie sie sich dazu die Zeit nehmen soll. Sie beziehen nämlich heute ihre neue Wohnung in Tenterden Gardens. Erst heute nachmittag ist sie von Jocelyns Holt nach London gekommen, und dort hatte sie noch allerhand zu regeln. Lilla Jocelyn, die Kusine, bei der ich wohne, ist in die neue Wohnung gefahren, um Anne beim Auspacken zu helfen. Wie soll sie sich da mit einer Miss Collins getroffen haben?«

»Miss Collins war jedenfalls überzeugt, sie würde Lady Jocelyn ...« Miss Silver hielt kurz inne und fuhr dann fort: »... im Bahnhof Waterloo unter der Uhr treffen.«

Lyndall blickte sie verwirrt an. Sie hatte ein Gefühl, als hätte sie im Dunkeln eine Treppenstufe übersehen. Ein Stolpern, ein Aufschrammen, ein blindes Umhertappen, wo man denn hingeraten sei – so etwa. Und in Gedanken sah sie wieder einen dünnen Lichtsaum um eine Tür, die nicht ganz geschlossen war. Licht, so fein wie ein Draht aus Gold. Und dann eine Stimme: »Sie können es ruhig mir überlassen, den Brief von Nellie Collins zu beantworten.« Es hätte Annes

Stimme sein können; aber sie war sich nicht sicher, weil sie
nicht näher an sie herankam. Und dann die Stimme eines
Mannes: »Das zu entscheiden, steht Ihnen nicht zu.«

Dieses unerklärliche Gefühl der Angst und Schande, das
sie in dem Flur hinter den Frisierkabinen überfallen hatte,
kehrte nun zurück. Sie erschauerte ein wenig und sagte:
»Möchten Sie nicht noch etwas Tee? Ich fülle Ihnen die
Tasse nach.«

Und dann kam noch jemand, und Lyndall mußte nicht
mehr neben Miss Silver sitzen. Mrs. Murgatroyd nahm sie
in Beschlag, als sie mit der Tasse an ihr vorbei wollte. Und
Mrs. Murgatroyd wollte nie etwas anderes als einen Zuhörer,
dem sie von Edith und deren bemerkenswertem Baby erzählen konnte.

Es war anzunehmen, daß Edith auch irgendwo einen
Ehemann hatte, doch der tauchte in ihrer Erzählung niemals
auf. Das endlose Thema war Edith – Ediths Teint, Charakter, Talente und Aktivitäten – und Ediths wunderbares Baby,
dessen Teint, Charakter, Talente und Aktivitäten. Lyndall
hatte viel Übung darin, Mrs. Murgatroyd bei diesem Thema
zuzuhören. Sie konnte sich nicht daran erinnern, daß Mrs.
Murgatroyd, solange sie sie kannte, über etwas anderes geredet hätte als über Edith und deren wunderbares Baby.

Mrs. Murgatroyd hielt Lyndall für eine wunderbare Zuhörerin. Sie empfand deshalb eine leidenschaftliche Zuneigung für sie und tätschelte dauernd liebevoll ihre Hand.
Auch als Pelham Trent noch im Salon auftauchte, um Lyndall zu einer Vorstellung von The Dancing Years zu entfüh-
ren.

Die Wohnung, in die die Jocelyns zogen, war bereits möbliert. Sie richteten sich dort mit einer Leichtigkeit ein, als
habe sie ihnen schon immer gehört und wären sie nur von
einer längeren Reise zurückgekommen. Philip, zutiefst unglücklich und die Gedanken auf seinen neuen und aufreiben-
den Job konzentrierend, konnte sich trotzdem nicht ganz
dem Eindruck verschließen, daß dreieinhalb Jahre Aufenthalt in einem französischen Dorf in Anne ein Talent des
Organisierens entwickelt hatte, das er ihr vorher niemals
zugetraut hätte. Das Mädchen, das ihre Hüte, ihre Mäntel,
ihre Schals überall fallen ließ, wo es ihr gerade paßte, hatte
sich zu einer Frau gemausert, die mit einem Minimum von
Haushaltshilfe ein Maximum von Ordentlichkeit und Sau-
berkeit zustande brachte. Aus einem Mädchen, das vermutlich nur einen Topf Wasser aufsetzen und darin ein Ei oder
eine Kartoffel kochen konnte, war eine Frau geworden, die
aus Kriegszeit-Zutaten ein köstliches Mahl herzustellen vermochte. Als er vorschlug, Mrs. Ramage nachzuholen, wollte
sie nichts davon wissen.

»Sie würde sich schrecklich elend fühlen in der Stadt. Und
wir brauchen sie nicht – ich kann ja kochen.«

»Seit wann?« fragte Philip, und fing einen vorwurfsvollen
Blick aus grauen Augen ein.

»Seit ich in Frankreich war, Liebling. Kein schlechter Ort,
um das Kochen zu lernen, meinst du nicht auch?«

Diese kleine Szene hinterließ eine Spur – wie ein flüchtiges Aroma, das einem auf der Zunge liegt, ohne es richtig
herauszuschmecken zu können. Sonst lief hier alles viel rei-
bungsloser als in Jocelyns Holt. Sie brauchten sich nicht

allein in einer schrecklichen Travestie der *solitude à deux* in der Wohnung gegenüberzusitzen, denn er konnte fast jeden Tag eine unerledigte Akte mit nach Hause nehmen, um am Schreibtisch darüber zu brüten. Er konnte auch einen Mann mitbringen. Und Anne konnte ihre Freunde besuchen. Sie war eifrig dabei, irgendwelche Leute anzurufen und sie zum Lunch oder Tee einzuladen – sie griff die Fäden wieder auf, die vor fast vier Jahren liegengeblieben waren.

Diese Aktivitäten waren eine große Erleichterung für Philip. Je erfüllter ihr Leben, um so geringer war die Belastung ihrer zwischenmenschlichen Beziehung. Das letzte, was er sich wünschen konnte, war eine Konzentration von Gedanken und Interessen auf seine Person oder Arbeit. Daß es sich dabei um streng vertrauliche Angelegenheiten handelte, beeinflußte seine Einstellung kaum, denn er hätte in jedem Fall die Tür seiner Privatangelegenheiten vor ihr verschlossen.

Bedauerlicherweise schien Anne das nicht so sehen zu wollen. Er konnte sich vorstellen, daß sie mit dem Grundsatz aufgewachsen war: ›Sprich mit den Männern immer über ihre Arbeit – das mögen sie.‹ Nach dem wenigen, was er von ihrer Mutter wußte, mußte sie genau diese Sorte von Frau gewesen sein, die so etwas ihren Töchtern predigte. Schließlich war er gezwungen, grob zu werden:

»Ich kann nicht über meinen Job sprechen – und wenn, würde es dich tödlich langweilen.«

Sie sah ihn mit einem leicht gekränkten Blick an.

»Das würde es mich bestimmt nicht. Aber – meintest du damit, er sei geheim?«

Sie sah ihn die Stirne runzeln. Mit beherrschter Stimme antwortete er:

»Das meiste ist heutzutage vertraulich. Jedenfalls bin ich

129

den ganzen Tag damit konfrontiert. Ich würde nicht über
meine Arbeit reden wollen, selbst wenn sie so öffentlich
wäre wie der Hyde Park.«

»Ich dachte immer, Männer sprächen gern von ihrer Arbeit.«

Er blätterte die *Times* um und gab keine Antwort.

Es war der erste Abend in ihrer neuen Wohnung. Es war
auch der Abend, an dem Nellie Collins nicht nach Hause
kam . . .

Mrs. Smithers rief am Morgen die Polizei an.

»Meine Hauswirtin, Miss Collins – sie ist heute nacht
nicht heimgekommen. Ich weiß nicht, was ich davon halten
soll.«

Sergeant Brown, ein Mann mit Familie, nahm den Anruf
in der Polizeistation gelassen auf.

»Wie lange ist sie denn schon fort?«

»Seit gestern nachmittag!« erwiderte Mrs. Smithers verärgert. »Sehr ungehörig, muß ich schon sagen, mich so allein
im Haus sitzenzulassen. Und den Laden geschlossen zu
halten, wo ich doch nicht für ihre Kundschaft verantwortlich bin. Und die Milch hat sie auch nicht hereingeholt; aber
Sie können nicht von mir verlangen, daß ich sie draußen
stehen lasse. Wäre doch eine Sünde, wenn sie sauer würde,
wo Lebensmittel so knapp sind.«

»Richtig«, sagte Sergeant Brown. Und dann: »Wann genau hat Miss Collins das Haus verlassen?«

»Gestern am frühen Nachmittag. Zog sich ihren besten
Mantel und ihr bestes Kostüm an. Sie sagte zu mir, sie wollte
eine Freundin treffen. Kein Wort davon, daß sie nicht zurückkommen oder über Nacht wegbleiben wollte! Und jetzt
ist es bereits zehn Uhr! Mir einfach nicht zu sagen, wo sie

steckt oder wann sie heimzukehren gedenkt! Hätte doch nur anzuklingeln brauchen, oder?«

Mrs. Smithers hatte sich so sehr erbost, daß Sergeant Brown das Wort »Unfall« einfiel.

»Sie kann ja einen Unfall gehabt haben.«

»Und warum kann sie mir das nicht mitteilen?« erwiderte Mrs. Smithers wütend.

Als Sergeant Brown auflegte, spürte er ein leises Bedauern für Miss Collins. Sie mußte schon einen handfesten Unfall vorweisen können, wenn sie Mrs. Smithers wieder versöhnen wollte . . .

Er fing an, die Krankenhäuser Londons der Reihe nach anzurufen. Als keines etwas von einer Lady in mittleren Jahren wußte, die mit hellblauem Kostüm und Mantel eingeliefert worden wäre, rief er Scotland Yard an.

19

Miss Silver, die mit echter Frömmigkeit und aufrichtiger Dankbarkeit über den Erfolg in ihrem Beruf und den bescheidenen Wohlstand nachzudenken pflegte, der das Ergebnis ihres Erfolges war, saß am Tage nach ihrem Ausflug nach Blackheath am warmen Kaminfeuer in ihrer Wohnung in Montague Mansions. Der Strumpf, den sie tags zuvor im Zug nach London angefangen hatte, war fast fertig. Ein Glück, daß sie sich einen reichlichen Vorrat von dieser Wolle zugelegt hatte, ehe die Kleiderkarte eingeführt worden war, denn sie hatte ihrer Nichte Ethel ebenfalls drei Paar Strümpfe für deren Kinder versprochen.

Während sie die letzten Maschen an der Ferse von Johnny

Burketts Strumpf strickte, sah sie sich wohlgefällig in ihrem Zimmer um. So komfortabel, so geschmackvoll, so gemüt-lich! Die vorherrschende Farbe war jener Blauton, den man in ihrer Jugend »Pfauenblau« nannte. Die Plüschvorhänge, die sie erst vor kurzem hatte reinigen lassen; der Teppich, den sie umgedreht hatte, damit die abgewetzten Stellen unter dem Bücherschrank zu liegen kamen; die Polster auf den viktorianischen Stühlen mit den gedrechselten Walnußholz-beinen – alles war in diesem Farbton gehalten. Der große Schreibtisch mit den handlichen, in zwei Reihen angeordne-ten Schubladen bestand aus dem gleichen hellen, schim-mernden Holz wie die Stühle und Rahmen der Radierungen an den Wänden – *Bubbles, the Soul's Awakening, The Black Brunswicker, The Monarch of the Glen.* Eine zweite Galerie dieser viktorianischen Favoriten hing in ihrem Schlafzim-mer, und um die Gefahr einer Monotonie zu meiden, wech-selte sie Stücke der beiden Galerien gelegentlich unterinan-der aus. Auf dem Kaminsims, dem Bücherschrank und auf einem Tisch zwischen den beiden Fenstern standen zahllose Fotos, zumeist in Silber gerahmt, teilweise auch in Silberfi-ligran auf Plüsch. Viele Babies waren darauf abgebildet, auch junge Mütter, kleine Jungen und Mädchen und hin und wieder ein schlaksiger junger Mann in Uniform – einige davon Verwandtschaft, die meisten aber Kundschaft, der sie in ihrem Kampf gegen das Verbrechen zum Sieg verholfen hatte. Viele von den abgebildeten Babies wären gar nicht zur Welt gekommen, wenn deren Eltern nicht ihre Dienste in Anspruch genommen hätten. Das war nicht nur eine Galerie von Porträtfotos, sondern auch ein stolzer Bildernachweis ihrer beruflichen Erfolge.

Miss Silver saß in einem olivgrünen Hauskleid, das vorn von einer Brosche aus Mooreichenholz zusammengehalten

wurde, inmitten ihrer Fotogalerie. Ihre mausfarbenen Haare, die im Nacken geflochten und aufgesteckt waren, liefen
vorn fransig zwischen ihren Augenbrauen zu einem spitzen
Dreieck zusammen. Diese originelle Frisur, die von der inzwischen verstorbenen Königin Alexandra kreiert wurde,
war dreißig Jahre lang in Vergessenheit geraten, hatte aber
vor zehn Jahren eine flüchtige Renaissance erlebt. Aber ob
sie nun in der Mode war oder aus der Mode: Miss Silver hatte
ihr Haar immer so getragen, und das kunstvolle Gebilde
wurde bei jedem Wetter mit einem unsichtbaren Haarnetz
in Form gehalten.

Als das Telefon läutete, legte sie die Nadeln mit Johnnys
fast fertigem Strumpf auf die Sessellehne und ging hinüber
zum Schreibtisch. Als sie abhob, hörte sie eine vertraute
Stimme ihren Namen sagen:

»Miss Silver? Hier Sergeant Abbott von Scotland Yard.
Ich würde gern mal bei Ihnen vorbeikommen, wenn es
genehm ist.«

»Nanu«, sagte Miss Silver.

»Wie darf ich das verstehen – würde es Ihnen passen?«

»Selbstverständlich.«

Als Detektivsergeant Abbott ins Wohnzimmer geführt
wurde, wurde er dort empfangen, als wäre er ein geschätztes
Familienmitglied der jüngeren Generation. Daß er für Miss
Silver Respekt und eine herzliche Sympathie empfand, war
ihm deutlich anzusehen. Sie gehörte zu den seltenen Aus-
nahmen, wo seine sonst so kühle, unnahbare Haltung dahin-
schmolz wie Schnee unter der Sonne und sich in Bewunderung verwandelte. Seine eisblauen Augen bekamen einen
warmen Ton. Im übrigen war er ein hoch aufgeschossener,
eleganter junger Mann, ein Produkt aus höherer Schulbil-
dung und Fachstudium an der neuen Polizeiakademie. Seine

ältesten Freunde redeten ihn noch immer mit »Muffel« an, ein Spitzname, den er dem übermäßigen Gebrauch von Pomade während seiner Schulzeit verdankte. Auch heute trug er das Haar noch lang und straff in den Nacken zurück-gekämmt. Sein dunkler Anzug war maßgeschneidert, seine Schuhe spitz zulaufend und makellos poliert. In der Öffent-lichkeit würde Miss Silver ihn mit Sergeant Abbott angere-det haben, doch im privaten Bereich ihrer vier Wände be-grüßte sie ihn stets mit »mein lieber Frank«. Wenn der aufstrebende junge Beamte von Scotland Yard sie mit Ehr-furcht behandelte, der eine Prise Ironie beigemischt war, so betrachtete sie ihn ihrerseits als einen Schüler mit vielver-sprechenden Anlagen.

Höflichkeiten wurden ausgetauscht. Sie nahmen Platz. Miss Silver nahm wieder ihr Strickzeug zur Hand und sagte: »Was kann ich für Sie tun, Frank?«

Frank Abbott antwortete: »Ich weiß es nicht.« Und dann: »Etwas, hoffe ich – vielleicht eine Menge, vielleicht gar nichts.« Er holte ein Notizbuch hervor, entnahm ihm einen Papierfetzen und lehnte sich auf diesen auf ihr Knie zu legen. »Erkennen Sie das zufällig wieder?«

Miss Silver deponierte die Stricknadeln wieder auf der Sessellehne und nahm den Papierfetzen vom Knie. Er hatte die ungefähre Form eines Dreiecks, an der Basis knapp zwei Zoll breit und unregelmäßig geformt, an den anderen beiden Seiten so gerade wie mit der Schere geschnitten. Offensicht-lich eine abgerissene Ecke von einem Blatt Schreibpapier. Die Seite, die sie betrachtete, war leer. Sie drehte das Dreieck und entdeckte dort, übereinandergeschrieben, folgende Sil-ben: -ver; -nsions; -ham St. Sie studierte sie ernsthaft. Das mittlere Wortfragment war unter einem Schmutzfleck kaum zu entziffern.

»Nun?« fragte Frank Abbott.

»Es handelt sich um meinen Namen und meine Adresse. Ich habe das selbst geschrieben. Wenn Sie das nicht schon selbst entdeckt hätten, wären Sie wohl kaum hierhergekommen.«

Er nickte.

»Sie haben das für jemand geschrieben. Können Sie sich noch erinnern, für wen?«

Sie hatte ihre Handarbeit wieder aufgenommen. Der Papierschnipsel lag auf ihrem Knie. Ihr Blick verweilte darauf, während sie die Nadeln in Gang setzte.

»Oh, ja!«

»Ohne jeden Zweifel?«

Ihr Hüsteln war zugleich ein Verweis.

»Ich würde Ihnen nicht sagen, daß ich mich erinnere, wenn ich irgendeinen Zweifel hegte.«

»Nein, ich weiß. Aber es ist sehr wichtig. Würden Sie mir sagen, wem Sie Ihre Adresse gaben, wann und unter welchen Umständen?«

Miss Silver verlagerte ihre Aufmerksamkeit von dem Schnipsel auf sein Gesicht.

»Ich unternahm gestern einen Ausflug nach Blackheath. Auf der Rückfahrt befand ich mich mit einer Miss Collins allein in einem Abteil – mit einer gewissen Nellie Collins. Sie erzählte mir, sie betreibe einen kleinen Andenken- und Handarbeitsladen in der Nähe der Bahnstation Blackheath und führe nach London, um dort jemand zu treffen, von dem sie sich Auskünfte über eine junge Dame erhoffte, die sie großgezogen habe und nun für tot hielt. Sie hatte mit dieser Person eine Verabredung um Viertel vor vier unter der Bahnhofsuhr der Waterloo-Station. Als wir uns trennten, bat sie mich noch, sie doch einmal zu besuchen, wenn ich

wieder nach Blackheath käme. Da nannte ich ihr meinen
Namen. Sie forderte mich auf, ihr meine Adresse schriftlich
zu geben. Das habe ich getan. Ihr ist etwas zugestoßen,
Frank?«

»Sie haben ihr Ihre Adresse gegeben«, sagte er. »Warum?
Aus rein persönlichen Gründen? Oder auch aus beruflichem
Interesse?«

Miss Silver hüstelte.

»Warum diese Frage, Frank?«

In seinen blaßblauen Augen erschien ein Funke.

»Weil ich gern wissen möchte, ob Sie einer fremden Person Ihre Adresse gaben, da Sie sich zu ihr hingezogen fühlten
und Sie gern wiedersehen wollten, oder ob Sie glaubten, sie
könnte vielleicht Ihre Hilfe als Detektivin brauchen?«

»So eindeutig war die Alternative nicht, Frank.« Sie sah
ihn fest an. »Sagen Sie, ist das arme Ding tot?«

»Höchstwahrscheinlich. Bisher ist die Leiche noch nicht
identifiziert worden. Ich fürchte, ich muß Sie bitten . . .«

Miss Silver bewegte den Kopf.

»Sie sollten sich lieber erst überlegen, ob das eine kluge
Entscheidung ist. Sie gab mir ihre Adresse und nannte den
Namen ihrer Mieterin – einer gewissen Mrs. Smithers. Es
wäre vielleicht besser, wenn Sie die Tote von dieser Person
identifizieren ließen. Ich wäre natürlich bereit, die Tote, die
mit mir das Abteil teilte, zu identifizieren – jedoch nur
inoffiziell, nur für die Polizei. Denn es könnte sich hier um
eine sehr ernste Angelegenheit handeln, Frank. Vorab möchte ich aber noch ein bißchen mehr von Ihnen wissen. Wo
wurde die Tote gefunden, wo dieser Papierschnipsel?«

»Sie haben Ihren Namen und Ihre Adresse auf ein Stück
Schreibpapier notiert. Haben Sie gesehen, wo die Empfän-
gerin das Papier vertraute?«

»Natürlich. In ihrer Handtasche hinter einem Spiegel. Und wo hat die Polizei das Papier gefunden?«

Sergeant Abbott hielt die Antwort auf diese Frage vorläufig zurück.

»Die Mieterin, die Sie eben nannten, rief heute morgen im Revier ihrer Gemeinde an. Das Revier verständigte uns und gab uns die Beschreibung von Miss Collins und deren Garderobe. In den Krankenhäusern von London war keine Person eingeliefert worden, auf die diese Beschreibung paßte. Es hätte ein blinder Alarm sein können. Mrs. Smithers sagte, Miss Collins wollte einen Freund treffen, dessen Namen Miss Collins ihr verheimlicht hat. Das Revier glaubte zunächst, es handelte sich um ein Abenteuer. Tagtäglich verschwinden ja Leute, ohne eine Adresse zu hinterlassen, und tauchen ein paar Tage später wieder zu Hause auf. Aber heute am späten Nachmittag erhielten wir eine Meldung aus Ruislip.«

»Ruislip?«

»An der Harrow-Linie.«

»Das weiß ich, Frank. Aber wie lautete die Meldung?«

»Ein Unfall. Eine Leiche in einer Nebenstraße – ältere Dame in hellblauem Mantel und Kostüm – zerknitterter Hut mit blauem Wachsblumensträußchen. Der Hut war unter die Räder gekommen – die Frau ebenfalls. Da heute nacht starker Frost geherrscht hatte, konnte sich das Profil der Reifen nicht dem Boden einprägen. Der Polizeiarzt sagt, sie sei mindestens schon zwölf Stunden tot. Die Seitenstraße ist sehr abgelegen, ohne nennenswerten Verkehr. Durchaus möglich, daß die Leiche dort zwölf Stunden lang unentdeckt blieb. Ein Junge fand sie, der dort Zeitungen austrug. Er verständigte die Polizei.«

»Ja?«

»Die Leiche lag diagonal zur Straße, ein wenig links von der Fahrbahnmitte, mit dem Gesicht nach unten, die Arme ausgebreitet. Die Handtasche lag dicht neben der Toten. In der Handtasche befand sich ein Taschentuch, ein Bleistift und eine Geldbörse mit einer Pfundnote, elf Schillingen und sechs Pennies in Kupfermünzen. Außerdem eine Rückfahrkarte nach Ruislip . . .«

Miss Silver unterbrach ihn:

»In welcher Richtung scheint sie zuletzt gegangen zu sein – zum Bahnhof oder weg vom Bahnhof?«

»Weg vom Bahnhof. Die Straße, wo die Tote gefunden wurde, ist ungefähr eine Meile von der Station entfernt. Um auf die Handtasche zurückzukommen – in einem Seitenfach steckte ein zerbrochener Spiegel. Der Polizeibeamte, der die Tasche durchsuchte, schnitt sich den Finger an einer Scherbe und kippte deshalb das Fach aus. Mit den Scherben fiel auch dieser Papierschnipsel heraus.«

Frank Abbott hielt einen Moment inne. Miss Silver nahm ihr Strickzeug wieder auf.

»Als ich Ihre Handschrift erkannte, gab Lamb mir den Auftrag, Sie aufzusuchen.«

Miss Silver nickte.

»Ich hoffe, dem Chefinspektor geht es gut.«

Frank hatte kurz das Bild seines Vorgesetzten vor Augen, der ihn wütend mit seinen an einen Bullen erinnernden Augen angesehen und mit noch wütender Stimme gesagt hatte: ›Zum Henker mit dieser Frau! Kann es nicht einmal einen Straßenunfall in Middlesex geben, ohne daß ihr Name dabei auftaucht? Oh, ja, besuchen Sie sie meinetwegen – aber kommen Sie mir ja nicht wie sonst immer mit einem Sack voll haarsträubender Vermutungen zurück!‹ Er verdrängte diese herzerfrischende Vision und versicherte Miss

Silver, daß der Chef sich einer ausgezeichneten Gesundheit erfreue.

»Ein sehr fähiger Mann«, sagte Miss Silver, heftig mit ihren Nadeln klappernd. »Und wie ist Ihrer Theorie nach dieses kleine Stück Papier von dem Briefbogen abgetrennt worden, auf dem ich meine Adresse notierte?«

»Wie groß war das Blatt, auf das Sie Ihre Adresse schrieben?«

»Es war die halbe Seite eines Briefpapiers, wie es im kleinen Format, als Spiralblock gebündelt, im Handel erhältlich ist.«

»Sie sahen also, wie Ihre Reisebegleiterin das Papier hinter den Spiegel schob. War der Spiegel da noch heil?«

»Das kann ich nicht sagen. Soweit ich es erkennen konnte, war die obere Hälfte noch heil. Aber diese kleinen Taschenspiegel zerbrechen leicht – die halten nicht lange. Und die Handtasche war auch nicht mehr neu. Ein schon ziemlich altes Modell, das heute nicht mehr im Handel ist. Durchaus möglich, daß der Spiegel schon seit längerer Zeit kaputt war.«

»In diesem Fall muß sich das Papier zwischen zwei Scherben verklemmt haben, ehe es herausgerissen wurde. Aber muß es nicht aufgefallen sein, daß eine Ecke fehlte?«

»Wem, Frank?«

»Dem Unbekannten, der es für wichtig hielt, dieses Papier zu entfernen. Er mußte doch entdeckt haben, daß eine Ecke fehlte.«

»Nicht unbedingt, wenn es dunkel war.«

Frank Abbott ließ einen leisen Pfiff hören.

»Sie meinen, er entfernte das Papier nach dem Unfall?«

»Nach dem Mord«, korrigierte ihn Miss Silver.

Diesmal pfiff er nicht, sondern sah sie nur mit verengten eisblauen Augen an.

»Mord?« wiederholte er.

»Gewiß!«

»Wie kommen Sie auf diesen Gedanken?«

Miss Silver hüstelte.

»Hatten Sie nicht die gleiche Idee?«

»Es gab nichts, was mich auf diese Idee hätte bringen können.«

Sie lächelte.

»Entspricht es Ihrer Gewohnheit, so ausführlich mit mir über einen Verkehrsunfall zu diskutieren?«

»Eigentlich nicht. Es war Ihre Handschrift, die mich hierherbrachte, und gleich am Anfang unseres Gesprächs hatte ich das Gefühl, daß Sie einen Trumpf in Ihrem Ärmel verstecken.«

Miss Silver gab ihm mit einem kurzen Augenaufschlag zu verstehen, daß sie diese Ausdrucksweise mißbilligte.

Frank Abbott quittierte diese Maßregelung mit einem einschmeichelnden Lächeln.

»Das haben Sie doch – oder?«

Maschen spulten sich auf den Nadeln. Miss Silver sagte:

»Miss Collins nützte die Zeit, als wir im Abteil unter uns blieben. Sie nannte mir den Namen der Person, die sie zu treffen beabsichtigte. Sie sagte, sie habe versprechen müssen, daß sie mit niemandem über dieses Rendezvous rede. Sie werden es für sonderbar halten, daß sie sich einer fremden Person anvertraute. Dabei entschlüpfte ihr ein Name – von dem sie nicht erwarten konnte, daß er mir bekannt war . . .«

»Sie kannten ihn?«

»Gewiß! Und als sie das erfuhr, muß sie gedacht haben, der Schaden würde auch nicht größer, wenn ich die ganze Geschichte erführe.«

»Was für ein Name ist ihr entschlüpft?«

Miss Silver erwiderte langsam und überlegt:

»Sie hatte, wie sie mir erzählte, einige Jahre lang ein kleines Mädchen in ihrer Obhut. Als das Kind fünfzehn war, starb sein Vater, und ein Vertreter der Familie, mit der das Kind auf illegitime Weise verwandt war, nahm ihr das Kind wieder weg. Das muß vor zehn, elf Jahren gewesen sein. Und dabei rutschte ihr der Name ›Joyce‹ heraus, und sie deutete an, daß das Kind mit Vornamen Annie hieß.«

Mit Frank Abbotts Gesicht ging eine starke Verwandlung vor.

Miss Silver hüstelte.

»Wie ich sehe, geht Ihnen bei diesem Namen ebenfalls ein Licht auf. Annie Joyce! Miss Collins nannte diesen Namen nicht so direkt zusammenhängend. Sie sprach erst von einem Mr. Joyce, und an anderer Stelle von einem Kind namens Annie. Sie lebt allein und war offensichtlich sehr aufgeregt. Sie wollte sich jemandem mitteilen – ganz erfüllt von ihrer Verbindung mit einem Fall, von dem die Zeitungen berichtet hatten, und voller Erwartung, was das Rendezvous bringen würde. Sobald sie erfahren hatte, daß der Name Joyce mir geläufig war, beichtete sie alles.«

»Was beichtete sie?«

Miss Silver fuhr behutsam fort:

»Sie hatte wie jeder andere zunächst in der Zeitung gelesen, daß Lady Jocelyn heimgekommen sei. Das bedeutete natürlich für sie, daß Annie Joyce vor dreieinhalb Jahren gestorben sein mußte. Ich vermute, daß sie ziemlich aufgeregt haben. Sie hatte, wie ich bereits andeutete, das Mädchen seit mehr als zehn Jahren nicht mehr gesehen. Ihr Leben war arm an Höhepunkten; ihre Schwester, mit der sie die Wohnung teilte und die sie offenbar beherrscht hatte, war tot, und ihre Mieterin mit ihren eigenen Familienangelegenheiten beschäftigt. Miss Collins entschloß sich nun dazu, Lady Jocelyn einen Brief zu schreiben und sie um ein Interview zu bitten, angeblich mit der Absicht, alles über den Tod ihrer Annie zu erfahren, in Wahrheit vermutlich deswegen, weil sie hoffte, in einen Fall verwickelt zu werden, der in der Öffentlichkeit einiges Aufsehen erregte.« Sie hielt kurz inne und fuhr dann fort: »Ich bin sicher, daß sie bestimmt nicht an eine Erpressung dächte.«

»Erpressung – Miss Silver!«

»Ich deutete Ihnen doch schon an, Frank, daß es ein schwerwiegender Fall sein könnte.«

»Schwerwiegend – du meine Güte!«

Miss Silver blickte ihn mißbilligend an, weil er dabei mit dem Stuhl nach hinten wippte. Als Ex-Gouvernante fühlte sie sich immer noch für die Manieren der jungen Leute verantwortlich.

»Ich habe bereits meiner Überzeugung Ausdruck gegeben, daß die arme Miss Collins keinerlei erpresserische Absichten mit ihrem Brief verfolgte; aber ich fürchte, die Person, die anschließend mit ihr telefonierte, mußte diesen ganz falschen Eindruck von ihr bekommen haben.«

»Jemand hat sie angerufen? Wer?«

»Er blieb anonym. Miss Collins erzählte mir, sie habe den Brief an Lady Jocelyn in Jocelyns Holt adressiert, hätte aber keine Antwort von ihr erhalten. Statt dessen rief ein Gentleman bei ihr an. Er nannte seinen Namen nicht, behauptete aber, daß er im Auftrag von Lady Jocelyn handelte. Miss Collins gab mir zu verstehen, sie glaubte, mit Sir Philip selbst gesprochen zu haben. Sie war sehr angetan von diesem Gedanken und fühlte sich sehr geschmeichelt, weil sie noch nie mit einem Baron gesprochen habe. Ich sage Ihnen das nur, damit Sie sich ein Bild von ihrer geistigen Verfas-

sung machen können – schlicht, geschmeichelt und aufgeregt.«

»Philip Jocelyn – ich frage mich . . .«

Ihre Nadeln klickten.

»Durchaus, mein lieber Frank. Aber andererseits sollten
wir uns beide vor Vorurteilen hüten.«

Er nickte.

»Gut. Irgendein Mann rief also diese Miss Collins an. Was
sagte er am Telefon?«

»Er fragte, ob sie jemand mitgeteilt habe, daß sie an Lady
Jocelyn wegen Annie Joyce geschrieben hätte. Sie verneinte
das. Er traf dann für sie eine Verabredung mit Lady Jocelyn
unter der Uhr des Waterloo-Bahnhofs, und zwar für Viertel
vor vier gestern nachmittag. Sie sollte eine Zeitung in der
linken Hand halten, damit man sie sofort erkennen könne.
Und hier machte, wie ich fürchte, Miss Collins einen ver-
hängnisvollen Fehler. Sie sagte dem Mann am Telefon, sie
würde Lady Jocelyn überall sofort erkennen, wenn sie Annie so ähnlich sei, und setzte dann hinzu, daß auch die
größte Ähnlichkeit der beiden sie nicht täuschen könne. Ich
gebe Ihnen ihre Erklärungen nicht wortwörtlich wieder,
weil sie etwas konfus waren, sondern nur den Extrakt
davon. Nachdem sie nun dem Anrufer erzählt hatte, sie
habe Lady Jocelyns Bild in der Zeitung gesehen, fragte er
sie, ob sie auf dem Foto einen Unterschied zwischen ihr und
Annie entdeckt habe, und sie antwortete, nein, nicht auf
dem Foto; aber wenn sie sie in Fleisch und Blut vor sich
sähe, würde sie den Unterschied sofort bemerken. Und der
Mann fragte, woran? Und sie antwortete, das wolle er wohl
gerne wissen, wie? Und als sie das sagte, wurde ich doch
etwas nachdenklich.«

Miss Silver wickelte ein Stück Faden vom Wollknäuel ab.

«Mich ging die Sache im Grunde nichts an; aber ich konnte mich des Eindrucks nicht erwehren, daß Miss Collins sich sehr töricht verhalten hatte, als sie diesen Ton anschlug. Selbst bei der Wiederholung ihres Gesprächs war deutlich herauszuhören, daß sie sich mit ihren besonderen Kenntnissen brüstete. Ich fragte sie daher, ob sie ganz sicher wäre, daß sie Annie Joyce niemals mit Lady Jocelyn verwechselt hätte – ob es irgendwelche körperliche Merkmale gäbe, an denen sie Miss Joyce sofort erkennen würde. Ich wies darauf hin, daß die Familie auch nicht sofort davon überzeugt gewesen sei, die aus Frankreich heimgekehrte Frau müsse Lady Jocelyn sein. Daher könnten die Kenntnisse, die sie besitze, möglicherweise von großer Wichtigkeit für die Familie sein.«

»Das sagten Sie ihr?«

»Ja, Frank. Und das machte sie noch aufgeregter. Ich fürchte, das arme Ding war mir noch dankbar dafür, daß ich sie auf den Gedanken gebracht hatte, sie wäre eine Geheimnisträgerin allerersten Ranges.«

»Was sagte sie denn darauf?«

»Sie gab noch weitere Einzelheiten des Gesprächs mit dem Unbekannten am Telefon preis. Sie hätte ihm gesagt, sie, Miss Collins, könne man unmöglich täuschen. Und der Gentleman habe gelacht – sympathisch gelacht, wie sie betonte – und erwidert, sie sei sich ihrer Sache aber sehr sicher. Und sie sagte, natürlich sei sie sich ihrer Sache sehr sicher; verriet ihm aber nicht, warum. Ich konnte nur aus dem Satz, den sie noch hinzufügte, meine Schlüsse ziehen. Wenn man ein Kind vom fünften Lebensjahr ab jeden Tag wäscht und anzieht und in jeder Hinsicht betreut, sagte sie, könne man sich ja denken, daß einem nichts verborgen bliebe. Vielleicht hätte sie mir noch mehr verraten, wenn der Zug nicht gehalten und Fahrgäste nicht das Abteil überflutet hätten. Wir konnten unsere Unterhaltung nicht fortsetzen. Erst auf dem Bahnsteig im Waterloo-Bahnhof sprach sie mich noch einmal an und bat mich, sie doch einmal zu besuchen, wenn ich wieder nach Blackheath käme. Dann tauschten wir unsere Adressen aus.«

Frank Abbott beobachtete sie scharf.

»Ja – aber weshalb Ihre Adresse? Dazu noch schriftlich?«

Miss Silver legte die Hände auf ihren Strickstrumpf.

»Ich dachte daran, daß sie ihr Versprechen nicht gehalten hatte. Sie war indiskret gewesen und hatte vermutlich einen falschen Eindruck bei dem unbekannten Anrufer hinterlassen. Ich hielt es für möglich, daß sie Schwierigkeiten bekam. Ich bezweifelte, daß sie jemanden kannte, an den sie sich in einer Notlage wenden konnte. Ich dachte, sie würde vielleicht Hilfe brauchen. Etwas in dieser Richtung, Frank, wenn auch nicht ganz so präzise wie jetzt. Hinterher, wenn das Kind in den Brunnen gefallen ist, kann man leicht sagen, das habe man schon vorher geahnt.«

Er blieb eine ganze Weile stumm. Dann sagte er:

»Fassen wir also zusammen: Nellie Collins besaß irgendeine wichtige Information über Annie Joyce oder gab vor, so eine Information zu besitzen. Wenn Annie Joyce tot ist, wäre niemand an dieser Information interessiert – es sei denn, die Jocelyns hegen doch noch Zweifel an der Identität von Lady Jocelyn, und in diesem Fall wäre ihnen jeder Beweis, der diesen Zweifel bestätigt oder erhärtet, willkommen. Sie hätten also Nellie dankbar sein müssen, was ein Motiv der Familie für einen Mord ausschließt. Wenn jedoch die Heimgekehrte Annie Joyce ist und Lady Jocelyn tatsächlich seit dreieinhalb Jahren tot ist, wie es auf ihrem Grabstein steht, dann hat die Frau, die sich als Lady Jocelyn ausgibt, um einen hohen Einsatz gespielt – und bis vor ein paar Tagen geglaubt, sie habe bereits gewonnen. Und da taucht plötzlich diese Nellie Collins auf mit ihrem Spruch ›Ich habe sie gewaschen und angezogen und weiß alles über sie, was man überhaupt wissen kann‹ Ein besseres Motiv für einen Mord kann man sich doch gar nicht vorstellen.«

»Es ist ein überzeugendes Motiv«, stimmte ihm Miss Silver bei.

»Aber es war ein Mann, der am Telefon die Verabredung traf . . .«

»Ja – für Lady Jocelyn.«

»Sie sind ganz sicher, daß Nellie Collins das gesagt hat?«

»Absolut sicher, Frank.«

Er schob den Sessel zurück und stand auf.

»Ich wette zehn Millionen zu eins, daß Lady Jocelyn ein absolut wasserdichtes Alibi besitzt!«

20

Anne Jocelyn öffnete die Tür ihrer Wohnung. Sie blickte die beiden Männer überrascht an, die im Hausflur standen. Sie sah sich einem gewichtigen Gentleman in mittleren Jahren gegenüber, der eine gute Figur auf einer Kirchenkanzel gemacht hätte, und einem eleganten jungen Mann, der wohl eher in den Salons besserer Häuser zu Hause war.

Mit der Bemerkung, er sei Chef-Detektivinspektor Lamb, überschritt der ältere der beiden Männer ihre Schwelle und stellte seinen jüngeren Begleiter kurz als Detektivsergeant Abbott vor. Seine Stimme konnte die bäuerliche Abstammung nicht ganz verleugnen.

»Können wir Sie vielleicht einen Moment sprechen, Lady Jocelyn?«

Es dauerte einen Moment, ehe sie sich bewegte. Der Treppenabsatz, auf dem die beiden gewartet hatten, war fast dunkel. Der Korridor der Wohnung war nur von dem Licht erhellt, das aus dem Wohnzimmer durch die halbgeschlossene Tür drang. Wenn sie sich umdrehte, würde ihr Gesicht von diesem Licht beleuchtet.

Doch sie mußte sich umdrehen, oder die beiden würden merken, wie erschrocken sie war.

Erschrocken? Gab es ein Wort, das das Gefühl auszudrücken vermochte, daß alles zu Ende war? Sie rang mit ihrem Willen, sie zwang ihn, ihren Körper zu lenken.

Er gehorchte. Es war wirklich nur eine denkbar geringfügige Verzögerung in ihren Bewegungen, als sie sich im Flur umdrehte und den beiden Männern zur halboffenen Tür voranging.

Sie kamen in ein hübsches Zimmer. Die Deckenbeleuchtung war eine Kostbarkeit aus Glas – eine Lalique-Schale. Eine schwere Kristallvase mit dem Dekor von Früchten naschender Vögel, ebenfalls eine Lalique-Arbeit, enthielt einen Strauß rostbrauner Chrysanthemen. Die vor die Fenster gezogenen Vorhänge waren aus honigfarbenem Brokat. Sie gaben dem Licht im Raum einen schwachen, warmen Goldton. Alle Farben im Zimmer bewegten sich zwischen Honiggelb und Rostbraun.

Lady Jocelyn trug ein blaues Kleid, dazu ein Kollier aus zwei Schnüren mit auffallend hübschen Perlen.

»Sie wollten mich sprechen. . .« Ihre Stimme versagte.

Es hatte keinen Sinn, Unbefangenheit vorzuschützen. Jeder, der nicht gerade ein Dummkopf war, konnte ihr den Schrecken ansehen. Und diese beiden Männer waren keine

Dummköpfe, besonders der ältere nicht mit der strammen Figur eines altgedienten Polizeibeamten, dem phlegmatischen Gesicht und der etwas zu roten Gesichtsfarbe. Sie machte eine kleine, entwaffnende Geste, die der alte Lamb sofort in Gedanken als ausländisch vermerkte.

»Sie werden mich für eine sehr törichte Person halten – aber Sie haben mich doch erschreckt. Sie wissen ja – ich mußte dreieinhalb Jahre in Frankreich unter deutscher Besatzung leben, und wenn drei Jahre lang Polizei nur ein anderer Name für Gestapo war, ist es nicht ganz leicht . . .«

Sie ließ den Satz in der Schwebe und fuhr dann lächelnd fort: »Meine Nerven ließen mich im Stich. Was kann ich für Sie tun? Wollen Sie bitte Platz nehmen?«

Sie setzten sich. Das Licht fiel senkrecht auf Lady Jocelyn. Frank Abbott betrachtete sie kritisch. Eine hübsche Frau – sehr erregt – sehr rasch mit einer Erklärung zur Hand; aber diese mußte nicht unbedingt erlogen sein. *Ars est celare artem* – aber wenn es eine Verstellung war, mußte er den Hut vor ihr ziehen. Vielleicht hatte sie auch nichts zu verbergen, denn daß die Gestapo einem Mädchen im besetzten Frankreich auf die Nerven gehen konnte, mußte sie nicht erst betonen.

Lamb hatte absichtlich ein paar Sekunden des Schweigens verstreichen lassen. Jetzt sagte er:

»Es tut mir leid, daß wir Sie erschreckt haben. Wir haben Anlaß zu der Vermutung, daß Sie uns bei den Ermittlungen in einem Fall helfen könnten.«

»Ein Fall? Ich – natürlich alles, was in meiner Macht steht – aber ich weiß nicht . . .«

Der Chefinspektor fuhr fort, als habe sie ihn gar nicht unterbrochen. Seine Augen, die seinen respektlosen Serge-anten so sehr an einen Bullen erinnerten, waren auf sie

gheftet, als wäre sie ein Möbelstück. Er schien unbein-
druckt, daß sie jung, charmant, hübsch und Lady Jocelyn
war. Er sah sie nur an. Sie hätte ebensogut eine alte Scheuer-
frau, ein Türpfosten oder eine Katze sein können. Er sagte
mit seiner robusten Bauernstimme:

»Der Fall wurde uns als Verkehrsdelikt gemeldet. Ein
tödlicher Unfall. Die Verstorbene wurde von ihrer Unter-
mieterin als Miss Nellie Collins identifiziert, wohnhaft in
Blackheath Vale, Inhaberin von ›Lady's Nähschachtel‹.
Kannten Sie die Verstorbene?«

Frank Abbott beobachtete, wie die natürliche Hautfarbe
aus dem Gewebe der Oberhaut von Lady Jocelyns Gesicht
wie versickerndes Wasser verschwand. Zurück blieben zwei
Inseln aus Wangenrot und ein scharlachroter Mund, der mit
Lippenstift aufgemalt war. Ehe dieses Phänomen auftrat,
hatte man schwerlich feststellen können, wo die Natur auf-
hörte und die Kunst begann – so geschickt waren Puder und
Schminke auf der Haut verteilt. Die Restfarbe stach von der
bleichen Haut ab wie Soßenflecke auf einem weißen Tischtuch. Mit diesem Beweis von Schock vor Augen, nahm er
auch noch die Verkrampfung der Halsmuskeln wahr. Sie
diente dazu, ihre Stimme für das einzige Wort zu festigen,
das jetzt verlangt war:

»Nein.«

»Sie kannten keine Miss Collins?«

»Nein.«

»Nie von ihr gehört?«

Frank Abbott sah rasch auf die Hände hinunter, die in
ihrem Schoß lagen. Hände verrieten in so einem Fall am
meisten. Er hatte so viele Frauenhände gesehen, die ihm
sagten, was das Gesicht nicht preisgeben wollte. Aber Anne
Jocelyns Hände sagten ihm gar nichts. Weder klammerten

sie sich aneinander, noch waren sie verkrampft. Sie lagen locker im Schoß – locker oder unter perfekter Kontrolle. Sie bewegten sich nicht, als sie sagte:

»Doch – sie hat mir geschrieben.«

Chefinspektor Lamb saß da wie eine Statue, beide Hände auf den Knien. Er hatte seinen steifen schwarzen Hut auf die Kommode im Flur gelegt, jedoch die obersten Knöpfe seines Überziehers geöffnet, nur ihn nicht an der Garderobe aufgehängt. Seine Augen waren ausdruckslos, ließen aber ihr Gesicht nicht eine Sekunde frei.

Man möchte denken, er wolle sich fotografieren lassen, starrte mit leerem Blick und leerem Kopf in die Linse, damit das Bild für das Familienalbum nicht verwackelte.

»Würden Sie mir erklären, weshalb sie an Sie schrieb?«

»Sie wollte mich sprechen.«

»Aus welchem Grund wollte sie mit Ihnen sprechen, Lady Jocelyn?«

Sie holte tief und lange Luft. Wenn sie einen Schock erlitten hatte, klang er bereits ab. Die Farbe kam in ihr Gesicht zurück. Sie sagte: »Entschuldigung – wie dumm von mir – Sie haben mich erschreckt. Die Sache ist ganz einfach. Vermutlich haben Sie ebenfalls in der Zeitung davon gelesen, daß meine Familie mich für tot hielt. Eine andere Person wurde unter meinem Namen beerdigt – eine Frau namens Annie Joyce. Sie war eine illegitime Blutsverwandte – tatsächlich eine Kusine ersten Grades von mir –, und wir sahen uns sehr ähnlich. Miss Collins kannte Annie, als sie noch ein kleines Mädchen war. Sie schrieb mir, sie habe das Kind sehr liebgehabt, und fragte an, ob sie mich besuchen dürfe. Sie wollte alles über dieses Kind erfahren.«

»Ich verstehe. Was für eine Antwort haben Sie ihr gegeben?«

«Nun, ich fürchte, ich beantwortete den Brief nicht.«

»Sie haben den Brief nicht beantwortet?«

»Nein. Ich bekam ihn ja erst vor ein paar Tagen, und ich war so sehr mit den Vorbereitungen für meinen Umzug beschäftigt. Wir sind ja eben erst eingezogen.«

»Wann sind Sie umgezogen, Lady Jocelyn?«

»Gestern.«

»Gestern? Und Sie zogen von woher . . .«

»Von Jocelyns Holt – in Surrey. Mein Mann arbeitet im Kriegsministerium. Die weite Anfahrt war eine zu große Belastung . . .«

»Gestern . . .« Lamb verweilte auf diesem Wort. »Wo waren Sie gestern nachmittag, Lady Jocelyn?«

»Zunächst hatte ich noch den ganzen Vormittag in Jocelyns Holt damit zu tun, um das Gepäck auf den Weg zu bringen. Nach einem sehr frühen Lunch fuhr ich dann selbst nach London. Ich kam ungefähr gegen drei Uhr hierher in die Wohnung und verbrachte den Rest des Nachmittags und den Abend damit, die Sachen auszupacken.«

»Allein?«

»Nein. Ich brachte eines meiner Mädchen von Jocelyns Holt mit. Ich behielt es nicht hier, weil es noch sehr jung und das Landleben gewöhnt ist. Aber es half mir gestern beim Einrichten und blieb auch über Nacht. Ich habe es heute morgen nach Jocelyns Holt zurückgeschickt.«

»Würden Sie mir freundlicherweise den Namen und die Adresse des Mädchens mitteilen?«

»Ivy Fossett, Jocelyns Holt.«

Frank Abbott hatte die Fragen und Antworten mitgeschrieben. Er notierte nun Ivys Adresse. »Haben Sie die Wohnung verlassen, nachdem Sie sich hier um – um wieviel Uhr, sagten Sie eben, waren Sie hier angekommen?«

«Es war genau zehn Minuten vor drei. Nein, ich war die ganze Zeit über hier in der Wohnung.»

«Sie fuhren nicht zum Bahnhof Waterloo, um eine Verabredung mit Miss Collins einzuhalten?»

«Nein, natürlich nicht – ich hatte keine Verabredung mit ihr. Ich habe die Wohnung nicht eine Sekunde verlassen.»

«Kann das noch jemand außer Ivy Fossett bestätigen?»

Anne Jocelyns Gesicht war jetzt lebhaft gerötet. Sie sah verdutzt aus.

«Ich weiß zwar nicht, was Sie damit meinen; aber meine Kusine, Mrs. Perry Jocelyn, kam kurz vor drei hierher. Sie blieb zum Tee und half mir beim Auspacken.»

«Wie lange blieb Ihre Kusine hier?»

«Bis kurz vor sieben.»

«Darf ich ihre Adresse ebenfalls haben?»

Abbott notierte sie.

Anne Jocelyn warf mit einer impulsiven Geste die Hände in die Höhe. «Warum stellen Sie mir all diese Fragen? Was spielt es für eine Rolle, ob ich in der Wohnung blieb oder nicht? Ich hatte keine Verabredung mit Miss Collins; aber was hätte es schon für eine Bedeutung, wenn doch?»

Lamb sah sie immer nur an. Er sagte:

«Miss Collins war allerdings der Meinung, sie sei mit Ihnen gestern nachmittag um Viertel vor vier unter der Bahnhofsuhr in der Waterloo-Station verabredet gewesen.»

«Aber das ist doch Unsinn . . .»

«Sie fuhr mit dem Zug aus Blackheath hierher, um diese Verabredung einzuhalten, Lady Jocelyn.»

«Aber weshalb denn – ich war doch nicht dort! Ich war hier in dieser Wohnung und packte meine Sachen aus. Ich habe ihr nicht einmal geschrieben. Wie konnte sie eine Verabredung mit mir haben?»

»Es gibt noch andere Möglichkeiten, sich zu verabreden. Die Post stellt dafür auch Telefonleitungen zur Verfügung, Lady Jocelyn. Miss Collins hatte der Adresse, die sie in ihrem Brief nannte, auch ihre Telefonnummer beigefügt, nicht wahr?«

»Ich weiß nicht – möglich – ich habe nicht darauf geachtet.«

»Darf ich diesen Brief einmal sehen?«

»Oh, ich fürchte, ich habe ihn nicht mehr.«

Immer noch dieser ausdruckslose Blick.

»Sie haben ihn nicht mehr? Aber Sie haben den Brief doch noch gar nicht beantwortet!«

Da war wieder eine von diesen kleinen, anmutigen und ein bißchen fremdländisch wirkenden Gesten.

»Nun, sie hat doch einen Laden. Ich merkte mir den Namen – ich hätte ihr jederzeit schreiben können. Aber, wenn ich ehrlich sein soll – ich weiß nicht, ob ich das wollte. Es gibt ja nichts, was ich ihr von Annie erzählen könnte. Diese ganze Joyce-Verbindung war – recht undelikat. Und ich dachte, diese Miss Collins wäre vielleicht nur sensationshungrig. Wenn Sie wüßten, wie viele Briefe wir von Leuten bekamen, die uns überhaupt nicht kannten!«

»Also haben Sie den Brief vernichtet. Können Sie sich noch an den Inhalt erinnern?«

»Ich glaube schon. Er war ziemlich rührselig – wie lieb sie Annie gehabt habe und ob sie mich sprechen könne, weil sie alles über deren tragischen Tod erfahren wolle – solche Sachen.«

»Stand in dem Brief etwas von einer besonderen Kenntnis, die Person von Annie Joyce betreffend?«

»Ich weiß nicht, was Sie damit meinen.«

»Stand in dem Brief, daß die Verfasserin in der Lage wäre, Annie Joyce zu identifizieren?«

Sie sah ihm einen Moment in die Augen, kühl und mit hochgezogenen Brauen.

»Nein, natürlich nicht. Was für eine ungewöhnliche Frage! Wie konnte sie denn Annie Joyce identifizieren? Sie ist doch tot.«

Lamb fragte: »Meinen Sie damit, daß Annie Joyce tot ist? Oder meinen Sie vielmehr, daß Nellie Collins, die Annie Joyce hätte identifizieren können, tot ist?«

Sie hielt den Atem an.

»Warum sagen Sie so etwas?«

»Weil ich es gern wissen möchte, Lady Jocelyn.«

Sie sagte so leise wie noch nie in diesem Gespräch:

»Annie Joyce ist tot.«

Lamb erwiderte mit ernster Stimme:

»Und Nellie Collins ebenfalls.«

21

»Ich sagte Ihnen doch, sie würde ein wasserdichtes Alibi haben.«

Frank Abbott lehnte sich in seinem Sessel zurück und wartete auf Miss Silvers Reaktion. Diese war kaum zu bemerken. Sie hatte mit Jonnys zweitem Strumpf angefangen und war mit dem Bündchen am Oberteil fast fertig. Ihre Nadeln klickten und ihr Gesichtsausdruck veränderte sich nicht, als sie antwortete:

»Sie haben es natürlich sehr eilig, mir mitzuteilen, wie recht Sie hatten, Frank.«

Er breitete lachend die Hände aus.

»Meine verehrte Lehrerin!«

Miss Silver gestattete sich ein schwaches Lächeln.

»Wenn Sie mit Ihren Albernheiten fertig sind, Frank, würde ich Sie gern darum bitten, mir weiter von dieser Lady Jocelyn zu berichten. Das klingt alles sehr interessant.«

»Schön. Wir verließen also wieder ihre Wohnung, und der Chef fragte mich, was ich von ihr hielte. Das fragt er mich immer, und wenn ich meine Meinung mitgeteilt habe, äußert er sich nicht dazu. Vielleicht hält er es für Quark, oder vielleicht hält er es auch für der Weisheit letzten Schluß – nur sagen tut er das einem nie. Er steckt es weg hinter seinem Pokergesicht, und bei nächster Gelegenheit reibt er es einem dann wieder unter die Nase. Ich habe das Gefühl, seine Duschen stehen im umgekehrten Verhältnis zur Wertschätzung, die er von Ihrer Meinung hat: je größer die Abreibung, um so höher der Respekt vor Ihnen! Ich bekam den ganzen Weg von der Wohnungstür bis zum Dienstwagen nur zu hören, daß ich mir bloß nichts einbilden sollte, sonst paßte mir der Hut nicht mehr, so gefährlich würde mein Kopf anschwellen . . .«

Miss Silver hüstelte.

»Was halten Sie von Lady Jocelyn, Frank?«

»Ah – das ist allerdings sehr interessant. Das muß auch die Meinung vom Chef gewesen sein, sonst hätte er mir im Treppenhaus nicht eine so lange Predigt gehalten. Sie öffnete uns die Tür, und sie hätte nicht erschrockener gewesen sein können, wenn wir ihr einen Gestapo-Ausweis und ein Todesurteil unter die Nase gehalten hätten.«

Miss Silver hüstelte abermals.

»Sie hat schließlich mehr als drei Jahre unter der Fuchtel der deutschen Geheimpolizei leben müssen, Frank.«

»Und sie nahm die Gelegenheit beim Schopf, uns daran zu erinnern. Griff entschlossen und geistesgegenwärtig die

Vergangenheit auf und sagte, wir hätten sie mächtig erschreckt, ehe sie uns ins Wohnzimmer führte. Dann fiel sie fast in Ohnmacht, als der Chef ihr offenbarte, wir wollten sie wegen Miss Nellie Collins befragen, die überfahren wurde. Ich habe noch nie eine Person gesehen, die einer Ohnmacht so nahe war und doch noch das Bewußtsein behielt. Daß sie nicht in Ohnmacht fiel, gelang ihr sicherlich nur, weil sie nicht ohnmächtig werden wollte. Sie war fast zu bedauern, wie sie sich anstrengte – wie eine Stahlfeder, die von einer Presse zusammengedrückt wird. Außerordentlich interessant, zu beobachten, wie sie es schaffte – ihre Halsmuskeln waren verkrampft; aber ihre Hände im Schoß ganz locker. Seltsam, nicht? Wie man eine Willensanstrengung auf einen Punkt zu konzentrieren vermag. Aber weshalb das alles? Zunächst war sie furchtbar erschrocken, als wir vor der Tür standen; aber sie erholte sich von dem Schrecken bereits im Flur. Und dann fällt sie fast in Ohnmacht, als der Chef ihr eröffnet, Nellie Collins sei tot! Ich gehe jede Wette ein, sie wußte nichts von dem Tod dieser Frau, bis der Chef es ihr sagte, und daher war es ein furchtbarer Schock. Warum? Das würde ich gern wissen. Wenn sie keine Komplizin des Mörders gewesen ist – warum dann der Schrecken an der Tür? Und wenn sie es doch gewesen ist – warum dann der Schock, als sie vom Tod der Frau erfuhr? Was kann es sie kratzen, daß Nellie Collins auf der Straße überfahren wurde?«

Miss Silver hatte ihn schweigend angesehen. Sie sagte: »Annie Joyce kann zwei gute Gründe für einen Schock gehabt haben. Erleichterung, die sich zuweilen sehr heftig äußert, oder Zuneigung. Vielleicht hat sie an Nellie Collins sehr gehangen?«

Er sagte »Annie Joyce ...«

Die Nadeln klickten.

»Gewiß, mein lieber Frank. Ein abnormes Interesse an Nellie Collins weist nur zu deutlich darauf hin, daß es Annie Joyce war, die überlebt hat, nicht Anne Jocelyn. Lady Jocelyn hatte keinen Grund, irgendwelche geheimen Kenntnisse, die Miss Collins gehabt haben kann, zu fürchten. Aber eine Annie Joyce, die die Rolle von Lady Jocelyn spielt, hat allen Grund dazu! Ich kann mir kein Motiv vorstellen, das Lady Jocelyn veranlassen sollte, bei der Nachricht vom Tod dieser Nellie Collins so schockiert zu reagieren. Diese Todesnachricht hätte Lady Jocelyn nicht mehr berührt als die Todesanzeige einer Person in der Zeitung, der sie einmal flüchtig begegnet war. Solche Dinge passieren ja täglich und werden mit einem kurzen bedauernden ›Du, die kannte ich doch! Na, wer hätte das gedacht!‹ abgetan. Wenn die Nachricht vom Tod dieser Nellie Collins tatsächlich einen so großen Schock ausgelöst hat, muß ich daraus schließen, daß Sie Annie Joyce die Todesnachricht überbracht haben.«

Er beobachtete sie scharf. In ihrer Gegenwart liefen alle seine Gedankenprozesse besonders intensiv und rasch ab. Alle Überlegungen wurden seziert und genau formuliert. Dann sagte er:

»Wenn das so ist, trifft Ihr zweiter Schluß nicht zu, fürchte ich. Sie war ganz gewiß nicht schockiert über Nellie Collins' Tod, weil sie diese Dame geliebt hätte. Das war ihr deutlich anzumerken. Gefühlsreaktionen dieser Art sind nicht zu übersehen. Der Chef redete mit ihr, und nicht eine Silbe des Bedauerns oder der Trauer floß in ihre Antworten ein. Selbstverständlich muß sie sich vor solchen Reaktionen hüten, wenn sie wirklich Annie Joyce ist; aber indirekt treten solche Gefühle trotzdem in Erscheinung. Sie taten es nicht. Was ich registrierte, war – nun, es ist nicht leicht, meinen

Eindruck genau zu formulieren, aber das Wort Gleichgültigkeit kommt ihm sehr nahe – echte Gleichgültigkeit gegenüber Nellie Collins als Person, kombiniert mit einem uner-
warteten Tiefschlag bei der Nachricht von ihrem Tod. Wie
wollen Sie beides miteinander in Einklang bringen? Die
beiden Reaktionen waren vorhanden – ich schwöre es!«

Miss Silver nickte bedächtig.

»Nun, das ist sehr interessant«, sagte sie. »Wenn wir
annehmen, daß Lady Jocelyn in Wahrheit Annie Joyce ist,
folgt logisch daraus, daß sie sich von Nellie Collins bedroht
fühlte. Ich sagte Ihnen schon, die Arme kann sich am Telefon
so ausgedrückt haben, daß der unbekannte Anrufer, der
angeblich im Auftrag von Lady Jocelyn handelte, sie für eine
Erpresserin halten konnte.

Nichts ist gefährlicher für einen Amateur als der Versuch,
einen erfahrenen Verbrecher zu erpressen. Ich bin ganz
sicher, daß Miss Collins nicht so etwas beabsichtigte – aber
es genügte, daß sie diesen Eindruck wachrief und ihre Existenz damit zu einer Gefahr wurde.

Ich muß Ihre Aufmerksamkeit nun auf diesen Unbekannten lenken. Es ist klar, daß er von dem Brief wußte, den Miss
Collins an Lady Jocelyn geschrieben hat. Vermutlich hat sie
diesem Unbekannten den Brief sogar ausgehändigt. Das
würde die Reaktion erklären, die Ihnen so sehr zu schaffen
macht, Frank.

Wenn wir immer noch unterstellen, sie ist Annie Joyce,
mußte der Besuch der Polizei bei ihr natürlich wie ein
Schock wirken. Vielleicht glaubte sie sich bereits entlarvt?
Und wenn dazu noch die Nachricht kommt, Nellie Collins
sei ermordet worden – und unter den Annie Joyce bekann-
ten Umständen konnte es sich nur um einen Mord handeln –,
kann die Reaktion nur ein zweiter Schock sein. Höchst-

wahrscheinlich – ja, ganz sicherlich – wußte sie nicht, was
der Unbekannte mit Miss Collins vorhatte. Vielleicht dachte
sie an eine Ablenkung, eine Entmutigung, aber gewiß nicht
an Tötung. Die Nachricht, daß sie nun mitschuldig sein muß
an einem Kapitalverbrechen, könnte genau diese Reaktion
ausgelöst haben, wie Sie sie mir eben beschrieben haben.«

Er nickte.

»Ich gebe zu, daß, falls sie Annie Joyce ist, die Nachricht
vom Tod dieser Collins für sie eine Überraschung war.«

Miss Silver kniff den Mund zusammen. »Keine sehr re-
spektvolle Ausdrucksweise, was den Tod eines Menschen
betrifft.«

»Entschuldigung – dieses Mädchen, Ivy Dingsda, be-
zeugt, sie sei mit Lady Jocelyn nach London gefahren und
habe sie bis zum Schlafengehen nicht eine Minute aus den
Augen verloren. Mrs. Perry Jocelyn kam kurz vor drei, und
alle drei haben dann die Wohnung eingerichtet und Kästen
und Koffer ausgepackt. Zwei Zeugen, die schwören können,
Lady Jocelyn habe die Wohnung nicht verlassen. Ihr Alibi
ist gut bis elf Uhr nachts, als alle drei Damen zu Bett gingen.
Der Arzt sagt, um diese Zeit sei die Ermordete bereits ein
paar Stunden tot gewesen. Als Täterin kommt daher Lady
Jocelyn oder Annie Joyce, wie Sie sie lieber nennen, nicht in
Frage. Aber natürlich liegt der Fall ganz einfach. Der Täter
kann nur dieser liebenswürdige Mann am Telefon gewesen
sein, den die bedauernswerte Miss Collins für einen Baron
hielt. Wir müssen diesen falschen Baron nur finden.«

Miss Silver begegnete seinem ausdruckslosen Blick mit
einem unerwartet belustigten Zwinkern.

»Denken Sie vielleicht an die berühmte Stecknadel im
Heuhaufen?«

Er lachte.

»Ich denke da an eine ganze Heuernte, Miss Silver! Der
Chef hat mich beauftragt, diese Stecknadel aufzutreiben.
Was wir bisher an Material über diesen Unbekannten haben,
ist erstens die Schilderung von Miss Collins, es müsse sich
um einen liebenswürdigen Gentleman handeln, und zweitens ihre Vermutung, es könnte sogar Sir Philip selbst gewesen sein, der es natürlich nicht war, weil er um die fragliche
Zeit zu Hause gewesen ist. Nun haben Sie ja mit Miss Collins
geredet und nicht ich. Gehe ich richtig in der Annahme, daß
der Bursche tatsächlich als sogenannter Gentleman gelten
kann? Ich meine, trauten Sie Miss Collins, als sie noch lebte,
eine entsprechende Menschenkenntnis zu?«

»Ich meine, ja.«

»Denn das wäre ja immerhin ein Hinweis – kultivierter
Mörder mit angenehmer Telefonstimme. Zweitens, und hier
befinden wir uns auf etwas sicherem Boden, ist es jemand,
der sich in Ruislip und Umgebung gut auskennt. Ich meine,
ich bin durchaus nicht davon überzeugt, daß Miss Collins
dort ermordet wurde. Ich neige zu der Theorie, daß sie erst
später dorthin gebracht wurde. Und ich sage Ihnen auch,
warum ich das annehme. Die Straße, wo sie gefunden wurde,
ist genau der Ort, wo man eine Leiche verstecken kann,
damit sie bis zum Ende der Verdunklung unentdeckt bleibt.
Und dann schauen Sie sich das noch einmal genau an!«

Er holte das dreieckige Schnipselchen Papier hervor, das
von dem Briefbogen stammte, auf dem Miss Silver ihre
Adresse und ihren Namen notiert hatte. Unten die Silben-
ver; -sions; -ham St.; ein schmutziger Abdruck davor, der
die mittlere Endsilbe fast unleserlich machte.

Miss Silver betrachtete diesen schmutzigen Abdruck.

»Sie haben recht, Frank. Dieser Schmutzfleck bereitet mir
Kopfschmerzen.«

»Ich denke, er wurde absichtlich angebracht. Vermutlich mit einem feuchten Taschentuch aufgetragen, denn wir fanden keine Fingerabdrücke auf dem Papier. Wie Sie wissen, glaubten wir zunächst, die Ecke des Papiers sei zwischen Spiegelscherben eingeklemmt und dabei abgerissen worden. Aber jetzt glaube ich das nicht mehr – ich denke, es war beabsichtigt, daß wir das glauben sollten. Ich bin tatsächlich sicher, das Schnipselchen wurde absichtlich in der Tasche zurückgelassen. Denn in Ruislip gibt es eine Cuningham Street, wo eine Miss Oliver in einem Haus wohnt, das Soissons genannt wird. Verstehen Sie jetzt, warum jemand auf dem Schnipselchen Ihre Adresse *Mansions* mit dem schmutzigen Abdruck so verstümmelte, daß man nur noch -*sions* entziffern kann? Die Ortspolizei kommt sich sehr clever vor, daß sie eine Miss Oliver unter der obengenannten Adresse ausgegraben hat – eine außerordentlich angesehene ältere Dame, die so entsetzt war über das Ansinnen, eine Tote identifizieren und vermutlich auch eine Leichenschau besuchen zu müssen, daß ihr die Schuld geradezu aus den Augen leuchtete. Als ich sie nun aufsuchte, beteuerte sie mir mit Tränen in den Augen, sie habe in ihrem ganzen Leben noch nie etwas von einer Nellie Collins gehört. Ich glaube ihr. Aber wenn ich nicht Ihre Handschrift erkannt und Sie nicht dieses Zettelchen identifiziert hätten, hätten wir jetzt einen hübschen roten Hering oder Fuchs, der uns auf eine falsche Fährte lenkte. Und die arme Miss Oliver müßte bei einer Leichenschau dem Richter Rede und Antwort stehen, wie es ihr die örtliche Polizei bereits angedroht hatte.«

Miss Silver hüstelte und sagte: »Sie haben recht, Frank. Wir haben es mit einem gerissenen Verbrecher zu tun.«

Er nickte nur.

»Schön! Unser kultivierter Verbrecher kennt Ruislip ziemlich genau. Er kann sich natürlich mit einem Adreß-buch hingesetzt und so lange darin geblättert haben, bis er fand, was zu diesem Schnipselchen paßte; aber irgendwie schmeckt mir das nicht. Es hätte viel zu lange gedauert. Ich vermute, er hatte einen plötzlichen Einfall, erinnerte sich an Miss Oliver und packte dann die Leiche dorthin, wo es paßte. Es schmeckt nach einem Einfall, einer Erleuchtung.«

Miss Silver nickte zustimmend.

Er fuhr fort: »Kultiviert und Kenntnis von Ruislip – bei-des nicht gerade heiße Spuren. Aber es muß noch etwas vorhanden sein – eine Verbindung mit Lady Jocelyn.«

Miss Silver hüstelte.

»Es muß eine Verbindung zwischen ihm und Annie Joyce geben.«

Frank fuhr sich mit beiden Händen durch sein schim-merndes glattes Haar.

»Die England vor Jahren verließ und deren Personalpa-piere oder Meldeakte inzwischen im besetzten Frankreich untergetaucht sind. Was für glänzende Aussichten!«

22

Am Tag darauf raffte sich Lyndall dazu auf, Anne Jocelyn in deren Wohnung zu besuchen. Sie mußte diesen Besuch ganz einfach machen; es war unmöglich, sich von Anne fernzu-halten, wenn Lilla, die Anne bisher gar nicht gekannt hatte, ihr bereits beim Einzug geholfen und deren Koffer ausge-packt hatte. Selbst wenn Anne schon die Wohnung einge-richtet hatte und keine Hilfe mehr benötigte, mußte sie, als

Brautjungfer von Anne, wenigstens mal bei ihr vorbeischau-
en und sich erkundigen, ob ihr nichts fehlte.

Ihre Füße trugen sie nur widerstrebend in diese Richtung.
Wäre sie nicht von Anne erwartet worden, wäre sie auf
halbem Wege vermutlich wieder umgekehrt. Nein, das war
Unsinn! Auf solche Eingebungen durfte sie nicht hören.
Jedenfalls durfte sie sich keineswegs von ihnen beeinflussen
lassen. Aber ihre Füße schleppten sich dahin, und ihr Herz
schleppte nicht weniger. Es war sehr kalt auf den Straßen.
Der Himmel zeigte niedrighängende Wolken, und jeden
Moment konnte es schneien. Ein tückischer Wind lauerte
hinter jeder Ecke, biß ihr ins Gesicht, in die Knie, in die
Waden, die in dünnen Seidenstrümpfen steckten und ver-
suchte, ihr den Hut vom Kopfe zu reißen. Sie hatte nicht weit
zu gehen; aber sie war wie zerschlagen, ehe sie in Tenterden
Gardens anlangte.

Es hätte eigentlich angenehm sein müssen, in das goldene
Licht und die Wärme von Annes Wohnzimmer wechseln zu
können; aber etwas in ihr sah auf die eisige Straße zurück.
Anne kam ihr lächelnd entgegen, und sie gaben sich einen
Kuß. Das heißt, Anne bot ihr eine kalte Wange dar, und
Lyndall berührte sie mit kalten Lippen. Bis zu diesem Augenblick war ihre Liebe zu Anne in ihrem Herzen als etwas Echtes und Kostbares gehütet worden, obwohl auch
Schmerzen damit verbunden waren. Und nun, ganz plötzlich, mit dieser schwachen Berührung ihrer Lippen, war die
Stelle in ihrem Herzen leer. Sie wußte nicht, wie blaß sie
aussah, als sie den Kopf wieder zurücknahm, oder wie groß
und betroffen sie Anne ansah, als diese sie fragend anblickte.
»Was ist los mit dir, Lyn? Du siehst so erfroren aus. Komm
ans Feuer und wärme dich auf. Der Tee ist schon fertig. Ich
hole nur rasch den Kessel.«

Als sie wieder ins Zimmer kam, hatte Lyndall ihre Handschuhe ausgezogen. Sie beugte sich über das Feuer und hielt die Hände über die Glut. Ein sonderbares Gefühl von Unwirklichkeit füllte ihr Bewußtsein aus. Der hübsche Raum, die Wärme, die Blumen in der Lalique-Vase, das ihr so vertraute Teeservice, Tassen mit hellem Blütendekor auf apfelgrünem Grund und Goldrand auf dem Queen-Anne-Silbertablett, Anne in ihrem blauen Kleid und mit dem Perlenkollier, Philips Saphir am Ringfinger ...: Das alles war weit weg von ihr in irgendeinem beleuchteten Vakuum. Nichts drang von diesen Dingen bis zu ihr durch; nichts von ihr erreichte dieses Vakuum.

Sie drehte sich langsam vom Feuer weg, trank mit ihrem Tee und zerkrümelte ein Stück Kuchen. Und plötzlich war dieses Gefühl der Fremdheit weg. Ihr war wohlig warm, sie war mitten in diesem Zimmer, ließ sich von Anne eine zweite Tasse Tee einschenken, spürte, wie das Feuer im Kamin bis zu ihrer Haut durchdrang. Es war ihr, als erwachte sie aus einem Alptraum; aber sie konnte diesem Gefühl der Erleichterung nicht so recht trauen. Sie nippte an ihrer Tasse und hörte zu, wie Anne ihr erzählte, daß sie sich überraschend schnell hier eingelebt hätten.

Und dann fragte sie, was zu fragen sie sich vorgenommen hatte. Sie war sich nicht sicher gewesen, ob sie dazu imstande sein würde; aber sie wußte, daß sie darüber sprechen mußte. Wenn nicht, würde sie immer daran denken müssen. Auf die Dauer würde sie nicht damit leben können, weil es ihren Verstand vergiftet hätte. Alles würde dadurch vergiftet ...

Sie stellte ihre Tasse auf das Silbertablett zurück und fragte schlicht und direkt:

»Wo läßt du dein Haar machen, Anne?«

Anne sah sie ein wenig verblüfft an.

»Mein Haar? Ich ließ mir, als ich in England landete, eine
Dauerwelle in Westhaven legen. Sie haben das gar nicht so
übel gemacht. Eigentlich hätte ich mich nur frisieren lassen
sollen, weil eine Dauerwelle nur meinen Naturlocken schadet; aber mein Haar war so verwahrlost, und ich wollte euch
nicht so unter die Augen treten.«

Lyndall ließ ihre Tasse los, behielt ihre Hand aber am
Rand des Tabletts. Mit dem Finger zog sie das Muster nach.

»Aber zu welchem Friseur gehst du hier in London?«

»Weshalb? Kannst du mir einen empfehlen?«

»Nein – ich wunderte mich nur. Kennst du einen Friseur,
der Felise heißt?«

Da – nun hatte sie es gesagt! Nichts ist so schwer wie der
erste Schritt. Wenn du den gemacht hast, folgen die anderen
beinahe von selbst. Aber sie konnte Anne nicht ansehen. Sie
blickte auf den Rand des silbernen Tabletts. Sie hatte einen
Tropfen Tee verschüttet, der dort antrocknete. Die Zeit
stand nicht still. Sie konnte zusehen, wie der Tropfen sich in
einen braunen Fleck auf dem Silber verwandelte.

Anne sagte: »Ich weiß nicht – ich glaube, ich habe diesen
Namen schon einmal gesehen. Warum fragst du?«

»Ich kam zufällig dort vorbei. Ich dachte, ich sah dich in
den Laden gehen. Das war Mittwoch vergangener Woche.«

»Möglich – aber ich weiß es nicht mehr. Ich gehe in so
viele Läden, wo frisiert wird und kosmetische Artikel ver-
kauft werden. Ich habe immer noch nicht den richtigen
Puder gefunden oder einen Lippenstift, der mir wirklich
gefällt. Das ist heutzutage recht schwierig – nicht wahr?«

Lyndall blickte jetzt zu ihr hoch. Sie sah eigentlich kaum
etwas, weil ein Nebel vor ihren Augen lag; aber Anne Jocelyn faßte diesen traurigen Blick wie eine Anklage auf.

»Anne, ich muß es dir sagen – ich glaube, es muß sein . . .«

Anne zog die Brauen in die Höhe.

»Was mußt du mir sagen, Darling?«

Dieses Kosewort – es war wie Sacharin und hinterließ einen bitteren Nachgeschmack. Anne war wütend. Doch Lyndall konnte nicht mehr wegschauen oder in ihrer Rede innehalten. Etwas trieb sie an zu sagen:

»Ich dachte also, ich sah dich in diesen Friseurladen hineingehen und ich ging dir nach. Ich wollte nicht, daß du glaubst, ich hätte dich gesehen und wäre einfach weitergegangen. Also folgte ich dir in den Laden . . .«

Anne blickte sie mit wütenden Augen an.

»Und vermutlich haben wir uns dann in diesem Laden lange unterhalten – in diesem Laden, von dem du träumst!«

»Nein, ich habe dich dort nicht angetroffen.«

»Oh, welche Überraschung!«

»Ich ging weiter in die Friseurabteilung. Im Laden standen zwei Frauen. Die Verkäuferin suchte etwas auf einem Regal. Niemand bemerkte mich. Ich dachte, du seist in einer Kabine und ließest dir das Haar richten. Aber du warst nicht in einer der Kabinen. Am Ende des Flurs, von dem die Kabinen abgingen, war wieder eine Tür. Ich öffnete sie. Ich wußte nicht, warum. Dahinter war ein kleiner, dunkler Korridor mit einer Stiege und zwei Türen. Eine von den Türen war nicht ganz zu – Licht drang spaltbreit hindurch. Ich hörte dich sagen: ›Sie können es ruhig mir überlassen, den Brief von Nellie Collins zu beantworten. Sie ist vollkommen harmlos.‹ Und ein Mann sagte: ›Das zu entscheiden, steht Ihnen nicht zu.‹ Da kehrte ich um und rannte durch den Laden auf die Straße zurück.«

Annes Gesicht war nun wie eine Gewitterwolke. Lyndall hätte gern zur Seite gesehen, aber sie konnte nicht. Annes

166

Augen waren verächtlich, nicht nur das zurückweisend, was sie gesagt hatte, sondern auch sie selbst.

»Wirklich, Lyn! Was für eine Geschichte! Erwartest du von mir, daß ich dir so ein Märchen glaube?«

Lyndall antwortete nichts. Ihr Blick war fest und traurig auf Annes Gesicht gerichtet.

Anne lachte und sagte: »Nur weiter so! Ich bin sicher, dein Traum hat eine Fortsetzung. Oder verschiebst du das nächste Kapitel auf ein andermal? Was geschah, als du wieder auf der Straße standest?«

»Ich ging nach Hause.«

»Wie prosaisch!«

»Ich war mir nicht sicher, ob du es gewesen sein kannst. Ich hatte noch nie etwas von einer Nellie Collins gehört – oder gewußt.«

»Nellie Collins?«

»Ja. Ich hörte diesen Namen in diesem Laden zum erstenmal; aber heute steht er in der Zeitung. Sie ist tot. Hast du gewußt, daß sie tot ist?«

»Lyndall – was soll das heißen?«

»In der Zeitung steht, daß sie nach London fuhr, um am Montag jemand um Viertel vor vier unter der Bahnhofsuhr der Waterloo-Station zu treffen. Die Polizei sucht Zeugen, die die Tote gesehen haben und die Person beschreiben können, mit der sie zusammengetroffen ist. Nellie Collins wurde am nächsten Morgen tot in einer Seitenstraße in Ruislip aufgefunden. Die Polizei will wissen, wie sie dorthingekommen ist. Sie war mit dem Zug aus Blackheath gekommen. Sie wollte dich treffen – nicht wahr?«

Annes Gesicht war so hart und verschlossen wie eine verriegelte Tür.

»Das hast du erfunden – das stand nicht in der Zeitung!«

Wie sollte ich sie treffen? Ich habe hier mit Lilla die Wohnung eingerichtet.«

»Ja, du warst hier mit Lilla zusammen. Aber sie erwartete, dich im Bahnhof Waterloo zu treffen. Ich weiß das von jemandem, der mit ihr im Abteil saß. Nellie Collins hat dieser Person erzählt, daß sie eine Verabredung mit dir habe. Diese Person ist eine Freundin von Janice Albany, wir waren beide dort zum Tee eingeladen. Sie fragte mich, wo ich in London wohne, und als ich Lillas Namen erwähnte, sagte sie, wie seltsam, sie habe im Zug eine Nellie Collins kennengelernt, die mit Lady Jocelyn im Bahnhof Waterloo verabredet sei, und ob ich mit Lady Jocelyn verwandt sei? Und ich sagte ja, aber es müsse sich um einen Irrtum handeln, weil du gerade deine neue Wohnung einrichtest und Lilla dir dabei helfen würde. Also könntest du unmöglich zur gleichen Zeit mit jemand am Bahnhof Waterloo verabredet sein. Doch sie antwortete: ›Miss Collins erwartet jedenfalls Lady Jocelyn um Viertel vor vier unter der Bahnhofsuhr in Waterloo.‹«

Annes Gesicht blieb verschlossen, doch ihre Lippen lächelten. Sie hatte einen hellroten Lippenstift verwendet, der die Farbe des Zorns hätte sein können. Dieses Lächeln vermittelte Lyndall ein Gefühl von Niederträchtigkeit. Anne fuhr fort:

»Was für ein blühender Unsinn! Was soll das alles bedeuten?«

»Ich weiß es doch nicht.«

Sie hatte alles gesagt, was sie sich vorgenommen hatte zu sagen. Sie war entsetzt. Die Dinge wurden schlimmer, wenn sie ausgesprochen wurden – sie nahmen Form an. Sie hatte gedacht, sie würde sich dadurch von ihnen befreien, aber sie klammerte sich nun in ihrem Entsetzen an die Hoffnung,

Anne würde etwas sagen oder tun, das alles aufklärte. Als das nicht geschah, erlosch die kleine zitternde Hoffnung.

Anne schob ihren Sessel zurück und stand auf. Sie ging zum Kamin und kniete sich schweigend davor nieder. Sie legte auf eine bedächtige, umständliche Art ein paar Kohlen nach. Sie blieb auf den Knien, drehte Lyndall nur den Kopf zu und sagte:

»Du weißt nicht, was das bedeutet, hast du gesagt. Ich bin sicher, ich weiß es auch nicht. Es ist also recht kompliziert, nicht wahr? Ich weiß gar nicht, was ich dazu sagen soll. Wir hatten in jüngster Zeit eine Menge Publicity; ich hätte nicht vermutet, daß auch du uns noch ins Gerede bringen möchtest.

Du hast mir mehrmals versichert, du hättest mich sehr gern, und –«, sie lachte ein wenig »jeder kann dir ansehen, daß du Philip gern hast. Darf ich dich fragen, warum du eine Geschichte ausstreuen möchtest, die uns nur schaden kann? Das möchte ich wirklich gern von dir wissen.«

Lyndall hatte sich ebenfalls umgedreht. Die Flammen loderten hinter Annes Schultern in die Höhe. Etwas in Annes Augen brannte so hell, heiß und verzehrend wie dieses Feuer. Lyn sagte:

»Ich streue keine Geschichten aus. Ich habe nur mit dir darüber geredet.«

»Nun, das ist schon etwas! Weil, wie du sicher begreifen wirst, so eine Geschichte wirklich großen Schaden anrichten kann, besonders für Philip. Offengestanden können wir es uns nicht leisten, noch einmal von den Zeitungen durchgehechelt zu werden. Philip ist ehrgeizig, ich erwarte, daß du das weißt. Er hat einen Posten bekommen, den sie nur einem aufstrebenden Mann überlassen, und falsche Publicity würde für ihn schädlich sein. Ich werde dir jetzt alles sagen, was man dazu sagen kann, und ich verlasse mich auf unsere Freundschaft und deinen gesunden Menschenverstand, daß du aus einem Maulwurfshügel keinen Berggipfel machst. Nellie Collins kannte das Ehepaar Joyce – ich glaube, es wohnte bei ihr. Vor ungefähr einer Woche bekam ich einen Brief von ihr. Sie hatte natürlich alles gelesen, was die Zeitungen über uns brachten, und sie schrieb, da sie nun wüßte, daß Annie tot sei, wolle sie mich besuchen und von mir wissen, wie sie ihre letzten Stunden verbracht habe und umgekommen sei. Ich hielt das für eine Belästigung, eine unwichtige, vielleicht auch krankhafte Neugierde, und zudem hatte ich mit dem Umzug alle Hände voll zu tun. Deshalb habe ich auf diesen Brief nicht reagiert. Ich weiß nicht einmal, wo er hingekommen ist. Die Polizei wollte ihn schon sehen, aber ich konnte ihn nicht mehr finden.«

»Die Polizei . . .«

Annes Zorn war verraucht. Sie sah Lyndall offen an.

»Ja! Miss Collins scheint herumerzählt zu haben, daß sie mich besuchen wollte. Wunschdenken, möchte ich sagen. Ich habe sie jedenfalls nicht eingeladen. Aber sie scheint geklatscht zu haben, und das ist nun das Ergebnis. Wie sie nach Ruislip geraten und dort überfahren worden ist, weiß ich natürlich nicht. Was deine Geschichte betrifft – dein Belauschen eines Gesprächs in einem Friseurladen –, wahrhaftig Darling, nimm es mir nicht übel, wenn ich dir sage, du mußt nicht ganz bei Trost sein. Natürlich ist Collins ein häufig vorkommender Name. Du kannst ihn überall gehört haben – vielleicht sogar bei deinem Friseur. Aber warum du mir dieses wahnwitzige Gespräch anhängst – komm, Lyn! Bist du bereit, zu beschwören, du hättest mich in diesen Laden gehen sehen?«

»Nein – ich dachte nur, du wärst es . . .«

»Und du dachtest nur, es wäre meine Stimme. Ist das eine Sache, die du auch beiden könntest – eine Stimme hinter einer geschlossenen Tür? Bist du sicher, es ist meine Stimme gewesen, Lyn?«

Lyndall antwortete fest:

»Nein, ich bin mir nicht sicher. Ich dachte, es wäre deine Stimme.«

Anne lachte versöhnlich.

»Nun – es scheint ja nicht viel von deiner Geschichte übriggeblieben zu sein, Darling! Wenn ich du wäre, würde ich so etwas lieber für mich behalten. Du wirst mir wohl verzeihen, wenn ich behaupte, daß du nicht sehr gut dabei abschneidest. Ich bin sicher, es war nicht deine Absicht, aber es hörte sich eben so an, als würdest du den Leuten nachspionieren ...« Sie streckte die Hand aus. »Nein, das ist häßlich von mir. So habe ich es nicht gemeint. Aber, ehrlich, Lyn, ich möchte unter keinen Umständen, daß Philip noch weiter mit solchen Sachen belästigt wird.«

Lyndall sagte gar nichts. Wenn Anne so von Philip sprach, gab es ihr einen Stich ins Herz. Sie mußte es nicht in Worten ausdrücken, aber ihre Augen waren beredt genug.

Offenbar waren sie für Anne eine ausreichende Antwort. Sie erhob sich auf eine für sie typische, anmutige Weise von den Knien und stand lächelnd vor Lyndall.

»Nun, wir wollen es dabei belassen. Ich denke, wir sind ein wenig hitzig geworden, aber Philip und ich, wir können es nicht mehr ertragen, in die Schlagzeilen zu kommen. Es wäre gräßlich, wenn der ganze Rummel wieder aufleben würde, wo wir gerade glaubten, wir hätten endlich unsere Ruhe. Du wirst mir deshalb nicht übelnehmen, wenn ich dich bitte, nicht allen Leuten zu erzählen, du hättest geglaubt, im Hinterzimmer eines Friseurs meine Stimme ge-

hört zu haben, und dabei wäre der Name von dieser bedau-
ernswerten Miss Collins gefallen.«

»Ich habe es niemandem erzählt außer dir! Und nun
glaube ich, es war dumm von mir, überhaupt darüber zu
reden. Ich werde kein Wort mehr darüber verlieren.«

Und während Lyndall ihr Versprechen gab, spürte sie
wieder den kalten Hauch der Angst, der sie im dunklen Flur
hinter der Glastür in die Flucht gejagt hatte. Sie durfte nicht
nur nicht darüber sprechen – sie durfte nie mehr daran
denken.

Sie wußte nicht, daß sie ihr Versprechen nicht halten
würde, daß sie sich sogar anstrengen würde, sich an jede
Einzelheit zu erinnern, die sie im Friseurladen Felise gesehen
und gehört hatte. Sie kannte die Umstände noch nicht, die
sie dazu zwingen würden. Hätte sie es schon gekannt, wäre
ihre Angst noch viel schlimmer gewesen.

Anne ging an ihr vorbei und setzte sich hinter den Teewa-
gen mit dem blaß schimmernden Silberservice und den hübschen Porzellantassen. Ihre Wangen waren wieder lebhaft
gerötet, als sie lächelnd fragte:

»Möchtest du noch eine Tasse Tee, Liebes?«

23

Philip Jocelyn kam an diesem Abend zeitig nach Hause.
Als er die Wohnungstür aufsperrte, konnte er Anne am
Telefon sprechen hören. Er stand einen Moment im Flur,
hörte nicht so sehr auf ihre Worte wie auf ihre Stimme, sich
zum wiederholten Male fragend, ob es die Stimme war, wie
er sie in Erinnerung hatte, oder vielmehr die Stimme einer

Fremden – so fremd wie Anne selbst. Er dachte nicht daran, ihre Gespräche zu belauschen. Sie schien eine Verabredung mit ihrem Friseur zu treffen. Er hörte, wie sie sagte: »Ist dort Félise? ... Hier spricht Lady Jocelyn. Ich möchte einen Termin bei Mr. Felix haben. Vermutlich ist er jetzt nicht zu erreichen ... Nein? Würden Sie ihm bitte ausrichten, daß die Behandlung, die er mir empfohlen hat, meinem Haar überhaupt nicht bekommt! Ich bin sehr unglücklich darüber – wollen Sie ihm das sagen? Ich möchte ihn so bald wie möglich sprechen. Sagen Sie ihm, daß ich die Kur abbreche und er mir ein anderes Mittel empfehlen muß. Ich kann morgen nachmittag zu ihm kommen – da ist er doch im Laden, nicht wahr? Fragen Sie ihn, um welche Zeit morgen nachmittag noch ein Termin frei ist. Ja, rufen Sie bitte noch einmal durch und geben Sie mir Bescheid? Ich bin den ganzen Abend zu Hause. Danke.«

Sie legte auf, drehte sich am Schreibtisch um und sah Philip im Flur stehen.

»Ich habe dich gar nicht kommen hören.«

»Du warst mit deinen Gedanken bei deinem Gespräch.«

»Ich habe mich nur mit meinem Friseur verabredet.«

Sie war ans Fenster gegangen und zog die Vorhänge glatt.

»Ich habe es gehört. Wie können Frauen nur so viel Zeit für ihr Haar opfern!«

Sie kam mit einem halben Lächeln zum Tisch zurück.

»Es hat sehr gelitten in den letzten Jahren. Ich möchte, daß es wieder so schön wird wie früher. Dieser Friseur hat einen ausgezeichneten Ruf, doch das Mittel, das er mir zum Einreiben gab, verträgt meine Kopfhaut nicht.«

»Dann würde ich es nicht verwenden.«

»Ich habe ihn ja deswegen angerufen. Er soll mir ein

anderes Mittel empfehlen. Warum kommst du heute so früh nach Hause?«

Er war an den Tisch getreten und stellte seine Aktentasche ab.

»Ich habe eine Sache, die ich zu Hause bearbeiten kann. Es wird lange dauern.«

»Und um wieviel Uhr möchtest du dein Abendbrot haben?«

»Oh, so wie immer. Und hinterher hätte ich den Kaffee gern hier im Arbeitszimmer, wenn es dir keine Umstände macht.«

»Natürlich macht es mir keine Umstände.« Sie lächelte ihn an und verließ den Raum.

Er ertappte sich bei dem Gedanken: Der Alltag einer Ehe – eine häusliche Szene zwischen Mann und Frau – einer charmanten, liebevollen Ehefrau. Sie machte es nicht zu aufdringlich; doch er war sich ständig bewußt, daß Anne sich in diesem Licht präsentierte. Die Wohnung war tipp-topp, immer heißes Wasser zum Baden vorbereitet, die Mahlzeiten auf die Sekunde pünktlich und immer hervorragend zubereitet. Außerdem ein Lächeln und ein freundliches Wort für ihn, wenn ein Lächeln und ein Wort gefragt waren. Er hatte sie noch keinen Moment wütend oder auch nur verstimmt erlebt.

Das Mädchen, das er einmal geheiratet hatte, war weder tüchtig noch taktvoll gewesen. Wenn ihr etwas nicht paßte, sagte sie es geradeheraus. Hätte er abends noch aufbleiben und arbeiten wollen, hätte sie zu ihm gesagt: ›Oh, Philip, ich soll den Abend allein verbringen? Wie langweilig!‹ Er öffne-te seine Aktentasche und fing an, seine Papiere auf dem Schreibtisch auszubreiten. Anne hatte sich in jeder Bezie-hung zu ihrem Vorteil verändert. Nur ließ ihn das Gefühls-

mäßig kalt, auf höchst undankbare Weise ließ ihn das kalt.
Er empfand eher wie Ben Jonson, als er dichtete:

Immer so sauber, immer so flink,
immer gepudert und immer geschminkt,
das Essen so reichlich,
das Lächeln so freundlich,
aber obwohl mir die Gründe verborgen sind,
es ist nicht alles so süß, wie es klingt.

Mit einem schiefen Lächeln setzte er sich an den Schreibtisch.

Das Telefon läutete, als sie gerade beim Abendbrot saßen.
Anne ging an den Apparat. Sie ließ die Tür offenstehen.
Er hörte, wie sie im Zimmer nebenan sagte: »Ja, das würde
mir passen.«

Sie kam an den Abendbrottisch zurück und schloß diesmal die Tür.

»Nur mein Friseur, der mir einen Termin durchgab. Er ist
ein sehr gefragter Spezialist, man erwischt ihn selten zu
Hause.«

Er hatte kaum hingehört, weil er mit seinen Gedanken bei
seiner Arbeit war.

Erst als sie mit dem Essen fast fertig waren, fiel ihm ein,
daß er ihr noch etwas mitteilen wollte.

»Ich bin in der Mittagspause einer deiner Freundinnen
begegnet.«

»Oh, tatsächlich? Wem denn?«

»Eine von deinen Brautjungfern – diese pummelige, du
weißt schon – Joan Tallent. Sie arbeitet jetzt beim Armee-
Transportkommando. Sehr drall, aber doch nicht mehr ganz
so fett wie damals. Sie möchte dich besuchen.«

»Wann?«

Er lachte.

»Du scheinst ja nicht sehr begeistert zu sein.«

»Bin ich auch nicht. Sie war ziemlich ermüdend.«

»Warum hast du sie dann als Brautjungfer ausgesucht?«

»Oh, ich weiß nicht. Sie war oft auf Besuch, als ich noch bei Tante Jane lebte – sie ist um fünfzig Ecken mit den Kendals verwandt. Ich bin überzeugt, daß sie mich schrecklich langweilen wird.«

»Nun, du wirst das ertragen müssen. Sie ist so scharf darauf, dich zu besuchen; wie Meerrettichsenf!«

Anne machte ein schicksalergebenes Gesicht.

»Wann will sie kommen?«

»Sie sagte etwas von heute abend, und ich habe sie, fürchte ich, sogar noch zu diesem Termin ermuntert. Ich dachte, du könntest mit ihr Kaffee trinken und dich mal aussprechen, während ich arbeite. Sonst wird der Abend ziemlich langweilig für dich.«

Sie schüttelte lächelnd den Kopf.

»Oh, nein! Nach den letzten drei Jahren komme ich mir vor wie im Himmel. Ich langweile mich nicht – ich fühle mich sicher.«

Zum erstenmal war er von dem, was sie sagte, gerührt. Sie hatte ihm bisher zwar leid getan – aber diese Anteilnahme war unpersönlich gewesen, als dächte er an eine Hungersnot in China. Doch etwas in ihrer Stimme, als sie »sicher« sagte, brachte sie ihm plötzlich viel näher. Er dachte: Sie muß Schreckliches durchgemacht haben und sagte:

»Du solltest lieber noch mit dem Kaffee warten, falls sie tatsächlich hier aufkreuzt. Mir macht es nichts aus, wenn ich meinen Kaffee später bekomme.«

Als Anne gerade mit dem Abwasch fertig war, läutete es

an der Haustür. Sie wunderte sich ein wenig, daß Philip sich
noch nicht in sein Arbeitszimmer zurückgezogen hatte. Er
tat das auch jetzt nicht. Ehe sie an die Tür gehen konnte,
hatte er schon geöffnet und führte ihren Gast herein.

Joan Tallent war wirklich ein dralles Mädchen. Sie füllte
ihre Khakiuniform zum Platzen aus. Unter dem Käppi waren ihre Backen so rot und prall wie Mostäpfel. Sie sagte mit
einer herzhaft klirrenden Stimme:

»Oh, Anne, wir haben uns ja eine Ewigkeit nicht mehr
gesehen! Wie du siehst, habe ich mich viel stärker verändert
als du. Daran ist die Uniform schuld. Dabei kann ich noch
von Glück sagen, daß ich eine gesunde Farbe habe. Andere
Mädchen sehen in Khaki grimmig aus! Glaubst du nicht
auch, daß ich abgenommen habe? Die Zeit ist günstig für
eine Magerkur; aber dürr – das steht mir auch nicht. Nun
ja – so weit ist es bei mir ja noch nicht.«

Als sie ins Licht des Wohnzimmers kamen, sagte Joan
Tallent:

»Sag mal, machst *du* vielleicht eine Abmagerungskur? Du
bist ja wirklich vom Fleisch gefallen!«

»Ich war im besetzten Frankreich. Da wird man auch
ohne Kur mager.«

Die großen blauen Augen richteten sich auf Philip.

»Sie muß Kakao trinken statt Tee – das macht dick! Ich
liebe Kakao, wage das Zeug aber nicht anzufassen. Wir haben eine Korporalin, die den ganzen Tag Kakao trinkt. Sie
hat schon dreimal die Nähte auftrennen müssen; aber jetzt
reicht der Stoff nicht mehr! Wir haben schon gewettet, ob
man ihr die Milch rationieren oder ihr eine neue Uniform
geben muß!«

Philip hatte sich vor dem Kamin aufgebaut. Er schien die
Arbeit in seinem Studierzimmer ganz vergessen zu haben.

Anne holte den Kaffee aus der Küche. Als sie zurückkam, redete Joan immer noch vom Essen. Als sie Anne mit dem Tablett hereinkommen sah, sprang sie zu ihr, um es ihr abzunehmen, und hätte dabei fast das Service auf die Erde geworfen. Ob sie nun über einen Schemel stolperte oder einen Sessel an den Tisch schob und dabei aus dem Teppich eine Ziehharmonika machte – sie hörte nicht eine Sekunde auf zu reden. Die gute alte Zeit – die Hochzeit . . . »Du hast wunderbar ausgesehen, Anne! Die Kleider der Brautjung-fern – meines war zu eng – ich konnte von jedem Gericht nur naschen. Wäre es nicht furchtbar gewesen, wenn der Reißverschluß vor dem Altar geplatzt wäre? Und Weiß macht natürlich immer viel dicker. Ich weiß nicht – es hat keiner von uns gestanden. Du weißt doch, daß Diane jetzt in Palästina ist? Und Sylvia hat inzwischen geheiratet – zwei Babies, und kaum zu glauben, daß sie nicht mal ein Mädchen als Haushaltshilfe bekommt. Und dann dieses schmächtige Ding – wie hieß sie doch gleich wieder? – Lyn Dingsda – ich glaube, sie ist jetzt beim weiblichen Marinehilfskorps. Sie hatte doch ein Faible für dich, Anne. War sie nicht schreck-lich glücklich, daß du noch am Leben bist?«

Philip, der immer noch in lässiger Haltung am Kamin stand, sagte: »Ja, das war sie.«

Anne wünschte sich von ganzem Herzen, daß er jetzt an seine Arbeit ging; aber er blieb, wo er war. Er stand unglaub-lich groß da, die Kaffeetasse neben sich auf dem Kaminsims, aus der er ab und zu nippte, eine Zigarette zwischen den Fingern, die er verglimmen ließ, ohne einen Zug zu machen. Joan Tallent ließ sich ebenfalls eine Zigarette geben. Sie rauchte mit gieriger Hast, wenn sie Luft holen mußte beim Reden. Sie ließ sich schon so lange über Lyndall aus, daß Anne ihr am liebsten eine Ohrfeige gegeben hätte, aber sie hatte gelernt, ihre Gedanken zu verbergen. Sie saß da und lächelte. Philip hätte das Thema wechseln können, wenn er es wünschte. Sie würde es nicht für ihn tun oder ihn merken lassen, daß es ihr nicht gleichgültig war, wer von Lyndall redete oder was über sie gesagt wurde.

»Sie war ja nicht gerade hübsch. Aber sie hatte so etwas an sich, denkst du nicht auch?«

Auch diesmal hatte Philip nichts dazu zu sagen. Er kam an den Tisch und füllte seine Tasse mit schwarzem Kaffee nach. Als er sich über das Tablett beugte, schwang Joan in ihrem Sessel herum und rettete im letzten Moment ihre Tasse, die ihr vom Knie zu gleiten drohte.

»Ich möchte bitte auch noch ein bißchen Kaffee haben. Führst du noch dein Tagebuch, Anne?«

Während Anne ihr die Tasse abnahm, lächelte sie und schüttelte den Kopf. Joan verdrehte den Hals und sah zu Philip hinauf, der gerade die Kaffeekanne abgestellt hatte.

»Hat sie es dir mal gezeigt?« Sie kicherte. »Es war das erstaunlichste Tagebuch, das ich je gelesen habe. Wir bekamen immer ganz rote Ohren, sage ich dir! Es gab nichts, was sie nicht aufgeschrieben hätte!« Sie wandte sich Anne zu: »Hast du nach deiner Heirat das Tagebuchschreiben aufgegeben?«

Wieder ein lächelndes Kopfschütteln.

»Erst, als ich nach Frankreich fuhr. Es wäre dort zu gefährlich gewesen, ein Tagebuch zu schreiben. Denke doch, was einem passiert wäre, der aufschrieb, was er wirklich über die Deutschen dachte!«

Sie nahm die Kaffeekanne, die Philip ihr überlassen hatte, und füllte Joans Tasse. Er trug seine Tasse zum Kamin zurück. Er sagte:

»Schreibt man denn so etwas in ein Tagebuch? Ich führe

auch eines, aber das Kompromittierendste, was man darin lesen kann, lautet: ›Lunch – Smith – 13 Uhr 30.‹«

Joan gab ein lautes Kichern von sich.

»Anne war da ganz anders als du, Philip! Ich habe mal eine Seite gelesen – Himmel! Schonungslos, sage ich dir. So wie dieser – wie heißt er doch noch? – Pepys! Natürlich nicht dieselben Sachen, denn er hatte es ja nur mit den Frauen. Aber so ähnlich, verstehst du? Sie brachte einfach alles zu Papier – so wie dieser Pepys!«

Anne lächelte noch immer und meinte ruhig:

»Du stellst mir aber ein schlechtes Zeugnis vor meinem Mann aus – nicht wahr, Joan!«

Dabei kreuzten sich ihre und Philips Blicke. Die beiden grauen Augenpaare, die sich so ähnlich sahen, berührten sich kurz und blickten dann zur Seite. Es dauerte nur Sekunden, ehe Philip die Tasse hob, sie leerte und sie auf das Tablett zurückstellte.

»Entschuldigung, aber ich muß endlich an meine Arbeit gehen,« sagte er und verließ das Zimmer.

24

Garth Albany kam am nächsten Morgen in Philips Büro im Ministerium. Er blickte mit erhobener Augenbraue auf die Sekretärin, und Philip schickte sie aus dem Zimmer. Garth hatte sich nur widerwillig bereitgefunden, ein Kommando beim Geheimdienst der Armee zu übernehmen; doch nun hatte er sich so sehr an die Techniken dieser Institution gewöhnt, daß er sogar den für die höchste Geheimhaltungsstufe qualifizierten Schreibkräften mißtraute.

Als sie unter sich waren, blieb Garth immer noch am Ende des Schreibtischs stehen, nahm eine Stange Siegelwachs von der Tischplatte und betrachtete sie mit brütender Intensität.

Philip lehnte sich in seinem Schreibtischsessel zurück.

»Ist etwas mit meinem Siegelwachs nicht in Ordnung?«

Garth legte die Stange hastig weg.

»Nein! Hör zu, Philip, ich komme in einer verdammt unangenehmen Sache zu dir und weiß gar nicht, wo ich anfangen soll – das ist die verdammte Wahrheit.«

Philips Augenbrauen gingen ein wenig in die Höhe.

»Die Grundregel beim Aufsatzschreiben lautet«, murmelte er, »man beginne beim Anfang, schreite zur Mitte fort und ende mit dem Schluß. Wie wäre es mit dem Anfang?«

Garth blickte ihn finster an.

»Verdammt unangenehm«, wiederholte er. Er holte sich einen Stuhl, setzte sich, stemmte die Ellenbogen auf die Tischplatte und beugte sich vor. »Tatsächlich haben sie mich nur beauftragt, weil wir befreundet sind, um mehrere Ecken herum verwandt und überhaupt.«

Philip sagte, ohne eine Miene zu verziehen:

»Ich vermute, es handelt sich um Anne.«

Garth zeigte sich erleichtert. Sobald das Eis gebrochen war, konnte er offen mit Philip über alles reden. Nur wollte er es nicht sein, der als Eisbrecher voranging. Er kannte Philips Halsstarrigkeit und Stolz nur zu gut. Weder er noch andere wußten, was hinter dieser liebenswürdigen, fast lässigen Art, mit der Philip ihn und seine Kollegen behandelte, wirklich vorging. Ob dahinter Stolz und Sturheit auf der Lauer lagen?

»Nun?« fragte Philip.

Garth mußte riskieren, daß Philip es persönlich nahm, aber er hatte seinen Auftrag durchzuführen.

»Sie sind nicht zufriedengestellt. Es geht darum, daß du zuerst geglaubt hast, sie wäre tot, und dann taucht sie nach so langer Zeit wieder auf. Der Chef will selbst mit dir deswegen sprechen, ich bin nur die Vorausabteilung, sozusagen. Da haben sie mir was Schönes aufgehalst – das kann ich dir sagen!«

»Weiter!«

»Ja, also – du weißt ja, daß nicht nur welche regelmäßig von drüben über den Kanal kommen, sondern wir auch welche hinüberschicken. Einer davon wurde beauftragt, Erkundigungen einzuholen, und wir erhielten jetzt seinen Bericht.«

»Ja?«

»Zunächst steht darin, was du bereits weißt. Daß nämlich Theresa Jocelyn mit ihrer Adoptivtochter, Miss Joyce, im Château de Mornac wohnte. Anne kam im April 1940 auf Besuch zu ihr, und du bist im Juni 1940 mit einem Motorboot hinübergefahren, um sie nach England zurückzubringen. Du hast jemand an Bord genommen, und dieser jemand starb während der Überfahrt. Hier wurde die Tote dann als Anne begraben. Letzteres steht nicht im Bericht, sondern ist die jedermann bekannte Version aus den Zeitungsberichten. Kehren wir nun zu unserem Bericht zurück. Darin steht, Theresa Jocelyn habe ungefähr eine Woche unter der Erde gelegen, als du in ihrem Château auftauchtest und Anne mitnahmst. Annie Joyce blieb in dem Château zurück, angeblich war sie krank. Die beiden Dienstboten, die Theresa Jocelyn versorgt hatten, kümmerten sich um sie. Die Deutschen hatten bereits das Dorf besetzt. Sie schickten einen Arzt zu ihr.«

»Ja, das ist mir alles bekannt. Vermutlich hast du auch Annes Darstellung der Ereignisse gehört. Sie sagte, sie sei in das Château zurückgegangen und habe sich als Annie Joyce ausgegeben. Sie erzählte, sie habe eine Lungenentzündung bekommen. Später, als sie wieder gesund war, wurde sie in ein Konzentrationslager gesteckt.«

Garth blickte ihn unglücklich an.

»Ich fürchte, so pauschal ist es nicht gewesen – jedenfalls geht unser Bericht mehr in die Einzelheiten. Darin steht, Annie Joyce habe sich sehr rasch von ihrer Krankheit erholt. Doch der deutsche Arzt setzte seine regelmäßigen Besuche fort, und zwar in Begleitung eines Hauptmanns, der Reichenau hieß. Beide schienen sehr freundschaftliche Beziehungen zu Annie Joyce zu haben. Plötzlich wurde der deutsche Arzt zu einer anderen Einheit versetzt, während Hauptmann Reichenau sie weiterhin regelmäßig besuchte. Selbstverständlich wurde im Dorf viel darüber geredet. Ein paar Monate später verschwand Reichenau von der Bildfläche. Kurz darauf wurde Annie Joyce interniert; aber ein paar Monate später kehrte sie wieder ins Schloß zurück. Sie gab an, sie wäre freigelassen worden, weil die Haft ihre Gesundheit geschwächt hätte. Sie hatte zweifellos erheblich an Gewicht verloren, sah aber nicht wie eine Leidende aus und war in einer bemerkenswert guten seelischen Verfassung. Sie sagte zu Pierre und Marie, daß sie nicht lange bei ihnen bleiben werde, sondern nach England zurückkehren wollte. Es dauerte jedoch noch eine Weile, ehe sie wirklich abreiste.«

»Ist das alles?«

»Nein, da ist noch etwas. Nach ihrer Entlassung aus dem Internierungslager ließen die Deutschen sie in Ruhe. Es gab weder Besuche noch Kontakte.«

Philip sagte kühl: »Du hättest sie verdammt, wenn es Kontakte gegeben hätte. Willst du sie jetzt verdammen, weil sie keine Kontakte mit den Deutschen hatte?«

»Nein, natürlich nicht, aber bist du wirklich sicher, Philip, daß sie Anne ist? Nein, eine Sekunde noch, du *warst* dir ja gar nicht sicher, nicht wahr? Die Dinge sprechen sich herum in so einer großen Familie. Inez Jocelyn hat geredet. Du warst dir erst gar nicht sicher – nicht wahr?«

»Ja. Sie war für mich eine absolut fremde Person. Ich konnte nicht glauben, daß diese Person einmal meine Ehefrau gewesen sein sollte. Sie sah aus wie Anne, redete wie Anne, hatte eine Schrift wie Anne – und ich glaubte immer noch nicht, daß sie Anne war. Und dann wurde mir die Anerkennung von Anne förmlich aufgezwungen, gegen meinen Instinkt, mein Gefühl, mein tieferes Wissen, weil sie Dinge wußte, die meiner Meinung nach nur Anne und ich wissen konnten.«

Er stand auf und fing an, im Büro herumzuwandern. Dann, nach einem sekundenlangen Schweigen, drehte er sich abrupt um und sagte: »Ich war mir so sicher, wie man nur sicher sein kann – bis gestern abend.«

Garth starrte ihn an. Dann sagte er:

»Was ist denn gestern abend passiert?«

»Ein Mädchen kam zu uns auf Besuch. Sie war eine von Annes Brautjungfern gewesen. Sie kicherte und redete von alten Zeiten, und dabei ließ sie ein paar aufschlußreiche Bemerkungen über ein Tagebuch fallen. Offensichtlich hat Anne nach dem Muster von Pepys berühmten Tagebüchern jeden Tag minutiös alles aufgeschrieben, was sie erlebt hat – auch Dinge, die man gemeinhin nicht zu Papier bringt. Dinge, daß die Brautjungfer beim Lesen rote Ohren bekam. Anne war keinesfalls bereit, über dieses Tagebuch zu diskutieren. Tatsächlich war sie ungewöhnlich schweigsam. Ich würde gern einen Blick in dieses Tagebuch werfen, Garth. Ich würde gern nachprüfen wollen, ob Anne darin Dinge

festhielt, die mich so sehr von ihrer Identität überzeugten –
Dinge, von denen ich glaubte, daß sie nur Anne und ich
wissen könnten. Denn wenn sie die zu Papier brachte, und
Annie Joyce dieses Tagebuch in die Hände fiel ... Nun,
dann hatte mein Instinkt recht, und alle meine Gründe, diese
Person als meine Ehefrau zu akzeptieren, sind null und
nichtig.«

Garth hatte sich im Stuhl herumgedreht und blickte Philip
ernst an. Er wußte nicht, was er darauf erwidern sollte.

Philip half ihm aus dieser Verlegenheit.

»Wir wohnen zwar unter dem gleichen Dach, aber wir
leben nicht zusammen. Es gibt nichts, was uns verbindet. Sie
ist nach wie vor für mich eine Fremde.«

»Soll ich das dem Chef von dir ausrichten?«

»Ich weiß es nicht. Ich werde es ihm wohl selbst sagen
müssen; denn hinter dem Auftrag, den ihr dem Burschen
gegeben habt, der sich drüben einmal umhorchen sollte,
steht doch die Vermutung, daß Annie Joyce mit einer ganz
bestimmten Absicht hierherkam. Sie spielte nicht nur die
Rolle von Anne, weil sie deren Geld haben wollte. Und wir
brauchen nicht lange zu überlegen, um zu erraten, was für
eine Absicht dahintersteckt.«

Er kehrte zu seinem Sessel zurück und ließ sich hineinfal-
len.

»Garth, es könnte gut möglich sein. Und ich sage dir auch,
warum. Dieses Mädchen Annie Joyce – du kennst doch ihre
Geschichte, nicht wahr? Tochter eines illegitimen Sohnes
meines Großonkels Ambrose –, aufgewachsen in dem Glauben, daß ihr Vater eigentlich Sir Roger sein sollte nur
ein kleiner Angestellter in einer Speditionsfirma. Erzogen in
dem Glauben, daß Anne und ich Besitz und Titel nur usur-
piert haben, daß beides eigentlich ihr und ihrem Vater zuste-

he. Dann adoptiert Theresa sie, nicht de jure, aber de facto,
überwirft sich ihretwegen mit der Familie, nimmt sie mit
nach Frankreich, und enterbt sie dann nach zehn Jahren, weil
sie plötzlich an Anne einen Narren gefressen hatte. Da
kommt einiges zusammen, meinst du nicht auch? Es gehört
keine große Phantasie dazu, sich vorzustellen, daß ein Mädchen mit solchen Erfahrungen ... nun, zugänglich ist. Der
Bericht, aus dem du mir zitiert hast, deutet an, daß dieser
Hauptmann Reichenau den entsprechenden Kontakt her-
stellte. Das ist möglich. Wenn das so ist, haben sie sich
ziemlich lange Zeit gelassen, ehe sie sie einsetzten. Es kommt
ja an der unsichtbaren Front immer darauf an, wie man einen
Agenten am besten verwenden kann. Sie dachten wohl, als
ich hierher versetzt wurde, das wäre eine erstklassige Gelegenheit, mir eine feindliche Agentin ins Nest zu setzen. Das
ist die eine Seite der Medaille. Hier ist die andere:

Wenn sie Anne sein sollte, hat sie sich sehr verändert –
nicht im Aussehen, aber im Wesen. Aber sie hatte genug
erlebt, was diese Veränderung erklären kann. Das muß man
ihr zugestehen. Wenn sie wirklich Anne ist, mußte sie glauben, ich hätte sie im Stich gelassen. Sie war krank. Sie mußte
sich unter einem anderen Namen verstecken, die deutsche
Armee irreführen. Sie wurde interniert und in der Haft
erkrankte sie wieder. Endlich kommt sie zurück und muß
feststellen, daß sie seit dreieinhalb Jahren für tot gilt. Sie sieht
sogar den Grabstein mit ihrem Namen und erkennt, daß sie
nun nicht einmal erwünscht ist. Ich erkenne sie nicht wieder,
oder sage wenigstens, daß sie für mich nicht Anne ist. Also
hat sie, *wenn* sie Anne ist, jeden Grund, mich zu hassen.

Als ich mich endlich bereitfinde, sie als Anne anzuerken-
nen, geschieht das offensichtlich gegen meinen Willen. Sie
muß das alles empfunden haben wie einen Stich ins Herz.«

»Hat sie das?«

»Nein, oder wenn, läßt sie sich nichts anmerken. Sie besitzt eine bewundernswerte Selbstbeherrschung. Sie ist ausgeglichen, charmant und außerordentlich tüchtig. Anne war weder ausgeglichen noch tüchtig. Sie sagte alles, was sie dachte und fühlte, den Leuten ins Gesicht, und das auf nicht gerade taktvolle Weise. Wie sehr kann so ein Mensch sich in dreieinhalb Jahren verändern? Sie ist viel gerissener als An- ne. Sie ist gewandt, geistesgegenwärtig, einfühlsam und sehr diplomatisch. Anne war nichts von alledem, sondern nur jung und voller Leben. Sie sagte, was sie dachte, und tat, was sie wollte. Wir würden auf die Dauer nicht miteinander leben können – das wußte ich damals schon, ehe wir ein halbes Jahr verheiratet waren. Aber wenn sie Anne ist, kannst du auch diesen Bericht zerreißen oder jedenfalls das, was zwischen den Zeilen steht. Unter gar keinen Umständen hätte Anne sich bereitgefunden, mit der deutschen Armee Kontakt aufzunehmen. Es wäre den Deutschen auch gar nicht in den Sinn gekommen, sie für ihre Zwecke einzuspan- nen. Ich kenne niemanden, der für die Rolle einer Agentin untauglicher wäre als Anne. Daß sie diese Rolle spielen könne, wäre niemandem eingefallen – am wenigsten Anne selbst. Bist du mit dieser Theorie einverstanden?«

»Wenn sie wirklich Anne ist, akzeptiere ich sie. Ich kann- te sie zwar nicht sehr gut; aber ich würde sie auch nicht anders einschätzen wie du: mit einem sehr schlichten Cha- rakter, keine Geheimnisse, gesund, dynamisch, lebenstreu- dig, eigensinnig, sehr charmant, solange sie ihren Willen bekam. Jedenfalls war sie keine Frau, die schwer auszurech- nen gewesen wäre, wenn du mir meine Offenheit ver- zeihst.«

»Wir werden uns noch viel schlimmere Dinge sagen müs-

sen«, erwiderte Philip mit eigenartiger Betonung. »Tatsächlich hast du nur wiederholt, was ich bereits sagte. Zudem ist
das Vergangenheit. Sie kann zwar wie Anne aussehen und
wie Anne reden, aber denken wie Anne kann sie nicht. Denn
ein komplizierter Intellekt wird sich nie so äußern wie ein
simpler Verstand, und wenn du mit einer Frau zusammen-
lebst, erkennst du sehr rasch die Qualität ihrer Gedanken.
Und das war der wichtigste Grund meines Widerstandes. Ich
habe mit Anne gelebt und mit dieser Frau, die sich als Anne
ausgibt. Die Denkweise der beiden ist grundverschieden. Ich
hätte mich viel eher mit einem veränderten Aussehen abge-
funden als mit einem veränderten Charakter.«

Garth betrachtete nachdenklich Philips Gesicht und sagte
dann: »So glaubst du also nicht mehr, daß sie Anne ist?«

»Gestern hätte ich darauf noch geantwortet: ›Ich weiß es
nicht.‹«

»Und heute?«

»Heute bin ich geneigt, anzunehmen, daß man mir Annie
Joyce untergeschoben hat.«

25

An diesem Nachmittag rief Anne Janice Albany an.

»Anne Jocelyn am Apparat. Ich habe eine Bitte. Vielleicht
kannst du mir helfen.«

»Aber gern, was kann ich für dich tun?«

»Lyn war gestern bei mir zum Tee. Sie erzählte mir von
einer Dame, die sie bei dir kennengelernt hätte. Ich habe
vergessen, sie nach dem Namen dieser Dame zu fragen. Die
Lady scheint mit ein paar Leuten verwandt zu sein, die ich

in Frankreich getroffen habe. Lyn ist nicht zu Hause, und
mir läßt das jetzt keine Ruhe. Du weißt ja, wie das ist.«

»Würde die Lady vielleicht Miss Silver gewesen sein? Sie
hat mit Lyn gesprochen, und ich erinnere mich, daß sie auch
über dich sprachen.«

»Wohnt diese Dame vielleicht in Blackheath?«

»Nein, sie wohnt in Montague Mansions — Montague
Mansions Nr. 15.« Und dann, nach einer kurzen Pause,
setzte sie hinzu: »Aber sie hat eine Nichte in Blackheath.«

»Was ist das für eine Person?«

»Sie ist ein Schatz – ein Unikum. Konserviertes letztes
Jahrhundert – trägt perlenbestickte Pantoffeln und toupierte
Locken mit Fransen. Aber in ihrem Job ist sie ein As.«

»Was für ein Job?«

»Sie ist Privatdetektivin.«

Anne holte tief Luft und lehnte sich über den Schreibtisch. Das Zimmer war mit einem pulsierenden Nebel erfüllt. Wie aus der Ferne hörte sie Janices Stimme, die ihr von
dem Mordfall Michael Harsch erzählte. Wortfetzen, wie
durch Watte gefiltert: »... Miss Silver war einfach phanta-
stisch.«

Endlich brachte sie eine Erwiderung zustande: »Nein, das
kann nicht die Dame sein, an die ich dachte. Ich muß sie mit
einer Lady ähnlichen Namens verwechselt haben. Du weißt
ja, wie das ist. Aber sag ihr nicht, daß ich mich nach ihr
erkundigt habe. Das wäre mir peinlich.«

»Aber natürlich sage ich es ihr nicht.« Anne legte auf,
blieb aber noch lange am Schreibtisch sitzen. Anschließend
ging sie zu ihrer Verabredung in den Friseurladen. Diesmal
zögerte sie nicht vor den beiden Schaufenstern, die mit
hellblauem Tuch ausgeschlagen waren. Sie trat durch die
Ladentür und murmelte: »Ich habe eine Verabredung mit

Mr. Felix«, als sie an der Verkäuferin vorbeikam. Sie ging den
Korridor zwischen den Kabinen bis zur Glastür hinunter.
Dann stand sie einen Augenblick im Dunkeln wie Lyndall
und betrachtete den dünnen Lichtfaden am Türpfosten vor
ihr, ehe sie die Tür aufzieht. Sie trat in den Raum dahinter
und beschattete mit der Hand ihre Augen gegen das grelle
Licht, das sie blendete.

Das Licht kam von einer Leselampe mit dunklem Glas-
schirm, der so eingestellt war, daß die hintere Hälfte des
Raumes finster blieb und das Licht in einem grellen Kegel
auf die Tür und den Eintretenden gerichtet war.

Als sie sich umdrehte, um diesem grellen Kegel auszuwei-
chen und die Tür hinter sich zu schließen, daß der Riegel
auch einschnappte, dachte sie: Was für ein blödsinniges
Verfahren! Deshalb konnte ich beim letztenmal nicht sehen,
daß die Tür klaffte. Ich war geblendet. Das werde ich ihm
unter die Nase reiben.

Sie wandte sich wieder in den Raum hinein, hob die Hand
und sagte verärgert:

»Drehen Sie das Licht so, daß Sie mich nicht blenden!«

Der Raum war sparsam möbliert – ein quadratisches
Teppichstück auf dem Boden, ein Schreibtisch, der das Zimmer ungefähr in zwei Hälften teilte, ein Stuhl mit gerader
hoher Lehne in ihrer Hälfte, die Schirmlampe in der anderen. Dahinter, im tiefsten Schatten, Mr. Felix auf einem Stuhl.
Er hob die Hand, die einen Handschuh trug, und drehte den
Schirm der Lampe, bis der Lichtkegel zwischen ihnen auf
den Tisch fiel.

Anne setzte sich und versuchte zu erkennen, was hinter
diesem Lichtkegel lag. Sie sah nicht mehr, als ihr schon bei
zwei früheren Treffs offenbar wurde: Ein Mann, der in
einem locker sitzenden Mantel auf einem Stuhl saß. Hand-

schuhe; eine Brille mit großen runden Gläsern, die wahrscheinlich getönt waren, weil sie das Licht, das gelegentlich
von der weißgestrichenen Wand zurückstrahlte, farbig re-
flektierten; eine dichte Mähne von offenbar roten Haaren.
Mehr hatte sie von diesem Mann noch nicht gesehen und
verlangte auch nicht, mehr von ihm zu erkennen. In diesem
Spiel war nichts gefährlicher als zuviel zu wissen.

Sie lehnte sich zurück, weg von dem Licht, und hörte ihn
sagen:

»Warum sind Sie gekommen? Ich habe nicht nach Ihnen
geschickt.«

Die Stimme war nur ein rauhes Flüstern. Es war nichts
darin, was auf einen fremdländischen Akzent hinwies, nur
hin und wieder eine Betonung, die auf die Kenntnis mehre-
rer Sprachen hindeutete. Sie hatte daraus gewisse Schlüsse
gezogen, hütete sich aber, sie laut werden zu lassen oder ihre
Gedanken zu vertiefen. Sie akzeptierte lieber, was man ihr
gab; tat, was man ihr befahl, und stellte keine Fragen. Aber
es gab ein paar Dinge . . .

Sie sagte:

»Warum haben Sie das getan? Ich sagte Ihnen doch, sie
wäre vollkommen harmlos.«

»Sind Sie deswegen hierhergekommen — um Fragen zu
stellen, die Ihnen nicht zustehen?«

Sie hätte hier nachgeben und das Thema abbrechen müssen. Doch etwas kochte in ihr hoch. Einen Moment lang gab
sie ihre Vorsicht auf. Sie hatte ihn achtundvierzig Stunden
lang gehabt, weil er sie einem Verhör durch die Polizei
ausgesetzt hatte, weil Joan Tallent wie ein Blitz aus heiterem
Himmel in ihre Wohnung gekommen war und vor Philip
Geheimnisse ausgeplaudert hatte. Endlich, weil Nellie Collins, die nie jemandem ein Leid getan hatte, ums Leben

gekommen war. Einer dieser drei Gründe war irrational; denn er hatte von Joans Existenz nichts gewußt. Aber Logik hat mit unseren primitiveren Instinkten selten etwas zu tun.

Der Haß kochte über, und so fragte sie:

»Geht es mich vielleicht nichts an, wenn Sie mir die Polizei auf den Hals hetzen?«

Die tonlose Stimme erwiderte:

»Sie müssen mir schon erklären, was Sie damit meinen.«

»Sie hat geredet. Sie sagte, sie hätte mit mir eine Verabredung.«

»Sie versprach. . . .«

Anne lachte wütend.

»Sie redete mit einer Frau im Zug! Erzählte ihr alles von diesem Brief, daß sie Anne Joyce großgezogen und mich gebeten habe, ihr einen Termin für einen Besuch zu geben.«

»Woher wissen Sie das?«

Sie antwortete zögernd:

»Von der Polizei.«

»Da muß noch mehr dahinterstecken. Das müssen Sie mir genauer berichten. Wer ist diese Frau?«

Sie war noch unschlüssig gewesen, ob sie ihm den Namen dieser Frau verraten sollte. Aber er hatte zu rasch reagiert. Sie konnte den Namen nicht mehr für sich behalten. Aber sie würde ihm nicht mehr erzählen als nötig. Sollte er den Rest doch selbst herausfinden. Sie sagte mit scheinbarer Offenheit:

»Sie heißt Miss Silver.«

»Sie haben den Namen von der Polizei erfahren?«

»Nein – Lyndall Armitage teilte ihm mir mit.«

Nach einer kaum merklichen Pause sagte er:

»Was hat sie mit der Sache zu tun? Kennt sie denn diese Miss Silver?«

»Sie lernte sie bei einer Einladung zum Tee kennen.«

»Woher wissen Sie das?«

»Lyndall hat es mir erzählt.«

»Berichten Sie mir jedes Wort, das sie sagte. Bemühen Sie sich, genau zu sein!«

Sie wiederholte fast Wort für Wort, was Lyndall ihr erzählt hatte.

»Das beweist also, daß Nellie Collins ihr Versprechen nicht hielt, und die Frau, der sie sich anvertraute, Kontakte zur Polizei hat. Von ihr wußte sie, daß Nellie Collins um Viertel vor vier am Montagnachmittag mich unter der Bahnhofsuhr der Waterloo-Station treffen sollte. Darüber wollte die Polizei natürlich von mir Näheres wissen. Zum Glück war ich an diesem Tag bis elf Uhr nachts nie allein gewesen.«

Mr. Felix sagte in einem sanften Ton:

»Das kam daher, weil Sie Ihre Anweisungen befolgten, die Sie mit einer Serie wasserdichter Alibis versorgten. Vielleicht überzeugt Sie das, wie klug es ist, Befehlen zu gehorchen und keine Fragen zu stellen.«

Sie saß da, den Lichtkegel zwischen ihm und sich wie ein feuriges Schwert, und verdaute, was er gesagt hatte.

Es war eine absolut überzeugende Argumentation. Er hatte ihr aufgetragen, Ivy Fossett nach London mitzunehmen und sie in ihrer Wohnung übernachten zu lassen. Sie hatte Anweisung erhalten, Lilla Jocelyn – oder im Falle, daß sie nicht konnte, ein anderes Mitglied der Familie oder eine Freundin – zu bitten, nicht später als drei Uhr nachmittags in ihrer Wohnung zu sein und sie bis sieben Uhr abends bei sich zu behalten. Es war auch richtig, daß sie keine Fragen gestellt hatte. Sie hatte sich nicht einmal selbst gefragt, was diese Anweisungen bedeuteten. Sie hatte gehorcht, und Nellie Collins war ums Leben gekommen.

Ungeduld regte sich in ihr. Was spielte es für eine Rolle, daß eine unbedeutende Frau, die ihren Mund nicht halten konnte, gestorben war? Die Welt ertrank in Blut und erstickte in Trauer. Man konnte nicht für das Leben anderer verantwortlich sein – man hatte genug damit zu tun, für sich selbst zu kämpfen, um zu überleben.

Mr. Felix fragte: »Was sagten Sie der Polizei? Jedes Wort, bitte!«

Als sie geendet hatte, nickte er.

»Das haben Sie gut gemacht. Ich glaube nicht, daß die Polizei Sie noch einmal behelligen wird. Aber da ist ein Punkt, den ich nicht verstehe. Diese junge Frau namens Lyndall – was brachte sie dazu, mit Ihnen über Nellie Collins zu sprechen? Warum erschien ihr das so wichtig? Ich will nicht nur wissen, was sie sagte, sondern wie sie es vorbrachte. Das Flair. Den Ausdruck. Wie kam sie auf das Thema? War es nur beiläufig? Oder kam sie ausdrücklich zu Ihnen, um mit Ihnen über Miss Collins zu reden?«

Anne befeuchtete ihre Lippen.

»Sie kam zu mir, um über dieses Thema zu sprechen.«

»Sie kam mit der Absicht, Ihnen zu erzählen, sie habe eine Frau getroffen, die mit Miss Collins im Zug reiste, und habe dabei erfahren, Miss Collins sei mit Ihnen in London verabredet?«

»Ja.«

Sie hörte sein Murmeln: »Das könnte ernst sein. Hören Sie jetzt bitte auf, mir in einer Weise zu berichten, als wären Ihre Worte rationiert, sondern geben Sie mir eine Beschreibung der Umstände. In welcher Weise brachte sie ihr Anliegen vor? Als Anekdote oder als dringendes Anliegen, hinter dem ein Verdacht steht?«

Er hob die Hand, und plötzlich war ihr Gesicht wieder in

gleißendes Licht gebadet. »Unterlassen Sie das«, sagte sie scharf, und er lachte.

»Dann hören Sie auf, mit mir Katze und Maus zu spielen, und sagen Sie mir, was ich wissen will!«

Sie spürte brennenden Zorn und dahinter nagende Angst. Sie beurteilte Lyndall nicht anders als Nellie Collins — wenn sie sich in ihre Angelegenheiten einmischte, mußte sie die Folgen tragen. Man durfte froh sein, wenn man sich selbst auf den Beinen halten konnte. Sie konnte sich nicht den Luxus leisten, sich wegen Lyndall Sorgen zu machen. Sie sagte mit ruhiger Stimme:

»Sie haben mir ja gar keine Zeit gelassen, ausführlicher zu berichten. Ich verberge nichts vor Ihnen. Aber ich möchte auch nicht, daß Sie einer Sache mehr Bedeutung beimessen, als sie verdient.«

»Das zu beurteilen, müssen Sie mir überlassen. Sie schaden sich nur selbst, wenn Sie etwas zurückhalten.«

»Ich wollte es Ihnen ohnehin sagen, daß — nun, daß Lyndall in der vergangenen Woche sah, wie ich diesen Laden betrat.«

»Das war aber sehr nachlässig von Ihnen! Berichten Sie!«

»Ich sah sie nicht — sie stand anscheinend auf der anderen Straßenseite. Sie folgte mir in den Laden. Sie war sich nicht sicher, ob ich es gewesen war — sie sah mich nur von hinten. Sie kam also in den Laden und ging an den Kabinen entlang, weil sie glaubte, ich wolle mir das Haar richten lassen. Aber als sie mich nicht in den Kabinen fand, öffnete sie die Spiegeltür und drang in den Vorraum ein. Sie stand vor dieser Tür, die auch ein bißchen klaffte. Das kommt von diesem Scheinwerfer, den Sie jedesmal auf mich richten. Wäre ich nicht geblendet gewesen, hätte mir auffallen müssen, daß der Riegel nicht eingerastet war. Sie hörte mich sagen: ›Warum

überlassen Sie mir nicht die Antwort auf Nellie Collins'
Brief? Sie ist vollkommen harmlos.‹ Und sie hörte Sie antworten: ›Das zu beurteilen, steht Ihnen nicht zu.‹ Das er-
schreckte sie so sehr, daß sie umkehrte und aus dem Laden
floh.«

Die mit Leder bekleidete Hand fiel schwer auf den Tisch
und packte den Rand der Tischplatte.

»Sie hat Ihre Stimme erkannt? Sind Sie sicher?«

»Nein. Sie dachte nur, es wäre meine Stimme – sie hatte
Zweifel. Ich hätte ihr das alles als Einbildung ausreden können, wenn sie diese verdammte Frau nicht beim Tee kennengelernt und erfahren hätte, daß eine Miss Nellie Collins nach
London zu einer Verabredung mit mir gefahren wäre.«

»Wie vielen Leuten hat sie inzwischen diese Geschichte
erzählt?«

»Niemandem außer mir – bis gestern jedenfalls.«

»Woher wissen Sie das?«

»Von ihr selbst.« Sie bewegte die Schultern. »Tatsächlich
gehört sie zu den Leuten, die wirklich die Wahrheit sagen.
Sie könnte niemals überzeugend lügen und versucht es erst
gar nicht.«

»Was haben Sie zu ihr gesagt?«

»Ich spulte mein Alibi herunter, um zu beweisen, daß ich
niemals Nellie Collins getroffen oder etwas mit diesem be-
dauernswerten Unfall zu tun gehabt haben könnte. Ich sagte, das alles wäre blühender Unsinn – sie müsse jemand mit
mir verwechselt haben. Und ich appellierte an ihr Gewissen,
daß wir bereits genug durch den Blätterwald gezerrt worden
seien und daß sie nur Philip schaden könne, wenn sie derar-
tige Gerüchte über Nellie Collins ausstreute. Sie versprach,
kein Wort mehr darüber zu verlieren, und ich bin überzeugt,
sie wird ihr Versprechen halten.«

»Was überzeugt Sie so?«

»Weil sie Philip liebt.«

Er nahm mit einem Ruck die Hand vom Tisch.

»Sie ist in ihn verliebt?«

»Das glaube ich.«

»Und Sie sagen, sie wäre kein Risiko – sie würde nicht reden?«

»Sie würde nichts tun, was Philip schaden könnte.«

Er beugte sich vor.

»Sind Sie wirklich so dumm, wie Sie sich anhören? Wenn sie es auch keinem anderen erzählt – *ihm* bestimmt!«

Sie lachte.

»Oh, nein, das wird sie nicht. Sie treffen sich nie, nur im Schoß der Familie. Es war alles *pour le bon motif*, verstehen Sie? Philip wollte ihr gerade einen Heiratsantrag machen, als ich auf der Bildfläche erschien – deshalb seine Freude über meine Heimkehr. Sie leiden stumm und hoffen, daß niemand es merkt. Zudem war Lyndall eine meiner Brautjungfern und mir sehr zugetan. Erstaunlich, aber wahr. Sie war die einzige, die sich über meine Rückkehr ehrlich freute. Sie rannte quer durchs Zimmer und umarmte mich. In diesem Moment dachte sie nur an mich, nicht an Philip. Was ich als einen glänzenden Sieg betrachte – Sie nicht auch?«

»Wie alt ist sie?« fragte er abrupt.

»Zwanzig oder schon einundzwanzig – aber im Herzen jünger als vom Körper her.«

Es herrschte eine momentane Stille im Zimmer, während er nachdenklich den Kopf auf die Hand stützte. Als er nicht sprach, fuhr sie fort:

»Ich glaube, sie ist wirklich kein Risiko. Sie wird Philip nichts sagen, weil sie mich gern hatte. Und sie wird keinem anderen etwas sagen, weil sie Philip liebt. Aber wir sind

weit genug gegangen – ich werde nicht mehr hierherkom-
men.«

»Nein, das wäre zu gefährlich«, bestätigte er. »Wir werden
einen anderen Treff vereinbaren. Ich werde Ihnen entsprechende Anweisungen geben.«

»Ich sagte doch, daß wir weit genug gegangen sind. Ich
werde mich überhaupt nicht mehr mit Ihnen treffen.«

»Sie werden nicht?« Die Stimme blieb gleichmäßig mo-
noton, doch das Flüstern war so scharf, daß ihr ein Schauder
über den Rücken lief. Zugleich hob er den Kopf hinter dem
Lampenschirm und die Augengläser funkelten bedrohlich.

»Es wäre zu gefährlich«, wiederholte sie.

»Das zu beurteilen, ist nicht Ihre Sache! Sie haben Ihre
Befehle zu befolgen, und nicht darüber nachzudenken, ob
sie Sie in Gefahr bringen! In jeder Armee dieser Welt würde
ein Mann, der so denkt, an die Wand gestellt werden.«

Sie beherrschte sich so weit, ihm zu antworten: »Wir sind
hier in England.«

Die schwache fremdländische Betonung war diesmal aus-
geprägt:

»Sie glauben, das macht einen Unterschied?«

Sie antwortete nicht. Als das Schweigen sich in die Länge
zog, hob er es mit einem sanften Wispern wieder auf:

»Es machte keinen Unterschied für Nellie Collins –
oder?«

Niemand hätte ihr ansehen können, wie ängstlich sie war.
Ihr war schwindlig vor Angst, doch sie zeigte es nicht. Sie
hatte eine lange Übung darin, ihre Gefühle zu verbergen.
Jahrelange Übung, sich liebenswürdig zu geben, wenn sie zu
Tode erschöpft oder wütend war. Die Notwendigkeit, sich
zu verstellen, haftete sie bis auf den Tod. Diese bittere Lehre
kam ihr nun zugute. Sie konnte mit fester Stimme sagen:

»Sie drohen mir?« Dann, mit dem Schatten eines Lachens:
»Das ist absolut überflüssig. Und es wäre töricht von Ihnen.«

»Sie bauen darauf, daß ich nicht töricht handle? Vielen
Dank, Lady Jocelyn! Aber Sie wären klüger, so etwas nicht
noch einmal zu sagen. Man könnte Sie mißverstehen, und
Mißverständnisse sind gefährlich. Ich bin bereit, anzuneh-
men, daß keine Böswilligkeit dahintersteckte, als Sie sagten,
Sie wollen nicht . . .«

Sie beugte sich vor und unterbrach ihn, die Hand hebend:
»Warten Sie, hören Sie mir zuerst zu. Sie haben mißver-
standen, was ich sagte. Ich sagte, wir wären weit genug
gegangen, und es wäre zu gefährlich. Dahinter steckte keine
Angst, sondern meine Überzeugung, daß wir keinen Erfolg
haben werden. Ich weiß nicht, was für Papiere Philip nach
Hause mitbringt; aber er hält seine Aktentasche stets verschlossen und bewahrt den Schlüssel dazu an einer Kette in
seiner Hosentasche auf. Würde er entdecken, daß ich mich
an seinen Papieren vergreife, wäre alles zu Ende. Verstehen
Sie nicht, daß ich immer noch Bewährungsfrist habe? Bis zu
einem gewissen Grad vertraut er mir, weil ich ihm Dinge
sagte, die ihn überzeugten; aber im Unterbewußtsein scheut
er zurück – da glaubt er nicht ernsthaft an meine Identität.
Ich muß ihn in Sicherheit wiegen – ihn an mich gewöhnen,
mich unentbehrlich machen, ihm Zeit lassen, seine Schwär-
merei für Lyndall zu überwinden. Schließlich stelle ich den
Menschen dar, in den er einmal verliebt war. Warum sollte
das nicht wieder passieren? Dann wäre ich für Sie viel nützlicher. Wenn ein Mann verliebt ist, gibt es wenig, was man
ihm nicht abverlangen könnte.«

Sie spürte, wie er sie lange forschend ansah. Schließlich
sagte er:

»Sechs Monate Frist, wäre das richtig?«

»Ja – ja.«

»Sechs Monate, in denen Sie sich fest in seinem Leben verankern – in denen Sie das Leben für Philip so angenehm machen, daß er sich in Sie verliebt?«

»Ja!«

»Und in diesen sechs Monaten steht alles still und wartet auf Sie?« Er bewegte die Hand im Leder über der Tischplatte von links nach rechts, als wolle er etwas wegwischen, und sagte dann:

»Quatsch!«

Dieses kurze, vulgäre, auf deutsch ausgesprochene Wort traf sie wie ein Schlag ins Gesicht. Keine andere Sprache hatte ein so verächtliches, knappes Wort für das, was sie ihm abverlangen wollte. Sie hatte »Unsinn« geredet. Sie hatte eine Bedingung gestellt, und sie war verworfen worden. Aber statt sie damit zu ängstigen, hatte er nur ihren Zorn angestachelt. Er sollte ihr lieber nicht drohen. Sie war zu gewissen Dingen fähig, wenn man sie zwingen wollte.

Er beobachtete sie über den Tisch hinweg. Er sagte:

»Lassen Sie uns vernünftig reden. Sie werden tun, was man Ihnen anschafft, und so wird es auch in Zukunft bleiben. Als nächstes werden Sie folgendes machen.« Er schob ihr ein Päckchen über den Tisch zu. »Sie werden einen Abdruck von dem Schlüssel zu seiner Aktentasche machen. Sie werden darauf achten, daß kein Wachs am Schlüssel hängenbleibt, wie man das in diesen dummen Kriminalgeschichten so häufig liest. Diesen Wachsabdruck werden Sie heute abend anfertigen.«

»Das geht nicht – er gibt den Schlüssel nie aus der Hand.«

»Er schläft doch zuweilen – nicht wahr? Sie werden in

dem Päckchen nicht nur Wachs, sondern auch Tabletten finden. Wenn Sie zwei davon in seinen Kaffee tun, hat er heute nacht einen außerordentlich gesunden Schlaf. Wenn Sie den Schlüssel an sich genommen haben, sperren Sie die Aktentasche auf und fotografieren die Papiere, die sich darin befinden. Sie haben ja die Kamera dazu, er wird nicht aufwachen. Morgen früh gehen Sie einkaufen, sobald Jocelyn die Wohnung verlassen hat. Auf halbem Weg nach unten werden Sie im Treppenhaus einem Mann begegnen. Ehe Sie an ihm vorbeigehen, wird er stolpern und auf der Treppe knien. Sie werden ihm behilflich sein, wieder auf die Beine zu kommen. Er wird sich bedanken und sagen: ›Es ist nichts weiter. Früher waren die Treppen noch viel schlimmer.‹ In diesem Augenblick lassen Sie Ihr Päckchen mit dem belichteten Film und dem Wachsabdruck fallen. Er wird das Päckchen an sich nehmen, und Sie gehen weiter.«

Aus ihrem Zorn war ein Entschluß geworden. Er forderte sie auf, alles über Bord zu werfen. Denn diesem Unternehmen würde kein Erfolg beschieden sein, sie hatte eine deutliche Vorstellung davon, daß diese Sache schiefgehen mußte. Das sagte sie ihm jetzt:

»Das kann ich nicht machen. Ich würde nur alles verlieren, was ich bisher erreichte. Sie kennen Philip nicht – aber ich kenne ihn. In dieser Verfassung ist er wie ein Finger am Abzug. Sie können nichts vor ihm verbergen. Er sieht alles, und was er nicht sieht, das spürt er. Man muß nicht nur auf alles achten, was man sagt, sondern sogar vorsichtig sein mit dem, was man denkt.«

Wieder ein kurzes Aufblitzen der Brillengläser.

»Ich fange an, mich zu wundern, wie gut Sie Philip Jocelyn kennen. Ich frage mich, ob Sie so dumm sein könnten, sich in ihn zu verlieben!«

»Natürlich nicht!«

Als die beiden Worte bereits heraus waren, fiel ihr auf, daß sie viel zu rasch geantwortet hatte. Und ihre Stimme hatte unecht geklungen. Er würde nicht überzeugt sein.

»So steht es also? Sie werden trotzdem mit dem Unternehmen fortfahren.«

»Nein, das ist es nicht. Sie irren sich. Es wäre doch nur Ihr Schaden, wenn ich Ihre Anweisung befolgte – und scheiterte. Sie wissen, daß ich keine zweite Chance bekäme. Was nützt es uns, jetzt alles zu riskieren?«

»Warum sollte er Ihnen auf die Schliche kommen? Was haben Sie getan oder gesagt, das Sie mir verheimlichen?

Sie saß kerzengerade auf ihrem Stuhl, den Kopf in den Nacken gelegt, als wollte sie den Zwischenraum, der sie trennte, vergrößern. Er hatte sie überrumpelt. Ihre Gedanken liefen auseinander wie aufgescheuchtes Federvieh: Warum mußte ich davon sprechen? – Wenn er glaubt, Philip verdächtigt mich, wird er es nicht riskieren ... Er wird mich in Ruhe lassen ... Ich weiß nicht – vielleicht doch nicht – ich kann nicht klar denken ...

Die Stimme, nur eine Spur lauter als ein Flüstern, kam wieder, düster wie ein aufkommender Gewittersturm:

»Er verdächtigt Sie?«

Im Aufruhr ihrer Gedanken kam es als Antwort:

»Ich weiß es nicht.«

»Sinnlos, zu versuchen, mich zu belügen. Etwas hat seinen Argwohn erregt.«

»Ich weiß es nicht ...«

Die Worte schienen sich von selbst zu bilden. Sie fand keine anderen.

»Ich sagte, es wäre sinnlos, mich zu belügen. Etwas ist geschehen! Was?«

Wenn ich mich jetzt von ihm auf die Knie zwingen lasse, ist alles verloren, dachte sie.

»Bitte – bitte – Sie erschrecken mich nur. Aber Sie haben recht – da war etwas, und ich bin mir nicht ganz im klaren, ob es eine Bedeutung hat. Deshalb will ich ja im Augenblick nichts unternehmen.«

Sie hatte den Mut aufgebracht, das in einem wegwerfenden Ton zu sagen, mit einem Lächeln auf den Lippen. Sie hatte sich jetzt wieder fest unter Kontrolle, als er fragte:

»Was ist passiert?«

»Eigentlich nichts Besonderes. Aber – nun – urteilen Sie selbst. Gestern abend kam ein Mädchen zu uns – eine von meinen damaligen Brautjungfern – dumm wie Bohnenstroh. Sie fing an, über das Tagebuch zu reden.«

»Was sagte sie?«

»Sie sagte, ich hätte ja alles in meinem Tagebuch verewigt – auch Sachen, die eigentlich nicht niedergeschrieben werden sollten!« Sie lachte. »Sie erklärte, sie habe damit nichts gegen meinen Charakter sagen wollen, kicherte dann und fragte, ob ich Philip schon mein Tagebuch gezeigt hätte.«

»Und was tat er?«

»Er sah mich nur an . . .«

»Wie?«

»Ich weiß nicht . . .«

»Er sah Sie an, als mißtraute er Ihnen?«

Der Zorn erwachte wieder in ihr.

»Ich sagte doch eben, daß ich es nicht weiß! Sie können mich bis morgen früh so weiterfragen, und ich wüßte es immer noch nicht! Aber ich behaupte, es ist keine günstige Zeit, jetzt loszuschlagen. Das Mädchen hat mit ihrem Geschwätz etwas bewirkt. Ich weiß zwar nicht was; aber ich konnte spüren, daß etwas in Philips Kopf vorging. Ich spürte, wie er mich musterte – wie am ersten Tag! Nun – Sie wollten ja die Wahrheit wissen. Ist das der richtige Zeitpunkt für ein Unternehmen? Urteilen Sie selbst!«

Er antwortete:

»Nein, vielleicht nicht. Warum haben Sie mir das nicht gleich zu Anfang erzählt? Sie warten erst, bis ich es Ihnen aus der Nase ziehe. Sie sagten, es sei nur eine Nebensache – nur eines von diesen kleinen Dingen. Ist das wirklich so? Sie halten diese Nebensache so lange zurück, wie Sie können; und dann beichten Sie nur, weil Sie glauben, mich von dem Vorhaben abbringen zu können, das Ihnen befohlen wurde. Und nun werden Sie mir verraten, warum Sie mit allen Mitteln versuchen, unser Unternehmen zu verzögern. Sie finden Ihre Stellung als Lady Jocelyn ja sehr bequem – Sie sind eine geachtete Persönlichkeit der Gesellschaft, besitzen ein großes Vermögen und haben einen Mann, der eine große Karriere vor sich hat. Sie haben tatsächlich alles erreicht, was Sie wollten. Sie haben kein Motiv mehr, das Sie vorantreiben könnte – Sie möchten sich jetzt lieber zurücklehnen und das alles genießen. Aber ich muß Sie daran erinnern, daß Sie noch nicht alles bezahlt haben, was Sie von uns bekamen.

Und jene, die Ihnen all diese schönen Dinge verschafften, können sie Ihnen auch alle wieder wegnehmen. Mehr brauche ich dazu wohl nicht mehr zu sagen. Und jetzt hören Sie mir gut zu. Sie werden nicht mehr von der Polizei belästigt werden. Die ist inzwischen überzeugt, daß Nellie Collins einem unglücklichen Zufall zum Opfer fiel – einem Verkehrsunfall. Eine Dame, die in Ruislip wohnt, hat sich bei der Polizei gemeldet und erklärt, sie kenne die Tote seit vielen Jahren, und sie sei oft bei ihr zu Besuch gewesen. Das ist eine sehr zufriedenstellende Entwicklung, wie Sie selbst zugeben müssen. Die Polizei muß nun annehmen, daß alles, was Nellie Collins im Zug erzählt haben mag, nur dem Wunsch entsprang, auch einmal in die Schlagzeilen der Presse zu kommen. Daß sie tatsächlich beabsichtigte, eine Freundin in Ruislip aufzusuchen.«

Sie sah ihn an und erblickte nur eine unförmige Gestalt in einem Mantel und die blitzenden Augengläser. Mit schleppender Stimme fragte sie:

»Sind Sie sich sicher?« Und dann: »Das haben Sie natürlich arrangiert, vermute ich.«

Er sagte, wie schon öfter:

»Das zu beurteilen, steht Ihnen nicht zu. Hier sind Ihre Anweisungen. Sie werden einen Wachsabdruck von dem Schlüssel machen, wie ich es Ihnen bereits befohlen habe. Aber Sie werden keine Aufnahmen von den Papieren machen, wenn es sich nicht um den Code handeln sollte. Den Code müssen Sie unter allen Umständen kopieren oder fotografieren – aber wenn er Sie verdächtigt, befindet sich der Code bestimmt nicht in seiner Aktentasche. – Wo haben Sie das Tagebuch?«

»An einem sicheren Ort versteckt.«

»Sie sollten es lieber in einem Banksafe deponieren.«

»Nein, ich muß es in meiner Nähe haben.«

Er beharrte diesmal nicht auf der Durchführung seines Vorschlages. Er sagte nur barsch:

»Sie haben Ihre Befehle! Sorgen Sie dafür, daß sie ausgeführt werden.«

Es dauerte ein paar Sekunden, ehe sie erwiderte:

»Das kann ich nicht.«

Sie trat aus dem geheizten Laden hinaus in die helle, kalte
Luft. Die untergehende Sonne sah zwischen zwei dunklen
Wolken hervor und überzog die Straße in ihrer ganzen
Länge mit Gold. Während Sie sich rasch vom Laden entfernte, schien das Pflaster vor ihr von Scheinwerfern angestrahlt.
Sie befand sich in einer fast übermütigen Stimmung. Sie hatte
sich gegen ihn behauptet, und im nachhinein schien das gar
nicht so schwierig gewesen zu sein. Sie wunderte sich jetzt,
daß sie so große Angst vor ihm gehabt hatte – daß sie sich so
vielem unterworfen hatte.

Was konnte er eigentlich gegen sie unternehmen? Sie
bloßstellen? Damit stellte er sich nur selbst bloß. Drohungen
waren meistens ein Spiel für zwei Personen. Sie hatte ihm
das angedeutet, und sofort hatte er seinen Ton gemäßigt. Sie
hatte ihn verlassen, ohne ihm etwas zugesagt oder seine
Befehle akzeptiert zu haben. Sie hatte mit ihm einen Kampf
ausgetragen und ihn gewonnen. Sie hatte ihm gezeigt, daß
sie nicht nur ein willenloses Werkzeug war.

Wenn sie etwas tat, dann nur unter ihren Bedingungen –
falls überhaupt. Das kam ganz auf Philip an. Sie mußten sie
ja für dumm halten, wenn sie alles riskierte und aufs Spiel
setzte, was sie bisher gewonnen hatte. Sie würde nur unternehmen, was sie ohne Risiko durchzuführen vermochte.
Wenn heute abend die Lage für sie günstig war, würde sie
vielleicht Mr. Felix den gewünschten Wachsabdruck verschaffen. Falls ja, geschah das aber aus freien Stücken, nicht
unter dem Zwang seiner Befehle.

Als sie um eine Ecke bog, verlor sie zwar die Sonne aus den
Augen, aber ihre Hochstimmung hielt an. Eine Idee fing an,

205

in ihr zu keimen. Sie ging langsam weiter, alle ihre Sinne nach innen gerichtet. Die dunkle Straße, der schneidende Wind – sie achtete nicht mehr darauf. Sie überlegte, und der Plan, der in ihr reifte, erschien ihr so begehrenswert wie ein kostbares Halsband aus Diamanten oder ein schneller Sportwagen. Beides Dinge, die in dieser Zeit für sie unerreichbar waren.

Aber galt das auch für diesen Plan? War er wirklich undurchführbar? Wäre sie die erste, die sich als Werkzeug gegen den Besitzer verwenden ließ? Sie begann sorgsam ihren Plan auf Unsicherheiten hin abzuklopfen. Ohne Risiko ließ er sich nicht durchführen – aber befand sie sich nicht von Anfang an in Lebensgefahr? Freiheit und Sicherheit kosteten ihren Preis. Einen Moment verzagte sie. Die Sicherheit schien so verzweifelt weit von ihr entfernt zu sein.

Dann ging sie weiter. Schließlich improvisierte sie. Leaham Street war nur zwei Ecken von hier entfernt. Sie hatte auf der Straßenkarte nachgesehen, ehe sie zum Rendezvous fuhr. Sie würde sich Montague Mansions einmal anschauen. Anschauen kostete nichts. Aber im Hinterstübchen ihres Geistes lauerte vage der Gedanke, daß eines Tages etwas in diese Richtung weisen würde. Sie ging nun energisch die Straße entlang, in die sie eingebogen war.

Miss Silver saß strickend vor ihrem Kamin. Sie hatte ein Paar Strümpfe für Johnny fertig, und das nächste war für den kleinen Roger bestimmt. Johnnys zweites Paar konnte warten, bis diese herrliche Wolle aufgebraucht war. Für Strümpfe reichte das Knäuel nicht mehr; aber ein Paar Socken für Roger konnten noch herausspringen. Das war schon eine große Hilfe für Ethel, die drei Kinder und einen Mann zu bekochen hatte. Zum Stricken fand sie gewiß keine Zeit mehr.

Während sich die Maschen auf den Nadeln reihten, dachte sie an ihr letztes Gespräch mit Frank Abbott. Dabei schüttelte sie sacht den Kopf. Der Chefinspektor mochte zwar ein erfahrener Beamter und ein ehrenwerter Gentleman sein, doch mit seinen Schlüssen ging sie nicht immer einig. Nein, absolut nicht!

Im vorliegenden Fall schon gar nicht, und das hatte sie auch Frank Abbott offen zu verstehen gegeben. Aber im Grunde ging sie der Fall ja nichts an. Sie war professionell nicht daran beteiligt.

Wenn der Chefinspektor inzwischen davon überzeugt war, die arme Miss Collins sei nur das Opfer eines Verkehrsunfalls geworden, als sie ihre alte Freundin, Mrs. Williams, in Ruislip besuchen wollte – daß sie sich im Dunkeln in eine falsche Straße verirrt und dort überfahren worden wäre –, dann überstieg das ihr Begriffsvermögen. Mochte diese Mrs. Williams noch so eine angesehene Persönlichkeit sein, sie glaubte nicht eine Sekunde daran, daß Miss Collins an diesem Tag die Absicht hatte, diese ehrenwerte Freundin zu besuchen. Vielleicht hatte sie Mrs. Williams sogar gekannt – in diesem Punkt war sie vollkommen unvoreingenommen. Aber an diesem Montagnachmittag hatte sie nur die Absicht, eine Lady Jocelyn um Viertel vor vier unter der Bahnhofsuhr von Waterloo zu treffen. Wenn sie nicht mit Lady Jocelyn unter der besagten Uhr zusammentraf, dann mit jemandem, der von dieser Verabredung wußte und an der Stelle von Lady Jocelyn den Termin wahrnahm. Lady Jocelyn konnte unmöglich selbst zum Treffpunkt gekommen sein – in diesem Punkt war der Chefinspektor seiner Sache absolut sicher.

Miss Silver preßte die Lippen zusammen. Der Chefinspektor war viel zu leicht zufriedenzustellen!

In diesem Moment wurde sie durch eine jähe Veränderung im Licht aus ihren Überlegungen herausgerissen. Es
war ein außerordentlich trüber Tag gewesen – trist und wol-
kenverhangen; doch plötzlich war draußen heller Sonnen-
schein. Mit einem leisen, eher zufriedenen Seufzen legte
Miss Silver ihr Strickzeug beiseite und trat ans Fenster. Nach
so vielen trostlosen Tagen war es eine Freude, oder jedenfalls
ein Trost, wenn man ein paar Sonnenstrahlen einfangen
durfte. Die Sonne stand niedrig. Sie war eingerahmt von
dunklen Wolken, und ihr Licht fiel schräg auf die Fahrbahn
der Straße vor ihrem Fenster. Keine Hoffnung, daß das
Wetter sich in den kommenden Tagen bessern würde, dachte
sie. Sie blieb am Fenster, bis die Sonne wieder von Wolken
verdeckt war.

Kurz vorher aber entdeckte sie eine Frau, die auf dem
Bürgersteig gegenüber stehenblieb und hochsah. Sie trug
eine pelzgesäumte Kappe und einen sehr hübschen Pelzmantel. Das Haar leuchtete hell in der Sonne unter der
Kappe. Miss Silver betrachtete die Frau genauer und erkannte in ihr sogleich Lady Jocelyn. In allen Zeitungen war
ihr Porträt abgebildet gewesen. Sie sah ihm verblüffend
ähnlich.

Die Frau stand auf dem Gehsteig und blickte mit ausdruckslosem Gesicht und gewölbten Brauen über den schönen grauen Augen zu ihrem Fenster empor. Sie hätte ebensogut irgendeine Aussicht genießen oder über ein
Schachproblem nachdenken können.

Dann wandte sie sich plötzlich ab und ging die Straße
hinunter, die sie gekommen war. Sie ging ohne Hast und so
unbeschwert, als wäre sie nur auf einem Spaziergang hierhergekommen. Miss Silver sah ihr nach.

Anne Jocelyn ging nach Hause und sperrte die Wohnungstür auf. Sie fühlte sich zuversichtlich, daß ihr Plan gelingen könnte. Es lag ganz in ihrer Hand, ob sie ihn ausführen oder unterlassen würde. Darüber hatte sie noch nicht entschieden – doch allein der Gedanke, daß die Entscheidung von ihr abhing, gab ihr ein Gefühl von Macht.

Als sie ihren Tee getrunken hatte, läutete das Telefon. Sie hob ab und hörte ein leises Hüsteln. Dann sagte eine Frauenstimme: »Lady Jocelyn?«

Sie kannte diese Stimme nicht und antwortete verwundert: »Ja?«

»Ich vermute, daß sie meinen Namen schon einmal gehört haben. Hier spricht Miss Silver – Miss Maud Silver.«

»Wie kommen Sie auf die Idee, ich hätte ihren Namen schon einmal gehört?«

Wieder dieses Hüsteln, das sich wie ein Tadel anhörte.

»Ich glaube, Sie wollten mich heute nachmittag besuchen oder sich wenigstens überzeugen, wo ich wohne. Sie haben nicht bei mir geklingelt. Wenn Sie diese Absicht hatten, haben Sie sich im letzten Moment anders entschlossen und kehrten wieder um.«

»Ich weiß wirklich nicht, wovon Sie sprechen.«

»Oh, doch! Sie wissen es. Ich habe Sie nur angerufen, um Ihnen etwas mitzuteilen, was Sie wissen sollten. Sie würden beschattet.«

Anne gab keinen Laut von sich. Sie hielt den Hörer in ihren verkrampften Fingern, bis sie fähig war, unbefangen zu antworten. Auch dann wagte sie nicht, laut zu reden. Sie sagte mit leiser Stimme:

»Ich weiß wirklich nicht, was das alles soll.«

Miss Silver hüstelte abermals.

»Lady Jocelyn, Sie würden gut daran tun, mir jetzt zuzuhören. Sie kamen heute nachmittag kurz vor vier die Leaham Street herunter. Sie blieben auf dem Bürgersteig stehen und betrachteten den Komplex der Montague Mansions auf der gegenüberliegenden Straßenseite. Ich stand zufällig am Fenster meines Wohnzimmers und erkannte Sie sofort. Ihre Ähnlichkeit mit dem Porträt von Amory ist – bemerkenswert.«

Etwas in Anne sagte: Sie weiß Bescheid ... Und dann: Wie kann sie es wissen ...?

Ruhig und bestimmt fuhr Miss Silver fort:

»Ich vertraue schon aus diesem Grund darauf, daß Sie genau zuhören werden, weil ich weiß, wie große Mühe man sich machte, die arme Miss Collins daran zu hindern, mit Ihnen zusammenzutreffen. Ist Ihnen nicht der Gedanke gekommen, daß man sich ebensosehr anstrengen würde, Sie daran zu hindern, mit mir zusammenzukommen?«

»Ich weiß wirklich nicht, wovon Sie reden.« Die Wiederholung war rein mechanisch, ihre Worte wie leeres Gestammel.

Miss Silver fuhr fort: »Ich glaube, Sie hatten sich vorgenommen, mich in meiner Wohnung zu besuchen. Doch Sie wurden in Ihrem Entschluß wankend. Endlich gaben Sie Ihr Vorhaben auf. Die Person, die Sie beschattete, war eine Frau in einem schäbigen braunen Mantel, die sich ein braun- und scharlachrot gemustertes Tuch um den Kopf gebunden hatte. Während Sie auf dem Bürgersteig gegenüber standen, versteckte sich diese Frau in dem Torbogen eines Hauseingangs. Als Sie umkehrten und die Straße zurückgingen, drehte sich Ihre Beschatterin um, als habe sie an der Tür geläutet und wartete darauf, daß ihr jemand öffnete. Aber als Sie den Torbogen passiert hatten, stieg Ihre Beschatterin wieder die Stufen der Vortreppe herunter und folgte Ihnen.«

Anne sagte nichts. Miss Silver fuhr abermals fort: »Ich glaube nicht, daß die Polizei daran interessiert ist, Ihnen nachzuspionieren. Ich habe Anlaß zu glauben, daß die Polizei Sie nicht beobachten läßt. Daraus folgt, daß jemand anders Sie beschatten läßt. Das ist der Grund, weshalb ich Sie anrief. Sie wissen besser als ich, wer dieser Jemand sein könnte und in welcher Gefahr Sie schweben. Ich fühlte mich verpflichtet, Sie zu warnen. Wenn Sie meine Hilfe brauchen, stehe ich Ihnen zur Verfügung. Ich würde es für sicherer halten, wenn ich zu Ihnen käme und nicht umgekehrt.«

Annes Kopf fuhr mit einem Ruck hoch. Was tat sie da eigentlich? Wie kam sie dazu, sich so beschwatzen zu lassen? Sie mußte verrückt geworden sein. Vollkommen verrückt, denn etwas in ihr verlangte danach, zu antworten: Ja, kommen, kommen Sie! Kommen Sie sofort! Sie unterdrückte diese Regung, wie sie vorher ihre Stimme unter ihre Gewalt gebracht hatte, und murmelte:

»Ich bin sicher, daß Sie es sehr, sehr gut meinen; weiß aber immer noch nicht, wovon Sie eigentlich sprechen. Auf Wiederhören!«

27

Anne legte den Hörer auf die Gabel zurück. Sie empfand ein Gefühl der Erleichterung, das Gefühl einer gelungenen Flucht. Fast hätte sie ›Kommen Sie!‹ gesagt. Das schien nun unglaublich, doch sie hatte so etwas sagen wollen. Sie dachte, daß sie in ihrem ganzen Leben noch kein so eigenartiges Gespräch geführt hatte – seltsam im Wortlaut, und sonderbar in der Wirkung, das es auf sie hatte. Diese Frau, diese

Miss Silver, hatte so zu zu ihr gesprochen, als wüßte sie über
alles Bescheid. Nellie hatte mit ihr im Zug geredet. Was hatte
Nellie ihr anvertraut? Wieviel davon hatte sie vor der Polizei
wiederholt? Schon wurde das Gefühl der Erleichterung, daß
sie diesem Gespräch entkommen war, von dem Drang wieder aufgehoben, Miss Silver aufzusuchen und das herauszufinden. Dann beherrschte plötzlich das, was ihr Miss Silver
mitgeteilt hatte, ihr Bewußtsein – die nackte, unleugbare
Tatsache, daß Felix jemand auf ihre Spur gesetzt hatte.

Sie zweifelte nicht einen Moment daran, daß Felix der
Auftraggeber war. Und das bedeutete ... Sie wußte genau,
was das bedeutete. Sie hatte in Wahrheit gar keine Schlacht
gewonnen, sondern nur sein Mißtrauen geweckt. Er hatte
nicht aufgegeben, sie seinen Befehlen zu unterwerfen, und
er vertraute ihr nicht. Und wenn ihm berichtet wurde, sie sei
bis zu den Montague Mansions gegangen und dort vor dem
Haus stehengeblieben, das den Namen von Miss Silver trug,
würde sein Mißtrauen bestimmt nicht abgebaut, selbst wenn
sie das Haus nicht betreten hatte. Das konnte ja das nächstemal passieren ...

Ja, sie würde sich nun entschließen müssen. Sie konnte
ihre Karten hinwerfen, Miss Silver anrufen und Felix auslie-
fern ... Konnte sie das? Sie wußte ja nicht, wer er war. Was
oder wen hatte sie schon auszuliefern? Er war nur ein Phan-
tom hinter einem Lampenschirm und wußte seine Spuren zu
löschen. Jedes Wort, das sie gegen ihn vorbringen könnte,
würde nur auf sie selbst zurückfallen. Hätte Miss Silver sie
nicht erkannt, könnte sie jetzt in eine Telefonzelle gehen und
anonym bei ihr anrufen. Aber wenn das Wörtchen ›wenn‹
nicht wäre ... Miss Silver hatte sie erkannt! Sie würde Felix
nicht verraten und selbst unentdeckt bleiben können. Es war
zu spät für ihren Plan. Sie mußte auf Sicherheit gehen und

ihre Karten anders ausspielen. Sie mußte Felix den Wachsabdruck von Philips Schlüssel besorgen. Das würde ihn
besänftigen. Und wenn das Schicksal es besonders gut mit
ihr meinte, fand sie auch noch den Code in der Aktentasche
und war dann vollends rehabilitiert. Danach konnte er sie
unmöglich länger des Verrats verdächtigen.

Von den beiden Gefahren, zwischen denen sie zu wählen
hatte, erschien ihr die Bedrohung durch Philip plötzlich als
eine zu vernachlässigende Größe. Es war Felix, den sie um
jeden Preis zufriedenstellen mußte. Sie wußte sehr gut, was
mit einem wertlosen oder unzuverlässigen Werkzeug geschah – es wanderte auf den Müll. Das würde Felix genauso
bedenkenlos veranlassen, als wäre sie ein rostiges Stück
Eisen.

Ihre Zuversicht erlosch nicht, sondern wechselte nur die
Richtung. Sie fühlte sich erstaunlich selbstsicher. Sie legte
sich schon den Text zurecht, mit dem sie Felix mitteilen
wollte, wie sie die Leaham Street entlanggegangen und vor
den Montague Manions stehengeblieben sei. Und wenn er
fragte: ›Weshalb?‹ würde sie ihm lachend antworten: ›Oh,
ich weiß nicht – es amüsierte mich nur, durch ein Gitter zu
schauen wie auf ein Raubtier, das mich beißen würde, wenn
es eine Gelegenheit dazu bekäme!‹

Als Philip heimkam, war immer noch ein Rest ihrer guten
Laune übriggeblieben. Es war noch genügend Zeit bis zum
Abendessen, und er setzte sich zu ihr und plauderte. Als sie
in die Küche ging, um das Essen zuzubereiten, folgte er ihr
dorthin, lehnte sich an den Küchenschrank und redete weiter. Sie wußte selbst nicht, wie es kam, daß er sie über
Frankreich ausfragte. Nicht so, als habe er irgendeinen Verdacht, sondern als interessierte ihn dieses Thema, weil es eine
Grundlage für einen Gedankenaustausch darstellte. Wäh-

rend sie einen Fisch schuppte und aus Käse eine Soße zube-
reitete, kam es ihr zum erstenmal zu Bewußtsein, daß sie sich
miteinander unterhielten und daß Philip, wenn er es darauf
anlegte, sehr charmant und attraktiv sein konnte.

Während der Mahlzeit fing er an, von seiner Arbeit zu
erzählen. Nichts wirklich Wichtiges; aber allein die Tatsache,
daß dieses Thema nicht mehr tabu war, gab ihr erheblichen
Auftrieb. Sie war sehr vorsichtig, zeigte nur ein freundliches
Interesse und stellte keine Fragen. Nur als er davon sprach,
daß er nach dem Essen noch eine Kleinigkeit erledigen
müsse, erkundigte sie sich:

»Wird es lange dauern?«

»Nicht sehr lange. Ich hätte es eigentlich im Büro zu Ende
schreiben müssen; das Codebuch nehme ich nur ungern mit
nach Hause. Aber nein, es wird nicht lange dauern.«

Mit dem Fortgang der Mahlzeit wuchs ihre Zuversicht.
Sie hatte den Gipfel ihres Stimmungshochs erreicht. Als sie
den Kaffee aus der Küche holte, löste sie zwei von den
Tabletten, die ihr Felix gegeben hatte, in Philips Tasse auf.
Das Tablett stand auf der Anrichte. Sie hob den Kopf und
betrachtete sich in dem kleinen Spiegel, der auf dem Wand-
brett über der Anrichte stand. Einen Moment erschrak sie
über sich selbst. Ihre Wangen waren lebhaft gerötet, ihre
Augen blitzten, ihr Mund hatte einen ganz anderen
Schwung. Sie dachte: Ich sehe aus, als wäre ich in ihn verliebt.
Und dann: Warum eigentlich nicht? Ich könnte es sein, wenn
er das wollte. Warum nicht?

Sie nahm das Tablett auf und trug es hinüber ins Wohnzimmer. Philip hatte sich von seinem Stuhl erhoben, stand
am Kamin und sah ins Feuer. Als sie das Tablett wieder
absetzte, sagte er:

»Ich nehme den Kaffee mit ins Arbeitszimmer und erle-

dige rasch meine Hausarbeiten. Es wird nicht lange dauern.
Ich bin hundemüde. Mal einen ganzen Tag schlafen können – das wäre fein! Jedenfalls werde ich heute früh zu Bett
gehen.«

Sie hatte das Gefühl, als liefe heute alles nach ihrem
Wunsch. Wäre sie in einer anderen Gemütsverfassung gewesen, hätte sie sich vielleicht darüber gewundert. An diesem
Abend kam ihr nicht einmal der Gedanke, daß die Dinge
ungewöhnlich glatt liefen.

Als er nach einer Stunde ins Wohnzimmer zurückkam,
saß sie unter der Lampe und nähte eine Spitze an ein Stück
Unterwäsche. Licht schimmerte auf der pfirsichfarbenen
Seide und sprühte Funken. Sie sah hoch, als er hereinkam.
Er hielt die Hand vor den Mund und verbarg ein Gähnen.

»Müde, Philip?« fragte sie.

Er hatte am anderen Handgelenk eine Kette, an deren
Ende ein Schlüsselbund befestigt war. Er ringelte die Kette
auf dem Handteller zusammen und antwortete: »Todmüde.
Es hat keinen Zweck mehr, noch länger am Schreibtisch zu
sitzen. Ich gehe ins Bett.«

Während er sich abwandte, sah er über die Schulter zurück und sagte gute Nacht. Dann ging er aus dem Zimmer
und schloß die Tür hinter sich.

Anne setzte ihre Näharbeit fort. Auf dem Kaminsims
stand eine moderne Standuhr aus Chrom und Kristall. Sie
schlug mit einem hellen Klingeln die zehnte Stunde. Sie
schlug elf. Anne nähte noch eine halbe Stunde weiter. Dann
stand sie auf, legte den Unterrock, den sie mit einer Spitze
gesäumt hatte, zusammen und trug ihn ins Schlafzimmer. Sie
ließ sich Zeit dabei. Ein unbefangener Beobachter würde
gedacht haben, sie ist eine hübsche und ordentlich junge
Ehefrau, die aufräumt, ehe sie zu Bett geht.

Als sie den Unterrock in die Wäschekommode gelegt hatte, kam sie ins Wohnzimmer zurück und klopfte die Sofakissen auf. Sie ging ohne Hast und ohne Lärm zu machen hin und her. Dann ging sie in ihr Zimmer und zog die Schuhe aus. In ihren Seidenstrümpfen schlich sie zu Philips Zimmer und drückte vorsichtig die Klinke nieder. Sie bewegte sich lautlos. Sie hatte das Schloß geölt. Sie stand, die Tür einen Spalt offen haltend, auf der Schwelle und horchte auf Philips Atemzüge. Sie wollte nichts dem Zufall überlassen.

Er schlief fest. Es hätte gar nicht der Tabletten bedurft, damit sie sich unbemerkt an ihn heranpirschen konnte. Selbst das Heulen der Sirenen bei einem Luftangriff hätte ihn kaum aufgeweckt. Und während sie so lauernd dastand, regte sich ein wenig das schlechte Gewissen in ihr, aber es lenkte sie nicht von ihrem Vorhaben ab. Sie überlegte nur, wie wehrlos ein Schläfer allem ausgeliefert ist. Und nun kam wieder dieses Hochgefühl, daß alles in ihrem Sinn verlief. Heute nacht hatte sie die Macht in ihren Händen! Philip, Felix, Lyndall, Miss Silver – alle waren nur Werkzeuge, die sie für sich ausnützen würde . . .

Sie stieß die Tür ganz auf und betrat sein Schlafzimmer. Sie schaltete eine kleine Taschenlampe ein, die sie mit der Hand abschirmte. Der Schlüsselring lag mit einem Notiz-buch, einem Taschentuch und einigen Münzen auf der Fri-sierkommode. Es war ganz einfach. Sie nahm lautlos den Schlüsselring an sich, ging wieder aus dem Zimmer und zog die Tür hinter sich zu.

In seinem Arbeitszimmer schaltete sie das Oberlicht ein und setzte sich an seinen Schreibtisch. Die verschlossene Aktentasche lag links von ihr. Sie legte sie flach auf die Löschunterlage und steckte den kleinsten der Schlüssel am

Ring in die beiden Schlösser. Die Stahlbügel öffneten sich. Ganz obenauf lag das kaum Erhoffte, der fast unwahrscheinliche Glückstreffer: das Codebuch! Sie holte tief Luft und genoß ihren Triumph, das Gefühl der Macht . . .

28

Am nächsten Morgen ging Philip nicht sofort in sein Büro im Kriegsministerium. Mit der Aktentasche, die er am Abend zuvor mit nach Hause genommen hatte, ging er durch eine Reihe von Korridoren bis zu dem Zimmer, in dem Garth Albany an einem Schreibtisch arbeitete.

Er blickte hoch, als Philip hereinkam, und erschrak. Philip hatte noch nie viel Farbe gehabt, doch an diesem Morgen sah er aus wie ein Gespenst – blutleere Haut, Schatten unter den Augen, tiefe Falten um Nase und Mund.

»Nun?« fragte er und fuhr zusammen, als Philip mit einem schrillen Lachen antwortete:

»Nun kannst du dich freuen, wenn sie nicht noch gerissener ist, als wir dachten. Ich wurde heute nacht mit Drogen betäubt.«

»Was!«

Philip nickte kurz.

»Eine andere Erklärung gibt es nicht. Ich schlief wie ein Toter. Ich bin immer noch nicht ganz wach, trotz eiskalter Dusche und einer Kanne voll ausgezeichnetem Kaffee, der mir zum Frühstück vorgesetzt wurde. Es ist ein Jammer, daß Annie Joyce eine feindliche Agentin ist, denn ihre Kochkünste sind unübertrefflich. Jedenfalls hat sie mich gestern abend unter Drogen gesetzt, und was sie anschließend tat, kann ich leider nicht sagen. Du solltest deshalb lieber die Aktentasche und den Schlüssel der Abteilung für Spurensicherung übergeben, damit sie nach Fingerabdrücken suchen. Vielleicht hat sie die Handschuhe getragen. Dann sind wir die Dummen. Aber das bezweifle ich. In der eigenen Wohnung wird sie solche Vorsichtsmaßnahmen nicht ergreifen.«

Er stellte die Aktentasche auf Albanys Schreibtisch und legte einen in ein Taschentuch eingewickelten Schlüsselring daneben. Mit einem kurzen »Wir sprechen uns dann« machte er kehrt und ging wieder aus dem Zimmer.

Garth Albany sah ihm erleichtert nach. Eine gräßliche Geschichte, und Philip ging die Sache doch sehr an die Nieren.

Kurz nach ein Uhr mittag saß Lyndall Armitage im Salon von Lilla Jocelyns Wohnung. Es war ein zauberhaftes Zimmer, mit Fenstern nach Osten und Westen hinaus, so daß die Morgen- und Abendsonne ihn mit farbigem Licht erfüllte. Die beiden Westfenster befanden sich an der Wand, die der Tür gegenüberlag; das kleine Ostfenster lag hinter einem Knick verborgen, wo der kleinere Teil des Raumes im rechten Winkel an den größeren stieß. Dort stand Lillas Klavier. Als die Türglocke läutete, hatte Pelham Trent eben die Hände von den Tasten genommen und sich auf dem Schemel herumgedreht.

»Das war wundervoll«, sagte Lilla.

Wenn Lyndall auch etwas sagen wollte, so wurde diese Absicht von den eiligen Schritten im Korridor ausgelöscht. Ihr Herz schlug ein bißchen rascher, und, ohne es eigentlich zu wollen, war sie schon auf den Beinen und ging in den Teil des Zimmers hinüber, in dem sich die Tür befand. Sie kannte diese Schritte zu gut, doch sie hätte sich selbst nicht einge-

standen, wie bei diesen Schritten sich alles in ihr beschleu-
nigte. Sie hätte bei den beiden anderen bleiben sollen, hätte
ihm nicht entgegengehen dürfen – es gab keinen Grund, ihn
auf diese Weise zu empfangen. Diese Gedanken meldeten
sich alle gleichzeitig, doch keiner war so recht deutlich. Sie
zitterte ein wenig, wußte aber nicht, warum; und auch ihre
Gedanken schienen zu schwanken. Sie trat aus dem Ge-
sichtsfeld der beiden, die bei dem Klavier saßen, gleichzeitig
ging die Tür auf, und Philip kam herein.

Es kam noch etwas mit ihm ins Zimmer – sie wußte nicht,
was. Wie ein Schwall eiskalter Luft, die in ein geheiztes
Zimmer eindringt. Doch es war keine physikalisch meßbare
Kälte. Sie spürte sie in ihrem Geist, vor allem sah sie auf
Philips Gesicht.

Er schloß die Tür, lehnte sich dagegen und sagte:

»Anne ist tot.«

Lyndall hielt den Atem an und gab keinen Laut von sich.

Es war Lilla, die »Oh« sagte.

Und erst jetzt, mit der jähen Bewegung, die in dem Teil
des Raumes entstand, der seinem Blick entzogen war, wurde
es Philip Jocelyn bewußt, daß sie nicht allein im Zimmer
waren. Er stand steif einen Moment lang an der Tür, drehte
sich dann um, ging hinaus und schloß die Tür wieder hinter
sich. Ehe Lyndall ihm zu folgen vermochte, war er schon
wieder aus dem Haus. Das Klappen der Außentür hallte
durch den Korridor.

Es war kurz vor diesem Ereignis, daß Chefinspektor Lamb
und Sergeant Abbott in Nummer 8, Tenderden Court Mansions, aus dem Fahrstuhl traten und die Türglocke läuteten.
›Court Mansions‹ war ein etwas hochtrabender Name für
den Wohnblock, der kurz vor dem Krieg am Rand des

Tenderden-Parks errichtet worden war. Von dem Park war nur noch ein schmaler Grünstreifen mit Sträuchern übriggeblieben, die recht mitgenommen aussahen, seit man das Geländer entfernt hatte, um daraus Kartuschen anzufertigen. An einer Stelle hatten Bombensplitter die Büsche ausgeholzt. Zwei Häuser im Wohnblock waren ausgebrannt, doch die Mietwohnungen in den anderen Häusern hatten noch nicht unter den Luftangriffen gelitten.

Als Sergeant Abbott ungefähr eine Minute lang auf den Klingelknopf gedrückt hatte, zuckte er mit den Schultern und drehte sich zu seinem Chef um. Sie konnten die Klingel in einem leeren Raum hallen hören; aber kein anderes Geräusch drang aus der Wohnung.

«Niemand da, Sir.»

Lamb runzelte die Stirn.

«Sie kann getürmt sein, kann aber auch nur einen Moment die Wohnung verlassen haben, um einzukaufen. Gehen Sie mal hinunter und fragen Sie den Hausmeister, ob er gesehen hat, wie sie aus dem Haus ging.»

«Und wenn er sie nicht gesehen hat?»

Lamb dachte darüber nach. Er hatte einen Durchsuchungsbefehl; wollte jedoch so wenig wie möglich Aufsehen erregen. Er wollte den Hausmeister nicht in die Sache hineinziehen, aber es schadete nicht, sich bei ihm zu erkundigen, ob er Lady Jocelyn heute morgen gesehen hatte. Wenn nicht – nun, dann mußte er eben selbst tätig werden.

Als Abbott vom Erdgeschoß heraufkam und sagte, nein, der Hausmeister habe Lady Jocelyn heute morgen noch nicht zu Gesicht bekommen, runzelte Lamb abermals die Stirn. Er griff in seine Tasche und holte den Schlüssel heraus, der ihm ausgehändigt worden war.

«Mir wäre es lieber gewesen», sagte er, «wenn Sir Philip

uns begleitet und die Wohnung selbst aufgesperrt hätte. Das wäre legaler gewesen. Natürlich ist es unangenehm für ihn, aber für mich wäre es eine Beruhigung, daß alles nach Vorschrift geschieht. Nun, in diesem Job darf man keine Rücksicht auf Gefühle nehmen. Also, gehen wir hinein!«

Frank Abbott steckte den Schlüssel ins Schloß und sperrte die Wohnung auf. Sie kamen in einen kleinen leeren Flur, von dem eine Tür rechts abging und eine Tür ihnen gegenüberlag. Beide Türen standen halb offen, als wäre jemand zwischen den Räumen hin- und hergegangen. Aber die Wohnung machte einen verlassenen Eindruck.

Sie gingen zuerst direkt ins Wohnzimmer. Blasses Sonnenlicht fiel schräg durch ein Fenster. Alles war sauber, alle Dinge standen an ihrem Platz. Die Polster auf den Sesseln waren nicht eingedrückt, die Kissen aufgeklopft. Doch der Kamin enthielt noch ein halbverbranntes Holzscheit, und unter dem Rost lag Asche. Frank Abbott betrachtete sie mit hochgezogener Braue.

Lamb brummelte etwas, machte auf den Absätzen kehrt und ging durch den Flur zur anderen Tür. Er brauchte sie nicht anzufassen. Sie stand so weit offen, daß er Lady Jocelyn sehen konnte. Sie lag auf dem Gesicht neben dem Schreibtisch ihres Mannes, und beide wußten sofort, daß sie tot war.

Nach einer kurzen Pause überquerte Lamb die Schwelle des Arbeitszimmers. Die Frau, die er verhaften sollte, würde sich keinem weltlichen Gericht mehr stellen müssen. Der Telefonapparat stand neben ihr. Blut war zwischen ihren blonden Haaren und auf dem Teppich.

Lamb beugte sich über die Leiche, ohne etwas anzufassen.

»Von hinten aus nächster Nähe erschossen«, sagte er. »Sieht so aus, als habe sie in letzter Sekunde noch telefonieren wollen. Wir müssen den Yard verständigen; aber nicht von diesem Apparat aus.« Er deutete auf den Hörer, der neben ihrem Kopf lag. »Vielleicht ist im Schlafzimmer noch ein Apparat.«

Frank Abbott kam nach wenigen Sekunden wieder und meldete: »Der Nebenapparat ist in seinem Schlafzimmer. Sein Bett ist nicht gemacht worden.«

»Bett?«

»Sie schliefen getrennt. Ihr Schlafzimmer ist gleich neben dem Salon – das Bett gemacht, alles aufgeräumt.«

Lamb gab einen grunzenden Laut von sich – ein Zeichen, daß er über etwas nachdachte.

»Sieht so aus, als wäre es gleich in der Frühe passiert. Er verläßt gegen halb neun die Wohnung. Sie hatte gerade noch Zeit, ihr Zimmer aufzuräumen; aber zu seinem kam sie nicht mehr. Er sagte uns, sie hätten kein Dienstmädchen. Ich frage mich, ob sie noch das Frühstück gemacht hat.«

Sie gingen zusammen in die kleine Küche. Auf einem sauberen gewürfelten Tischtuch standen die Überreste einer Mahlzeit – Tassen mit Kaffeerändern, Kaffeekanne, Milchkännchen, eine Schale mit Brötchen und ein Stück Butter auf einem Teller –, offenbar unberührt.

»Scheint, als hätten sie beide nicht viel Appetit heute morgen gehabt. Kaffee! Für mich fängt ein guter Tag nur mit einer Tasse gutem, starkem Tee an. Und dazu gebratenen Speck.«

»Und wer brät Ihnen den Speck?«

»Sicher, sicher – wir sind mitten im Krieg. Aber ich verwende meine Speckrationen ausschließlich für das Frühstück. Nun, die Jungs von der Spurensicherung werden gleich hier sein. Seltsam, den Tag mit Kaffee zu beginnen!«

»Er ist doch mit einer Droge betäubt worden, und sie – egal, wer sie nun ist – hat eine Reihe von Jahren in Frankreich gelebt, wo es üblich ist, den Tag mit Brötchen und Kaffee anzufangen.«

Chefinspektor Lamb betrachtete mißbilligend den Früh-stückstisch.

»Da braucht man sich nicht zu wundern, warum Frank-reich so rasch erobert wurde! Kaffee! Wie kann man erwar-ten, daß Soldaten mit Kaffee im Bauch kämpfen können?«

Dann, als das Telefon läutete, sagte er: »Wer kann denn das sein? Gehen Sie mal ran, Abbott!«

Frank Abbott nahm den blaßblauen Hörer vom Neben-apparat. Eine verstörte Stimme fragte: »Wer ist am Apparat? Bist du das, Philip?«

»Nein«, antwortete Frank und wartete.

Es war eine bezaubernd junge und zarte Stimme. Nach kurzem Zögern meldete sie sich wieder:

»Spreche ich mit Nummer 8, Tendern Court Mansions?«

»Oh, ja. Und mit wem spreche ich?«

»Mit Mrs. Perry Jocelyn. Ist Lady Jocelyn zu Hause? Kann ich mit ihr reden?«

»Ich fürchte, nein.«

»Oh!« Die Verstörtheit hatte sich in einen Schrecken verwandelt.

»Oh – ist irgend etwas passiert?«

»Wie kommen Sie auf diese Idee, Mrs. Jocelyn?«

»Philip sagte . . .« Ihre Stimme stockte einen Moment. »Es kann doch nicht wahr sein, daß sie tot ist!«

»Hat Sir Philip Ihnen gesagt, daß Lady Jocelyn tot sei?«

»Oh, ja, das hat er! Er sagte es nicht zu mir, sondern zu meiner Kusine – Miss Armitage. ›Anne ist tot‹, sagte er, und dann lief er aus der Wohnung. Wir konnten ihn nicht fragen, was passiert ist. Und ich möchte es doch nicht glauben. Und deshalb dachte ich, du rufst lieber einmal bei ihr an.«

»Wann war das, Mrs. Jocelyn?«

»Er war um Viertel vor eins bei uns. Aber sagen Sie mir doch bitte, wer Sie sind. Ein Arzt? Hatte sie einen Unfall? Ist sie wirklich tot?«

»Ich fürchte, das ist sie.«

Er legte auf und entdeckte Lamb hinter sich, der ihn mit gerunzelter Stirn ansah.

»Das ist aber eigenartig. Haben Sie mitgehört? Das war Mrs. Perry Jocelyn. Sie behauptet, Sir Philip Jocelyn wäre Viertel vor eins bei ihr gewesen und habe ihr mitgeteilt, seine Frau wäre tot. *Wie konnte er das wissen?«*

29

Philip Jocelyn kam mit dem unangenehmen Gefühl aus dem Haus, daß er einen Narren aus sich gemacht hatte. Das Zeug, das sie ihm gestern abend in den Kaffee getan hatte, machte ihn immer noch ganz wirr im Kopf. Er mußte verrückt geworden sein, so einfach in Lillas Wohnung zu stürmen und mit den Worten ›Anne ist tot‹ herauszuplatzen, ohne sich erst zu vergewissern, daß sie allein waren. Er hatte gar nicht vorgehabt, so etwas zu sagen. Er hatte nicht einmal beabsichtigt, Lilla zu besuchen. Er war nur so nahe bei ihrer Wohnung gewesen, daß es ihm plötzlich wie eine zwingende Notwendigkeit erschien, sich ihr mitzuteilen. Er hatte nichts geplant. Die Droge und seine Gedankenverwirrung waren daran schuld.

Als er von ihr fortging, hatte er keine Ahnung, wohin er sich jetzt wenden sollte. Nicht zurück in seine Wohnung. Noch nicht – nicht eher, als er mußte. Laß sie erst machen.

Ihm fiel ein, daß er seit gestern nichts mehr gegessen hatte. Eine Mahlzeit würde vermutlich beruhigend auf seinen Kopf wirken. Er bog in eine Hauptstraße ab und betrat das erstbeste Lokal.

Eine halbe Stunde darauf sperrte er seine Wohnungstür auf. Chefinspektor Lamb erwartete ihn im Flur.

»Das ist eine böse Geschichte, Sir Philip.«

»Was wollen Sie damit sagen?«

»Sie wissen es nicht?«

»Ich würde Sie nicht fragen, wenn ich das täte. Sie ist Ihnen entwischt?«

Lamb sah ihn mit ausdruckslosem Gesicht an.

»So kann man es auch nennen.«

Philips Kopf war inzwischen klar genug, daß er mit ziemlich scharfer Stimme fragen konnte:

»Was ist passiert?«

»Das«, sagte Lamb und gab die Sicht in Philips Arbeitszimmer frei.

Philip ging die zwei Schritte, die ihn von der Tür seines Arbeitszimmers trennten, und blieb an der Schwelle stehen. Drei Männer befanden sich dort im Raum. Einer von ihnen hatte eine Kamera. Annie Joyce lag noch an der gleichen Stelle, wo sie zu Boden gestürzt war. Philip dachte an sie unter diesem Namen – Annie Joyce. Für ihn war sie nicht Anne Jocelyn oder seine Frau, Lady Jocelyn. Er betrachtete sie und wußte, daß sie tot war. Er spürte ein kurzes Bedauern und dann wurde sein Gesicht hart. Er trat in den Flur zurück und fragte mit beherrschter Stimme:

»Sie hat sich selbst erschossen? Ehe Sie kamen – oder danach?«

Lamb schüttelte den Kopf.

»Weder, noch! Sie hat sich nicht selbst erschossen, ein anderer hat das für sie getan. Wir fanden keine Waffe bei der Toten.«

»Jemand hat sie erschossen?«

»Unstreitig. Gehen wir also hier hinein.« Der Chefinspektor öffnete die Tür zum Wohnzimmer. »Man wird die Leiche jetzt fortschaffen, und ich möchte Ihnen ein paar Fragen stellen. Das ist Sergeant Abbott. Wenn Sie nichts dagegen haben, wird er alles mitschreiben. Wir brauchen Ihre Aussage. Ich vermute, Sie werden uns doch eine Aussage nicht verweigern?«

Frank Abbott schloß die Tür und zog sein Notizbuch aus der Tasche. Die Sonne hatte sich hinter Wolken versteckt. Es war kalt im Zimmer. Sie setzten sich. Lamb sagte:

»Man gab uns zu verstehen, daß es sich um eine sehr vertrauliche Sache handle – um einen Spionagefall. Aber offenbar hat sich daraus ein Mordfall entwickelt.«

Philip sagte: »Sind Sie sicher, daß es kein Selbstmord war?«

»Ganz sicher. Lage und Aussehen der Wunde – das Fehlen der Mordwaffe. Jemand erschoß sie von hinten. Und nun frage ich Sie geradeheraus: War sie noch am Leben, als Sie heute morgen die Wohnung verließen?«

Philip Jocelyns Augenbrauen gingen in die Höhe.

»Selbstverständlich war sie noch am Leben.«

Lamb fuhr mit seiner schwerfälligen, ernsthaften Art zu reden fort. Seine Augen wirkten etwas starr; doch sein Blick war fest und aufmerksam. Nicht ein Zucken der Lider, nicht ein Wechsel des Ausdrucks auf diesem breiten, roten Gesicht. Darüber waren schwarze, struppige Haare mit beginnender Stirnglatze zu sehen. Er hatte seinen Mantel ausgezogen, doch auch ohne dieses Kleidungsstück füllte er den

Sessel bis zum Platzen aus, saß steif und kerzengerade, die Hände auf die Knie gestemmt.

»Der Polizeiarzt sagt, sie wäre schon ein paar Stunden tot. Um wieviel Uhr verließen Sie heute morgen die Wohnung?«

»Um zwanzig vor neun.«

Lamb nickte.

»Haben Sie vorher gefrühstückt?«

Philip war so kurz angebunden wie er:

»Kaffee.«

Lamb brummelte:

»Hatte etwas von einer Droge, mit der Sie gestern abend betäubt wurden. Stimmt das?« Sein Tonfall deutete an, daß er Kaffee als Medizin durchaus für nützlich hielt.

»Ja«, sagte Philip.

»Und während Sie schliefen, wurde die Aktentasche, die Sie aus dem Kriegsministerium nach Hause brachten, ohne Ihre Erlaubnis mit Ihrem Schlüssel geöffnet und der Inhalt durchwühlt?«

»Ja.«

»Lady Jocelyns Fingerabdrücke . . .«

Philip unterbrach ihn scharf:

»Sie war weder Lady Jocelyn noch meine Frau. Sie war eine feindliche Agentin namens Annie Joyce.«

»Aber sie hat sich als Lady Jocelyn ausgegeben?«

»Ja.«

»Ihre Fingerabdrücke wurden auf dem Schlüsselring und den Papieren gefunden, die Sie in der Aktentasche aufbewahren?«

»Ja.«

»Waren es Geheimpapiere?«

»Sie sahen aus wie Geheimpapiere, tatsächlich waren sie

es nicht. Das Codebuch, das bei den Papieren lag, war nicht mehr gültig. Die Tasche enthielt nichts, was dem Feind von Nutzen gewesen sein konnte.«

»Wann hatten Sie Anlaß zu der Vermutung, daß jemand sich unerlaubt an Ihrer Aktentasche zu schaffen machen würde?«

»Ich hielt es für wahrscheinlich und wollte kein Risiko eingehen. Wie Sie wissen, habe ich mich dem Geheimdienst offenbart. Ich handelte nach dessen Anweisungen.«

»Hatten Sie Anlaß zu der Vermutung, daß man Sie mit Drogen betäuben würde?«

»Nein. Aber das spielt keine Rolle, außer daß mein Kopf immer noch nicht ganz klar ist. Selbstverständlich mußten wir auch diese Möglichkeit ins Kalkül ziehen, aber ich habe von Natur aus einen gesunden Schlaf. Sie hätte es auch ohne Betäubungsmittel versuchen können.«

»Wäre sie in der Lage gewesen, zu beurteilen, wie tief Sie schliefen?«

»Nein.«

Frank Abbott, der, etwas über den Tisch gebeugt, jedes Wort mitschrieb, dachte: Er ist nicht ganz mit seinen Gedanken dabei. Wenn sie heute morgen noch am Leben war, als er ins Büro fuhr – wie kann er dann um Viertel vor eins wissen, daß sie tot ist? Er verließ das Kriegsministerium erst kurz vor halb zwölf. Wir waren doch hier in seiner Wohnung, ehe er sie erreichen konnte ...

Lamb sagte: »Um wieder auf die Tote zurückzukommen – ihr Fall stand ja in der Zeitung. Ich meine, daß sie aus Frankreich zurückgekommen war und behauptete, sie wäre Lady Jocelyn.

Darf ich Sie fragen, ob die Darstellungen der Presse im wesentlichen richtig waren?«

»Ich denke schon. Ich habe natürlich nicht alle Berichte gelesen.«

»Sie haben ihr die Geschichte geglaubt – ich meine, daß sie Lady Jocelyn sei?«

»Nein.«

»Wollen Sie mir freundlicherweise diese Frage ausführlicher beantworten?«

»Schön! Ich glaubte nicht, daß sie meine Frau wäre. Sie sah aus wie sie und schien alles zu wissen, was nur meine Frau wissen konnte. Trotzdem war sie meinem Gefühl nach für mich eine Fremde. Der Rest der Familie hatte nicht den geringsten Zweifel und konnte nicht verstehen, weshalb ich sie nicht als meine Frau anerkennen wollte.«

»Die Ähnlichkeit war sehr stark?«

»Überwältigend stark – und sorgsam kultiviert.«

»Sorgsam kultiviert? Wie soll ich das verstehen?«

»Zunächst bestand ja eine wirkliche Verwandtschaft zwischen Anne und der Toten. Mein Vater hatte von seinem Onkel, Sir Ambrose Jocelyn, den Titel und Besitz geerbt. Ambrose hatte einen unehelichen Sohn, der wiederum der Vater von Annie Joyce gewesen ist. Außerdem eine eheliche Tochter, die die Mutter meiner verstorbenen Frau war. Die Jocelyns haben sehr ausgeprägte einheitliche Familienmerkmale. Doch selbst unter diesen Umständen war die Ähnlichkeit bemerkenswert.«

»Annie Joyce und Lady Jocelyn waren also Kusinen ersten Grades?«

»Ja.«

Lamb bewegte sich in seinem Sessel und beugte sich ein wenig vor.

»Wenn Sie glaubten, die Tote sei Annie Joyce, wie konnten Sie dann zulassen, daß sie unter dem Namen Anne

Jocelyn in der Öffentlichkeit auftrat? Sie lebte doch unter diesem Namen in dieser Wohnung, nicht wahr?«

Zorn und Stolz schnitten tiefe Linien in Philips Gesicht. Er antwortete nur auf diese Frage, weil er dazu verpflichtet war. Und weil er sich verdächtig gemacht hätte, wenn er auch nur eine Sekunde zögerte.

»Ich ließ mich nach einer Weile davon überzeugen, daß sie sei, was zu sein sie behauptete. Die Beweise für ihre falsche Identität waren zu stark.«

»Was waren das für Beweise, Sir Philip?«

»Sie schien Dinge zu wissen, die nur meine Ehefrau und ich wissen konnten. Danach hatte ich gar keine Wahl mehr, als sie zu akzeptieren. Ich dachte, ich wäre es ihr schuldig, ihren Wünschen nachzukommen. Sie wollte mit mir unter einem Dach leben.«

»Sie waren also von ihrer Identität überzeugt?«

»Eine gewisse Zeit lang – ja.«

»Und was hat dann Ihre Meinung wieder geändert?«

»Eine ehemalige Freundin meiner Frau, die als Brautjungfer bei ihrer Hochzeit war. Von ihr erfuhr ich, daß meine Frau ein Tagebuch führte, in dem sie auch intime und vertrauliche Dinge festhielt. Mir wurde sofort klar, daß dieses Tagebuch die Quelle sein mußte, aus der Annie Joyce Informationen schöpfte, die nur meiner Frau und mir bekannt sein konnten. Sie hatte mich also mit diesen Kenntnissen getäuscht.«

»Wann erfuhren Sie von diesem Tagebuch!«

»Vorgestern abend.«

»Sind Sie anschließend zum Militärischen Abschirmdienst gegangen und haben ihm die Sache angezeigt?«

»Nein, der Abschirmdienst trat an mich heran. Er hatte Nachrichten erhalten, die ein verdächtiges Licht auf Annie

Joyce warfen. Er empfahl mir, ein paar gefälschte Geheimdokumente und ein außer Dienst gestelltes Chiffrierbuch mit nach Hause zu nehmen und sie wissen zu lassen, daß ich wertvolle Unterlagen in meiner Aktentasche aufbewahrte. Anschließend betäubte sie mich und brach in meine Aktentasche ein. Die Leute vom Geheimdienst haben an Hand der Fingerabdrücke, die sie auf den Papieren fanden, die Agentin überführt.«

Lamb saß eine Weile schweigend da. Draußen gingen schwere Schritte durch den Flur. Die Wohnungstür fiel ins Schloß. Das Schweigen setzte wieder ein. Lamb schwieg noch immer. Endlich sagte er:

»Sie brauchen meine nächste Frage nur zu beantworten, wenn es Ihr freiwilliger Entschluß ist – aber ich muß Sie fragen, ob Sie diese Frau erschossen haben.«

Philips Augenbrauen gingen in die Höhe.

»Ich? Gewiß nicht. Warum sollte ich?«

»Sie könnten ja mitten in der Nacht aufgewacht sein und diese Frau beim Aufbrechen Ihrer Aktentasche überrascht haben.«

Die Augen unter den hochgezogenen Brauen gaben den Blick des Inspektors kalt zurück.

»In diesem Fall hätte ich die Polizei in die Wohnung gerufen.«

»Ich frage mich, ob Sie das tatsächlich getan hätten, Sir Philip.«

»Diese Frage ist rein hypothetisch, Inspektor. Ich bin nicht aufgewacht.«

Lamb gab einen Grunzlaut von sich.

»Besitzen Sie eine Faustwaffe?«

»Gewiß. Einen Revolver.«

»Und wo bewahren Sie den Revolver auf?«

»In meinem Arbeitszimmer – in der zweiten Schublade
auf der rechten Seite meines Schreibtischs.«

»Sind Sie sicher, daß der Revolver in der Schublade ist?«

»Dort sollte er sein.«

»Nun, dann wollen wir doch mal nachsehen. Man hat die
Tote inzwischen fortgeschafft.«

Sie gingen gemeinsam in das Arbeitszimmer hinüber –
Philip Jocelyn voran, Frank Abbott am Schluß. Der Raum
war inzwischen aufgeräumt worden, das Telefon stand wieder auf dem Schreibtisch. Nur der Blutfleck im Teppich
erinnerte noch an das Drama, das sich hier abgespielt hatte.
Philip zog die Schublade mit einem Ruck heraus. Schreib-
blöcke und Umschläge, säuberlich auseinandergeschichtet –
aber kein Revolver. Er runzelte die Stirn und zog auch die
nächste Schublade heraus. Wieder kein Revolver. Und das
galt der Reihe nach für alle übrigen Schubladen und Fächer.

»Er ist nicht da.«

»Wann haben Sie den Revolver zum letztenmal gesehen?«

»Gestern abend. Ich brauchte ein paar Briefumschläge.
Da lag der Revolver noch an seinem Platz.«

Er sah mit gefurchter Stirn auf den Schreibtisch nieder.
Das Päckchen Briefkuverts, das er gestern aus der Schublade
geholt hatte, lag noch auf der Löschunterlage.

»Glauben Sie, die Frau wurde mit meinem Revolver erschossen?«

»Durchaus möglich! Das können wir erst sagen, wenn wir
die Tatwaffe finden.«

Frank Abbott dachte: Wenn er der Täter ist, spielt er uns
ein überzeugendes Theaterstück vor. Ich sehe auch nicht ein,
weshalb er die Frau erschießen sollte – es sei denn, sie fand
vor ihm die Waffe und bedrohte ihn damit . . . Er packt ihren
rechten Arm, ringt mit ihr. Sie wird von Panik ergriffen und

langt nach dem Telefon, als er ihr die Waffe entwindet. Da schießt er ... Nein, kein ausreichendes Motiv für diese Tat, wenn nicht ein unbekannter Faktor dabei eine Rolle spielt. In der Regel tut er das. Natürlich kann er auch die Nerven verloren haben, und der Schuß ging aus Versehen los. Aber er sieht nicht so aus ... Ein guter Schachzug, die Tatwaffe verschwinden zu lassen. Wenn wir sie nicht finden, können wir ihm überhaupt nichts anhängen ...

Lamb sagte: »Um wieviel Uhr kamen Sie heute morgen im Kriegsministerium an?«

»Ein paar Minuten nach neun. Warum fragen Sie mich das?«

»Um wieviel Uhr haben Sie das Ministerium wieder verlassen?«

»Um halb eins.«

»Kamen Sie vom Ministerium hierher in Ihre Wohnung?«

»Nein.«

»Bestimmt nicht?«

»Bestimmt nicht.«

»Wohin sind Sie gegangen?«

»Zuerst in die Wohnung meiner Kusine, Mrs. Perry Jocelyn. Ich wollte sie fragen, ob ich eine Kleinigkeit bei ihr essen könnte, doch als ich sie nicht allein in ihrer Wohnung vorfand, bin ich wieder gegangen.«

»Was haben Sie dann gemacht?«

»Ich ging in ein Lokal, aß dort eine Kleinigkeit und kam anschließend hierher.«

»Sie haben heute morgen nichts gefrühstückt, nicht wahr? Sie tranken nur Kaffee. Haben Sie ihn selbst zubereitet?«

»Nein – Miss Joyce kochte ihn.«

Lamb grunzte und sagte:

»Bis jetzt haben wir keinen Beweis, daß es sich bei der

Toten um Annie Joyce handelt. Doch lassen wir das mal beiseite – sie hat also den Kaffee gekocht? Und sie war auch noch am Leben, als Sie die Wohnung verließen?«

»Ja.«

»Wie erklären Sie sich dann, daß Sie bereits wußten, daß diese Frau tot war, als Sie in die Wohnung von Mrs. Perry kamen?«

Jocelyn kamen?«

Philip starrte ihn an. Dann sagte er:

»Aber das wußte ich doch gar nicht. Wie konnte ich?«

Lamb gab ihm diesen starren Blick zurück.

»Diese Frage kann ich Ihnen auch nicht beantworten. Wir wissen nur, daß Sie um Viertel vor eins in den Salon von Mrs. Jocelyn kamen, dort sagten: ›Anne ist tot‹ und den Raum in großer Eile wieder verließen.«

Philip wirkte betroffen. Er versuchte sich zu erinnern, was er wirklich gesagt hatte. Außer Lyn hatte er niemand gesehen. Er hatte nur an sie gedacht. »Anne ist tot«, hatte er gesagt, weil nur dieser eine Gedanke seinen Geist beschäftigte. Doch dieser Satz war nur für Lyn bestimmt gewesen. Und dann hatte er Lillas Stimme gehört, und jemand hatte sich bewegt. Er hatte sich umgedreht und war wieder hinausgelaufen. Er runzelte die Stirn und sagte:

»Sie haben meine Worte falsch aufgefaßt. Ich redete nicht von Annie Joyce. Ich wußte nicht, daß sie tot war – dachte gar nicht an sie. Ich dachte an meine Frau.«

»Ihre Frau?« Die Stimme des Chefinspektors drückte Ungläubigkeit aus.

Philip spürte kalten Zorn. Warum klang die reine Wahrheit so wenig überzeugend? Selbst für ihn hatte sie das Flair einer Ausrede. Er sagte:

»Natürlich! Wenn diese Frau Annie Joyce ist, war meine Frau tot – seit mehr als drei Jahren. Für mich war die Tatsa-

che, daß sie in meine Aktentasche einbrach, der absolute
Beweis. Als ich in Mrs. Jocelyns Wohnung kam, ahnte ich
nicht, daß sich noch andere Personen in ihrem Salon aufhal-
ten würden. Ich sagte, was ich gerade dachte. Als ich feststellen mußte, daß wir nicht unter uns waren, ging ich wieder
hinaus. Es war ein Thema, das ich nicht mit fremden Personen zu erörtern wünschte.«

Frank Abbott schrieb alles in sein Notizbuch. Sein leicht
zynischer Gesichtsausdruck verwandelte sich in nachdenkliche Skepsis. Könnte so gewesen sein, dachte er. Das Mädchen Lyn Armitage ist für ihn so etwas wie eine Vertraute.
Das alte Spiel – sage es zuerst deiner Liebsten! Er hatte es
ein wenig eilig, ihr mitzuteilen, daß seine Frau tot sei. Vermutlich hat es der Chef auch gemerkt. Ihm entgeht selten
was.

Er schloß das Notizbuch, als das Telefon läutete.

30

Frank Abbott nahm den Hörer vom Ohr, bedeckte das
Mundstück mit der Hand und sagte:
»Miss Silver ist am Apparat, Sir.«

Die blühende Gesichtsfarbe des Chefinspektors wurde
noch dunkler, seine Augen quollen eine Idee weiter aus den
Höhlen. Die Ähnlichkeit mit der Scheibe eines Pfeilwurf-
spiels drängte sich dem Sergeanten auf.

»Miss Silver?« wiederholte er entrüstet.

Frank nickte. »Was soll ich ihr sagen?«

»Nach wem hat sie denn gefragt?«

»Lady Jocelyn.«

235

Lambs Gesicht wurde purpurrot.

»Was hat sie sich denn in *diesen* Fall einzumischen? Sie können sie nicht einfach abwimmeln, weil sie vermutlich Ihre Stimme erkannt hat! Fragen Sie sie, was sie will!«

»Soll ich ihr sagen, was passiert ist?«

Lamb brummelte:

»Fragen Sie sie zuerst!«

Frank sprach mit honigsüßer Stimme in die Muschel:

»Tut mir so leid, daß ich Sie warten ließ. Der Chef fragt an, ob Sie vielleicht geneigt sind, ihm mitzuteilen, weshalb Sie Lady Jocelyn zu sprechen wünschen.«

Miss Silvers etwas pikiertes Hüsteln war deutlich durch den Hörer zu vernehmen. Die Worte, die ihm folgten, blieben Lamb und Philip unverständlich.

Frank sagte: »Ich werde ihn fragen.« Er wandte sich erneut an seinen Chef: »Sie will zu Ihnen, Sir.«

Lamb bewegte ruckartig seinen schweren Kopf.

»Ich habe keine Zeit, sie zu empfangen – sagen Sie ihr das! Und Sie brauchen es auch gar nicht erst in Seidenpapier einzuwickeln. Sagen Sie ihr, es sei ein Mordfall. Ein echter Mordfall diesmal. Nicht irgendwelche Hirngespinste! Und ich wäre ihr sehr dankbar, wenn sie mich nicht behelligte, sondern mich meine Arbeit tun ließe!«

In der Hoffnung, daß seine Hand eine ausreichende Schalldämmung darstellte, schickte sich Sergeant Abbott an, die Anweisungen seines Chefs zu übersetzen:

»Der Chef ist sehr beschäftigt. Tatsächlich ist die Lage hier etwas verworren. Sie ist erschossen worden – Ja, tot ... nein, kein Selbstmord ... Ja, wir sind gerade bei den Ermittlungen. Sie werden demnach verstehen ...«

Am anderen Ende der Leitung hüstelte Miss Silver auf eine sehr entschiedene Weise.

»Ich habe dem Chefinspektor etwas außerordentlich Wichtiges mitzuteilen. Würden Sie dem Chefinspektor ausrichten, daß ich hoffe, ihn in zwanzig Minuten sprechen zu können.«

Frank wandte den Kopf den anderen beiden Männern zu.

»Sie hat aufgelegt, Sir. Sie kommt hierher. Sie sagt, sie habe etwas sehr Wichtiges für uns. Sie wissen, daß sie nie übertreibt.«

Der Chefinspektor erlag zum erstenmal seit vielen Jahren beinahe der Versuchung, laut und ausführlich zu fluchen. Als Kirchenvorstand konnte er sich das kaum leisten, aber es kostete ihn große Mühe, der Versuchung zu widerstehen. Trotzdem verlief das Zusammentreffen, als Miss Silver am Tatort anlangte, ganz nach dem gewohnten Ritual der gegenseitigen Wertschätzung und langjährigen Bekanntschaft. Sie gaben sich die Hand. Sie erkundigte sich nach der Gesundheit von Mr. Lamb, Mrs. Lamb und ihrer drei Töchter, die sein ganzer Stolz waren. Sie erinnerte sich, welche der drei in welchem weiblichen Hilfskorps diente. Sie erinnerte sich sogar an den Namen des Verlobten von Lily, die kurz vor der Eheschließung stand.

Unter dieser Seelenmassage entspannte sich der Chef sichtlich, wie Frank Abbott beobachten konnte. Und das phantastische daran ist, dachte Lamb, daß sie dieses Interesse nicht heuchelt. Sie ist ehrlich an dem Wohlergehen ihrer Mitmenschen interessiert. Sie will wirklich wissen, ob der junge Mann, mit dem Lily verlobt ist, auch eine passende Partie ist. Und ob Violet demnächst zum Offizier befördert wird ... Er würde blitzartig erkennen, wenn sie nur eine Schau abzieht. Doch das tut sie nicht – schon eine erstaunliche Frau, unsere Maud Silver.

Lamb setzte einen Schlußpunkt unter seine geheimen Komplimente, indem er bemerkte: »Wir sind sehr beschäftigt, Miss Silver. Weshalb wollen Sie mich sprechen?«

Sie waren nur noch zu dritt in der Wohnung. Philip Jocelyn war an seinen Schreibtisch im Kriegsministerium zurückgekehrt. Miss Silver suchte sich einen Stuhl mit steifer hoher Lehne und nahm Platz. Die beiden Männer folgten ihrem Beispiel.

Frank Abbott, der sich oft nützlicher machte, als man seiner eleganten Erscheinung zutraute, hatte die Asche aus dem Kamin entfernt und sogar ein frisches Feuer entzündet. Miss Silver registrierte das mit Wohlwollen und bemerkte, daß das Wetter für diese Jahreszeit ungewöhnlich kühl sei, und richtete dann das Wort an den Chefinspektor:

»Ich war sehr schockiert, als ich von dieser neuerlichen Katastrophe erfuhr. Ich fürchtete zwar, daß sie in Gefahr schwebte, hatte jedoch keine Ahnung, daß die Bedrohung schon so akut war.«

»Nun, ich weiß nichts von einer Katastrophe, Miss Silver. Sie hatte eine kriminelle Handlung begangen, wie Sie wissen. Oder vielleicht wissen Sie ausnahmsweise diesmal wirklich nichts davon. Ich weiß ja, daß ich mich auf Ihre Diskretion verlassen kann. Unter uns gesagt – sie war eine feindliche Agentin.«

»Du lieber Himmel – wie schockierend! Selbstverständlich habe ich so etwas vermutet, aber Beweise gab es natürlich nicht für meinen Verdacht.«

»Oh, Sie hatten bereits einen Verdacht? Wieso?«

Frank Abbott erkannte in Miss Silvers Verhalten eine leise Mißbilligung der Ausdrucksweise seines Chefs. Ihm fehlten gewissermaßen die Zwischentöne des gehobenen Anstands. Sie sagte etwas schroff: »Ein Verdacht stellt sich ein. Woher

er kommt, läßt sich nicht immer leicht begründen. Ich dachte, daß sie bis zu einem gewissen Grad Mitwisserin bei dem
Verbrechen gewesen sein mußte, dem die arme Miss Collins
zum Opfer . . .«

»Unfall«, warf Lamb dazwischen, »ein reiner Unfall.«

Miss Silver hüstelte.

»Ich glaube nicht. Mir fiel auf, daß Lady Jocelyn . . .«

Lamb unterbrach sie abermals:

»Sir Philip sagt, sie wäre nicht Lady Jocelyn – er sagt, sie
wäre nicht seine Frau gewesen – er sagt, es wäre die andere
Frau, über die so viel in der Zeitung berichtet wurde – diese
Annie Joyce!«

»Das überrascht mich nicht. Lady Jocelyn konnte ja gar
kein Interesse an dem Tod von Miss Collins haben. Annie
Joyce hingegen hatte das größte Interesse daran. Miss Collins hatte zweifellos von einem körperlichen Kennzeichen
gewußt, das sie in die Lage versetzt hätte, Annie Joyce
einwandfrei zu identifizieren. Sie hatte sie ja als Kind mehrere Jahre betreut. Diese Identifizierung zu verhindern wäre
für Annie Joyce ein sehr starkes Motiv gewesen.«

Lamb gab wieder einen seiner Grunzlaute von sich.

»Sie mögen recht haben – oder auch nicht. Ich werde dem
Polizeiarzt ausrichten lassen, er möge bei der Obduktion der
Toten besonders auf Körpermerkmale achten. Aber Sie ha-
ben uns noch nichts von Ihren Gründen genannt, die Sie auf
die Vermutung brachten, die Tote könnte eine feindliche
Agentin gewesen sein.«

»Das erschloß sich mir aus der Summe der Umstände,
glaube ich. Ich gewann den Eindruck, daß die Frau die Rolle
einer anderen Person spielte, und dafür kam ja nur Annie
Joyce in Frage. Diese Rolle kann sie unmöglich ohne fremde
Hilfe gespielt haben. Woher konnte Annie Joyce wissen, daß

sich Sir Philip tatsächlich in England aufhält? Sie hatte es
gewußt, weil sie sonst nicht von Westhaven aus im Jocelyns
Holt angerufen und ihn an den Apparat geholt hätte. Nach
Miss Collins' Tod suchte ich im Archiv die alten Zeitungen
heraus. Da sprang mir sogleich das merkwürdige Zusammentreffen ins Auge, daß die totgeglaubte Frau in dem
Moment aus dem besetzten Frankreich herüberkommt, als
Sir Philip eine Vertrauensstellung im Kriegsministerium
übernimmt. Ich vermute, er hat mit geheimen Akten zu
tun.«

»Und wer hat Ihnen das gesteckt?« erkundigte sich Lamb.

Miss Silver lächelte diesmal.

»Sie erwarten darauf doch keine Antwort von mir, nicht
wahr? ... Kehren wir zu meinen Vermutungen zurück. Ich
kam an dem Gedanken nicht vorbei, daß es für die Deutschen von großem Vorteil wäre, wenn sie einen Agenten in
Sir Philip Jocelyns Haushalt einschleusen könnten. Tatsächlich war mir ihr Wiederauftauchen zeitlich zu perfekt.«

Lamb betrachtete sie schweigend. Sie trug den alten
schwarzen Wintermantel mit dem schäbigen Pelzkragen,
ihren altmodischen Filzhut mit einem Wachsblumenstrauß
aus purpurroten Stiefmütterchen. Ihre in schwarzen ge-
strickten Wollhandschuhen steckenden Finger hatte sie im
Schoß andächtig gefaltet. Er dachte: Sie sieht aus, als könnte
man sie für zehn Piepen kaufen; aber sie hat etwas an sich –
das kann man nicht leugnen. Er sagte:

»Nun, soviel ist bewiesen – sie hat für den Feind gearbei-
tet. Sie hat gestern abend Sir Philip mit Tabletten betäubt und
seine Aktentasche durchwühlt. Er scheint sie bereits verdächtigt zu haben, und die Papiere in seiner Aktentasche
waren getürkt. Der militärische Geheimdienst nahm die
Tasche unter die Lupe und fand ihre Fingerabdrücke auf den

Papieren. Wir kommen hierher, um sie festzunehmen, und fanden sie auf dem Boden neben Sir Philips Schreibtisch – mit einem Loch im Hinterkopf. Fragt sich, ob Sir Philip sie in flagranti ertappte und erschoß.

Manche Leute kämen sicherlich auf diese Idee. Ich möchte behaupten, er sieht nicht nach einem Mann aus, der im Affekt jemand erschießt.«

Miss Silver hüstelte.

»Wenn die Papiere gefälscht waren, können sie schwerlich ein Motiv gewesen sein für ihn, die Frau zu töten. Er hätte vielleicht in die Versuchung kommen können, sie im Affekt zu erschießen, wenn er plötzlich entdecken muß, daß sie eine feindliche Agentin ist. Aber Sie sagten ja eben, er habe sie bereits verdächtigt, und die Aktentasche wäre der Köder einer Falle gewesen.«

»Hm – ja, dieses Argument hat etwas für sich. Jedenfalls behauptet er, er habe sie heute morgen lebendig in ihrer Wohnung zurückgelassen. Sie haben noch gemeinsam Kaffee getrunken, sie hat ihr Bett gemacht – seines nicht –, und der Kamin hier war voller Asche. Der Polizeiarzt meint, sie sei schon ein paar Stunden tot gewesen, als sie gefunden wurde. Sir Philip verläßt um zwanzig vor neun die Wohnung. Der Hausmeister hat ihn weggehen sehen. Er hat auf die Uhr geschaut, weil er Handwerker erwartete. Er sagt, es wäre genau zwanzig vor neun gewesen, und Sir Philip habe einen verstörten Eindruck gemacht. Die Männer, die er erwartete, kamen Punkt neun und gingen dann nach oben. Die Handwerker blieben bis halb eins im Haus – arbeiteten direkt vor der Wohnung. Niemand hätte sie betreten oder verlassen können, ohne daß die Handwerker das bemerkt hätten. Sie haben aber niemand gesehen. Wir haben die Leute bereits verhört. Sie sind sich in diesem Punkt ganz sicher.«

»Du meine Güte«, sagte Miss Silver und versank in ein brütendes Schweigen.

»Sie müssen zugeben«, fuhr der Chefinspektor fort, »daß die Tatzeit dadurch erheblich eingeschränkt wird. Die Frau muß bereits tot gewesen sein, als die Handwerker um neun Uhr ins Haus kamen. Bleiben also zwanzig Minuten, wenn Sir Philip die Frau lebend in der Wohnung zurückließ. Der Hausmeister wartete auf die Leute, die er bestellt hatte, und hat in diesen zwanzig Minuten auch niemand ins Haus kommen sehen.«

Miss Silver hüstelte.

»Vermutlich haben Sie auf diesen Punkt großen Wert gelegt, Inspektor. Alle Leute neigen beim Verhör dazu, sich negativ zu äußern, wenn sie befragt werden, ob sie jemand zu einer gewissen Zeit gesehen haben. Sie meinen meistens damit, sie hätten niemand gesehen, der für eine solche Tat in Frage käme.«

»Schön! Wie Sie eben sagten, bin ich auf diesem Punkt herumgeritten. Tatsächlich betraten drei Personen das Haus, als er auf die bestellten Handwerker wartete: der Postbote, den er persönlich kennt; ein Junge, der die Milch zustellt; und ein Mann von der Wäscherei.«

»Sind die Milchflaschen in die Wohnung geholt worden?«

»Nein. Das kann bedeuten, daß sie bereits tot war, als der Milchjunge ins Haus kam.«

»Für welche Wohnung war die Wäsche bestimmt?«

»Das konnte er uns nicht sagen. Das war kurz, nach dem Sir Philip das Haus verlassen hatte, und der Hausmeister befand sich in diesem Moment an der Rückseite des Hausflurs. Der Mann habe den Wäschekorb auf der Schulter getragen und sei so an ihm vorbeigegangen. Er habe weiter nicht auf ihn geachtet. Es gibt drei Mietsparteien im Haus, und wo die ihre Wäsche waschen lassen, weiß er nicht.«

»Soso«, sagte Miss Silver und hüstelte.

Lamb schlug mit der Faust auf sein Knie.

»Wollen Sie damit andeuten, daß ein dem Hausmeister unbekannter Wäscheausfahrer ins Haus kommt, der genau weiß, wo Sir Philip seinen Revolver aufbewahrt, damit dessen angebliche Frau erschießt und dann mit der Tatwaffe wieder verschwindet – und das alles im Zeitraum von fünf oder sechs Minuten?«

Miss Silver hüstelte abermals.

»Man braucht nicht sehr lange dazu, jemanden zu erschießen. Vielleicht wurde Sir Philips Revolver gar nicht für die Tat benützt. Wenn das Opfer vielleicht noch die Gefahr erkannt hatte, versuchte es natürlich, sich zu wehren. Sie muß gewußt haben, wo Sir Philip den Revolver aufbewahrte. Nach der Tat kann dem Mörder der Gedanke gekommen sein, daß er den Verdacht auf Sir Philip zu lenken vermochte, wenn er den Revolver mitnahm. Das ist natürlich alles reine Spekulation.«

Lamb schlug eine robuste Lache an.

»Nett von Ihnen, daß Sie das auch zugeben!«

»Ich würde gern von Ihnen erfahren, ob der Wäschezusteller beim Verlassen des Hauses beobachtet wurde.«

»Ja, vom Hausmeister. Er telefonierte gerade und konnte den Mann nur aus den Augenwinkeln beobachten.«

»Trug er immer noch den Wäschekorb auf der Schulter?«

»Ja, natürlich. Das mußte er wohl auch, nicht wahr? Er bringt die gewaschenen Sachen und nimmt die schmutzigen wieder mit. Und es wäre sinnlos, mich noch weiter wegen dieser Wäschezustellung zu löchern, weil ich auch nicht mehr darüber weiß. Sie können den Hausmeister ja selbst fragen, aber ich bin überzeugt, Sie bringen nicht mehr aus ihm heraus. Für mich steht bisher fest, daß Sir Philip sowohl ein Motiv wie die Gelegenheit für diese Tat hatte. Sie mögen einwenden, das Motiv stünde auf schwachen Beinen, und das ist nicht ganz von der Hand zu weisen. Aber die Umstände machen ihn verdächtig. Er hielt sich von neun bis halb eins im Kriegsministerium auf – das haben wir nachgeprüft. Aber dann taucht er um Viertel vor eins in Mrs. Perry Jocelyns Wohnung auf, findet dort Miss Armitage vor und sagt zu ihr: ›Anne ist tot.‹ Er ahnt nicht, daß noch andere Personen im Zimmer sind – der Salon ist ein über das Haus- eck gehender Raum, dessen kleinerer Teil im rechten Winkel an den größeren stößt. Als er merkt, seine Bemerkung wurde auch von fremden Zeugen gehört, macht er kehrt und mar- schiert wieder aus der Wohnung. Er kann unmöglich gewußt haben, daß seine angebliche Frau tot war, wenn er sie mor- gens nach dem Frühstück lebend in der Wohnung zurück- gelassen hatte. Also war sie entweder schon vorher tot, oder seine Bemerkung war ganz anders zu verstehen, wie er uns vorhin erzählte. Er habe mit ›Anne‹ seine Frau gemeint, die vor dreieinhalb Jahren an einer Kopfverletzung durch Fein- deshand starb. Was sagen Sie nun dazu?«

»Er sagte das zu Miss Armitage in dem Glauben, sie wären allein im Zimmer?«

»Richtig! Ich kann allerdings nur die Aussage von Mrs. Jocelyn wiedergeben, die hier anrief, um sich zu vergewis- sern, daß Lady Jocelyn noch am Leben sei. Sie sagte mir am Telefon, er habe diese Mitteilung nur in Gegenwart von Miss Armitage gemacht.«

Miss Silver hüstelte.

»Es muß ein schlimmer Schock für die Arme gewesen sein. Sie sieht nicht gerade kräftig aus.«

»Sie kennen das Mädchen?«

»Ich lernte es bei einer Einladung zum Tee kennen. Ein bezauberndes Mädchen, muß ich schon sagen.«

»Ist das eine Andeutung, daß Sir Philip mit ihr ein Verhältnis hat? Wäre ja durchaus möglich, wenn man bedenkt, daß er spontan zu ihr läuft und ein Geständnis ablegt. In diesem Fall hätte er in der Tat ein starkes Motiv. Er ist mit dieser Frau ehelich verbunden, von der er nicht mal weiß, ob sie seine Frau ist. Aber er kann ihr das Gegenteil nicht nachweisen. Möchte wissen, ob das kein Motiv ist.« Er hielt inne und fuhr nach einer Pause fort: »Sein Revolver ist verschwunden. Er gibt zu Protokoll, gestern abend habe er noch in seinem Schreibtisch gelegen. Was sagen Sie dazu?«

Miss Silver ließ sich diesmal nicht zu einer Stellungnahme bewegen. Sie bemerkte lediglich, es sei ein interessanter Fall, der sich zweifellos in den Händen außerordentlich befähigter Beamter befand. Und nachdem sie das mit ungeheuchelter Bewunderung vorgebracht hatte, setzte sie mit einem freundlichen Lächeln hinzu:

»Es ist sehr liebenswürdig von Ihnen, daß Sie mich auf den letzten Stand Ihrer Ermittlungen gebracht haben. Ich habe das mit großem Interesse vernommen, zumal ich nach den sonderbaren Ereignissen gestern abend persönlich davon betroffen war.«

Frank Abbott wunderte sich, was für ein Kaninchen Maudie diesmal aus dem Hut zaubern würde. Wenn Inspektor Lamb Neugierde empfand, zeigte er sie nicht. Er sagte obenhin:

»Oh, ja – fast hätte ich es vergessen. Sie wollten uns ja etwas Wichtiges mitteilen.«

Miss Silver erwiderte mit leichtem Tadel:

»Ich hielt es für meine Pflicht, es Ihnen zu berichten.«

»Ja – nur heraus damit! Ich hätte schon längst wieder im Yard sein müssen.«

Der Tadel in Miss Silvers Stimme wurde nun zu einem Verweis. Der Chefinspektor fühlte sich flüchtig an seine Schulzeit erinnert. An das große Klassenzimmer mit den rotgesichtigen Bauernjungen; an die Bienen, die durch das offene Fenster hereinschwärmten. An die Tafel und Miss Payne, die mit erhobenem Zeigefinger davorstand ... die gute alte Miss Payne – an die hatte er seit Jahren nicht mehr gedacht! Er schien wieder mit gefalteten Händen vor ihr in der ersten Reihe zu sitzen und andächtig zu ihr aufzuschau-en: »... gestern nachmittag. Die Sonne brach einen Moment durch die Wolken, und ich trat ans Fenster. Lady Jocelyn – ich nenne sie so der Bequemlichkeit wegen – kam in diesem Moment die Straße herunter.«

»Wie bitte?«

Miss Silver nickte.

»Ja, sie war es! Sie blieb meiner Wohnung gegenüber auf dem Bürgersteig stehen und betrachtete das Haus. Mich konnte sie natürlich nicht sehen, weil ich durch den Vorhang verborgen war. Eine ganze Weile stand sie so da. Ich weiß nicht, ob sie sich vage mit dem Gedanken trug, mich zu besuchen. Wenn sie das getan hätte, wäre sie wahrscheinlich noch am Leben. Vielleicht war sie schon rettungslos in die Sache verstrickt oder vielleicht dachte sie, die Gefahr wäre noch nicht so groß, wie sie tatsächlich schon war. Inzwi-schen habe ich erfahren, daß sie Mrs. Janice Albany, eine gemeinsame Bekannte, anrief und sich von ihr meine Adres-se geben ließ. Ich war dort zum Tee eingeladen, wo ich auch Miss Armitage kennenlernte.«

Lamb betrachtete sie mit einer Art mürrischer Konzen-tration.

»Ist das alles?«

»Keineswegs. Lady Jocelyn wurde beschattet.«

»Was Sie nicht sagen!«

»Von einem Mädchen in einem schäbigen braunen Überzieher und mit einem rotgemusterten Kopftuch. Das Mädchen war noch ziemlich jung, knapp siebzehn, schätze ich.
Und sie muß in großer Eile die Verfolgung aufgenommen
haben, denn sie trug leichte Schuhe, die für das Wetter, das
zur Zeit herrscht, nicht geeignet waren. Sie versteckte sich
in einem Hauseingang und beobachtete von dort aus Lady
Jocelyn, als sie das Gebäude musterte, in dem ich wohne.«

»Wissen Sie genau, daß es Lady Jocelyn war, die Sie vor
Ihrem Haus stehen sahen?«

»Ihr berühmtes Porträt war in allen Zeitungen abgebildet,
als sie aus Frankreich zurückkehrte. Ihre Identität steht
außer Frage. Und ihr Verhalten, als ich am Telefon mit ihr
sprach . . .«

»Sie haben mit ihr telefoniert?«

»Ja, darauf komme ich gleich noch zu sprechen. Da ich
wußte, die Polizei sei inzwischen überzeugt, daß Miss Collins einem gewöhnlichen Unfall zum Opfer gefallen sei, und
daher nicht mehr gegen Lady Jocelyn ermittelte, fiel mir die
Beschattung von Lady Jocelyn natürlich auf. Mir war sofort
klar, daß die Polizei niemals ein so junges Mädchen mit
dieser Aufgabe betreuen würde. Die Sache schien mir be-
denklich. Meine geschätzte und sehr zuverlässige Hausge-
hilfin, Emma Meadows, wollte gerade einen Brief zur Post
bringen. Ich bat sie, dem Mädchen zu folgen und möglicherweise festzustellen, wo es herkam.«

»Und?«

»Sie behielt sowohl das Mädchen wie Lady Jocelyn im
Auge, bis diese ein Taxi herbeiwinkte und einstieg. Zweifel-

los ließ sich die Lady von dem Taxi in ihre Wohnung bringen. In diesem Moment kehrte das Mädchen um und ging
die Straße zurück. Emma folgte, verlor es aber unglückli-
cherweise an einer sehr belebten Straßenecke aus den Augen.
Als sie sich durch die Menge hindurchgearbeitet hatte – Miss
Meadows ist schon etwas älter und nicht gerade zierlich –,
vermochte sie das Mädchen nicht wiederzufinden. Entweder hat es einen Laden betreten oder war in einen Bus
gestiegen.«

»In welcher Straße hat sie das Mädchen aus den Augen
verloren?«

Miss Silver nannte den Namen der Straße, den sich Frank
Abbott notierte. Dann fuhr Miss Silver fort:

»Später, nach der Teestunde, rief ich dann Lady Jocelyn
an.«

»Weshalb?«

»Nach gründlicher Überlegung kam ich zu dem Schluß,
daß sie nicht von der Polizei überwacht wurde. Ich fragte
mich also, wer sonst noch ein Interesse daran haben konnte,
Lady Jocelyn beobachten zu lassen. Die Antwort auf diese
Frage war ziemlich einfach. Ich hatte Grund zur Annahme,
daß sie illegale Verbindungen hatte – abweichend von der
Meinung der Polizei hatte ich den Tod von Miss Collins
durchaus nicht für einen Unfall. Ich überlegte. Wenn ihre
Komplicen ihr schon so sehr mißtrauten, daß sie ihr nachspionierten, befand sie sich in ernsthafter Gefahr. Denn es
konnte ihnen ja nicht verborgen bleiben, daß sie vor meiner
Wohnung anhielt, weil sie mit dem Gedanken spielte, mich
ins Vertrauen zu ziehen. Sicherlich ist mein Name der brei-
teren Öffentlichkeit nicht bekannt; aber in Kreisen der Un-
terwelt, mit denen Lady Jocelyn vermutlich Kontakt hatte,
ist mein Name durchaus ein Begriff. Deshalb entschloß ich

mich dazu, sie zu warnen. Wenn sie vorhatte, sich von den Komplicen zu trennen, die sie als Werkzeug einer fremden Macht verwendeten, war es meine Pflicht, sie in diesem Vorhaben zu bestärken.«

»Sie riefen sie also an. Und was sagte sie?«

Miss Silver schüttelte ernst den Kopf.

»Sie hat sich gedreht wie eine Wetterfahne. Sie schlug einen vertraulichen Ton an und sagte, sie wüßte nicht, wovon ich spräche. Ich bot ihr an, sie in ihrer Wohnung aufzusuchen, und ich hatte den Eindruck, als schwankte sie einen Moment, ehe sie dann doch das Gespräch rasch beendete. Ich glaube, sie hatte Angst, obwohl sie sich meiner Meinung nach trotz allem dazu entschlossen hatte, den Auftrag, den sie von unbekannter Seite erhalten hatte, durchzuführen.«

Lamb erhob sich mit einem Schnauben von seinem Stuhl. »Viel weiter hat uns das nicht gebracht – oder?«

31

Lilla Jocelyn begab sich nach dem Lunch in die Kantine, wo sie freiwillig und ohne Bezahlung als Küchenhelferin arbeitete. Nachdem Pelham Trent sie vor die Tür begleitet hatte, kehrte er in den Salon zurück.

»Hast du etwas dagegen, wenn ich noch ein paar Minuten bleibe?«

»Nein«, antwortete Lyndall und wußte nicht, ob sie damit die Wahrheit sagte. Sie wollte allein sein und fürchtete sich andererseits vor dem Alleinsein. Sie wollte Anne betrauern, die tot war, wußte jedoch nicht, wie ehrlich diese Trauer war. Wenn sie allein war, konnte sie sich in Gedanken in jene Tage

zurückversetzen, als Anne noch zu den drei Menschen gehörte, die sie am meisten auf dieser Welt liebte. Ein warmes
Gefühl des Bedauerns stieg in ihr hoch, und löste die kalte
Starre ihres Schocks auf. Ja, sie mußte jetzt allein sein. Sie
blickte zu Pelham Trent auf, der die Tränen in ihren Augen
schimmern sah.

»Du mußt dich hinlegen«, sagte er rasch. »Du wirst doch
jetzt nicht ausgehen und irgend etwas unternehmen, nicht
wahr? Du brauchst jetzt unbedingt Ruhe.«

»Ja«, antwortete sie. Und dann: »Ich wünschte nur, wir
wüßten mehr. Lilla hat keine Ahnung, mit wem sie am
Telefon gesprochen hat, und der Mann hat ihr ja auch nicht
viel gesagt – nur, daß Anne tot sei. Glaubst du, es war ein
Unfall? Ich habe erst vorgestern bei ihr Tee getrunken – und
da war sie noch guter Dinge.«

Er sagte: »Meine Liebe, es tut mir so leid. Das war ein
schlimmer Schock für dich. Möchtest du, daß ich in ihre
Wohnung gehe und herausfinde, wie es passiert ist? Es sind
nur fünf Minuten zu Fuß bis dorthin.«

»Ich weiß nicht . . . Nein, Philip ist das vielleicht unangenehm.« Sie strich ihre Haare zurück. »Nett von dir gemeint,
aber . . .«

Er schüttelte energisch den Kopf.

»Ich brauche auch nicht in die Wohnung hinaufzugehen.
Ich kann den Hausmeister fragen. Aber nein – das gehört
sich auch nicht.«

»Nein«, stimmte Lyndall ihm zu. Und dann: »Ich werde
anrufen. Wir sind Verwandte. Wir haben ein Recht, die
Wahrheit zu erfahren. Philip würde nichts dagegen einzu-
wenden haben.«

Es war Sergeant Abbott, der am anderen Ende abhob;
aber das wußte sie nicht. Es war nur eine Stimme – eine Art

von Stimme, wie sie Freunde von Philip haben könnten.

»Einen Moment, Miss Armitage«, sagte die Stimme. Sie hörte Schritte, die sich entfernten, dann mehrere Stimmen, dann wieder Schritte, die zurückkamen.

»Rufen Sie von Mrs. Jocelyns Wohnung an?«

»Ja, sie mußte etwas erledigen. Würden Sie mir bitte sagen, wie das mit Anne passiert ist? Diese Ungewißheit ist schrecklich für mich.«

Frank Abbott überlegte zynisch, daß die Wahrheit vermutlich schrecklicher war als die Ungewißheit.

»Sie wissen, daß sie tot ist?«

»Ja.«

»Sir Philip Jocelyn hat es Ihnen gesagt?«

»Ja – aber nicht, wie es geschah – *bitte* . . .«

»Ich fürchte, Sie müssen sich auf einen Schock vorbereiten. Sie wurde erschossen in ihrer Wohnung aufgefunden.«

»Oh . . .« Es war nur ein langer sanfter Hauch. Und dann:

»Hat sie sich – selbst erschossen?«

»Nein – sie wurde erschossen.«

»Von wem?«

»Das wissen wir nicht.«

»Wer sind Sie denn?« fragte sie mit verlorener Stimme.

»Detektivsergeant Abbott. Die Polizei ermittelt in der Wohnung.«

Nach einer Pause fragte sie: »Ist Philip auch da?«

»Nein, er hat sich hier noch nicht blicken lassen.«

»Oh«, sagte sie wieder in diesem gedehnten, hauchenden Ton. Nach ein paar Sekunden legte sie auf und wandte sich Pelham Trent zu. Ihr Gesicht war totenblaß.

»Pelham . . .«

»Ich weiß – ich habe mitgehört. Was für eine schreckliche Nachricht! Komm und setz dich erst einmal hin.«

Sie ließ sich von ihm zu einem Sessel führen und sank hinein. Nach einer Weile sagte sie:

»Schrecklich für Philip – schrecklich für sie – arme An-ne . . .« Ihre Stimme versagte, und ein heftiger Schauder überlief sie.

Nachdem Trent sie eine Weile mit gerunzelten Brauen betrachtet hatte, zog er sich in den entfernten Teil des Zim-mers zurück.

Soweit sie überhaupt zu einer Empfindung fähig war, spürte sie Erleichterung. Sie hatte den Wunsch einer ver-schreckten Kreatur, sich in einen Winkel zu verkriechen und mit ihrem Kummer allein zu sein. Aber das konnte sie nicht tun. Hinter dem Schock war der Gedanke an Philip gegen-wärtig. Alles, was sie nun sagte oder tat, würde für Philip von Bedeutung sein. Sie hatte Angst um ihn und empfand eine große Sehnsucht, ihm zu helfen. Sie versuchte ihren Verstand darauf zu konzentrieren, einen klaren Kopf zu bekommen. Das nahm sie so sehr in Beschlag, daß sie gar nicht merkte, wie Pelham Trent zu ihr zurückkam. Sie er-schrak fast, als sie seine Stimme über sich hörte:

»Lyn – dir ist doch nicht schlecht – du wirst doch nicht ohnmächtig werden?«

»Mir geht es gut . . .« Ihre Stimme klang verschwommen und kehrte wie aus weiter Entfernung in das Zimmer zu-rück.

Er zog einen Sessel dicht an sie heran und setzte sich.

»Lyndall, willst du mir jetzt bitte zuhören. Es ist mir sehr unangenehm, daß ich dich in diesem Moment belästigen muß, aber wenn es sich um einen Mord handelt, kann die Polizei jede Minute hier eintreffen. Es war außerordentlich ungeschickt von Lilla, der Polizei mitzuteilen, Jocelyn sei hier gewesen und habe dir gesagt, Anne sei tot. Die Polizei

wird nun wissen wollen, weshalb er herkam, warum er *dir*
sagte, seine Frau wäre tot, und warum er es so eilig hatte,
wieder zu gehen, als er merkte, Lilla und ich hatten auch
verstanden, was er sagte. Ich muß dich darauf hinweisen, daß
in so einem Fall der Ehepartner immer verdächtigt wird. Und
denke daran, daß die Presse wieder über ihn herfallen wird.
Dieser Mord nach all dem Gerede über Anne Jocelyns Rückkehr von den Toten – nun, du kannst dir selbst ausmalen, was
das für dich und Philip für Konsequenzen hätte. Wenn die
Polizei es sich in den Kopf setzt, daß Philip Jocelyn dich liebt
oder sich irgend etwas zwischen euch beiden abspielt, müßte
das für ihn katastrophale Auswirkungen haben. Du mußt
sehr vorsichtig sein! Philip und Anne Jocelyn waren für dich
Vetter und Kusine, und du mochtest sie beide. Das ist die
Linie, an die du dich halten mußt. Du warst ihre Brautjungfer – vergiß nicht, das zu erwähnen. Und – oh, schau die
Männer um Gottes Willen nicht so an wie mich jetzt!«

»Nein – das werde ich nicht tun. Es tut mir leid . . .«

Er sagte mit Zuversicht in der Stimme:

»Du machst das schon richtig. Sage nicht mehr, als du
unbedingt mußt. Vertraue dich keinem Dritten an. Laß dich
in keine Diskussionen mit irgend jemand ein. Ich bin, wie
du weißt, Anwalt, und ich gebe dir in dieser Eigenschaft
einen vernünftigen Rat. Und da ist noch etwas, das dir
vielleicht nicht gefallen wird. Meide Philip Jocelyn, und
wenn du ihm nicht aus dem Weg gehen kannst, rede wenigstens nicht mit ihm über diesen Fall.«

Ihre Augen wurden dunkel. Die Wimpern senkten sich
darüber. Er spürte, wie sie sich von ihm zurückzog, sich ihm
widersetzen wollte. Er konzentrierte alle seine Kraft darauf,
sie zu überzeugen:

»Du weißt nicht, was es bedeutet, in einen Mordfall verwickelt zu werden. Du weißt nicht, gegen welche Kräfte du dich dabei behaupten mußt. Du weißt nicht, wieviel Schaden ein einziges Wort anrichten kann. Du weißt nicht, wie leicht man sich verraten kann. Sie werden dich befragen. Du mußt daran denken, daß du nur ihre Fragen beantworten mußt – am besten mit ja oder nein. Nur diese beiden Worte – nicht mehr!«

»Glaubst du, ich würde etwas sagen, was Philip schaden könnte?«

»Das zu beurteilen, steht dir nicht zu. Vielleicht weißt du gar nicht, was ihm schadet. Deshalb halte dich da lieber raus. Du vermeidest am besten jede Gelegenheit, daß er dir etwas anvertrauen könnte. Je weniger du weißt, um so besser!«

Er hatte mit leiser, eindringlicher Stimme gesprochen, nicht viel lauter als ein Flüstern. Nun wurde seine Stimme wieder leichter, heller und nahm ihre normale Lautstärke an: »Das ist alles. Du sollst nur vernünftig sein und schweigen, und alles kommt wieder in Ordnung. Jocelyn sollte sich sofort mit Mr. Codrington in Verbindung setzen. Vielleicht hat er das bereits getan. Wenn er hier anruft oder selbst herkommt, verweise ihn an Codringtons Kanzlei. Und noch einmal – kein unnötiges Wort!«

Sie hatte die Augen geschlossen. Sie konnte sie nur mit Mühe wieder öffnen und sagte:

»Vielen Dank.« Und dann: »Pelham, würdest du jetzt bitte gehen? Ich glaube nicht, daß ich noch weiter darüber reden kann.«

Als er gegangen war, setzte sich Lyndall auf und starrte mit blassem Gesicht und brennenden Augen ins Leere. Lange bewegte sie sich nicht.

Doch dann stand sie endlich auf, ging zum Telefon hinüber und wählte Janice Albanys Nummer.

32

Miss Silver blickte von ihrem Strickzeug hoch, als die Türglocke anschlug. Die Zeiger der Stutzuhr auf dem Kaminsims zeigten auf halb vier. Sie erwartete niemand um diese
Zeit und hatte es sich gerade vor dem Kamin bequem gemacht, um über das traurige Schicksal von Lady Jocelyn
nachzudenken, die ihrer Überzeugung nach nur Annie Joyce sein konnte.

Sie hörte draußen Emmas ziemlich tiefe Stimme, und kurz
darauf ging die Tür ihres Salons auf.

»Würden Sie Miss Armitage empfangen?«

Miss Silver legte ihre Stricknadeln vorsichtig auf der Sessellehne ab und erhob sich, um ihrer Besucherin entgegenzugehen.

Herein kam das Mädchen, mit dem sie sich in Janice
Albanys Wohnung beim Tee unterhalten hatte. Sie trug das
gleiche dunkelgrüne Kostüm wie damals, nur sah sie diesmal
bleicher und mitgenommener aus. Die großen grauen Augen
mit den schwarzen Wimpern waren mit schmerzlicher Intensität auf Miss Silvers Gesicht geheftet, als sie sagte:

»Janice sagte mir, Sie wären so gütig . . .«

»Das hoffe ich, meine Liebe. Wollen Sie bitte Platz nehmen? Möchten Sie zuerst eine Tasse Tee mit mir trinken oder
lieber gleich sagen, was ich für Sie tun kann? Emma könnte
den Tee in ein paar Minuten servieren.«

Lyndall schüttelte den Kopf.

»Janice sagte mir, ich sollte mich an Sie wenden. Sie weiß
nicht, weshalb. Sie weiß nur, daß wir in Schwierigkeiten sind,
weil – Anne tot ist.«

Miss Silver hatte wieder in ihrem Sessel Platz genommen

255

und die Stricknadeln in Gang gesetzt. Die Nadeln klapper-
ten auf beruhigende Weise.

»Ja, meine Liebe, ich weiß. Sie beziehen sich natürlich auf
Lady Jocelyn.«

Die Überraschung gab den bleichen Wangen vorüberge-
hend ein wenig Farbe.

»Wie konnten Sie das wissen? Aber Janice sagte, Sie wußten immer alles. Wußten Sie, daß sie erschossen wurde?«

Miss Silver sah sie offen und gütig an.

»Ja.«

»Daß sie ermordet wurde?«

»Ja.«

Nach einem hastigen Atemholen fuhr Lyndall fort:

»Dann können Sie mir vielleicht sagen, was ich jetzt tun
soll? Janice meinte . . .« Der Atem ging ihr aus, die Farbe war
wieder aus ihrem Gesicht gewichen.

»Was meinte sie?«

Lyndall schüttelte den Kopf, als könne sie sich darüber
nicht auslassen. Dann sagte sie:

»Wenn ich Ihnen alles erzählte – würden Sie es der Polizei
weitergeben müssen?«

»Das käme darauf an, um was es sich handelt.«

Lyndall setzte sich, den Blick fest auf Miss Silver gerichtet.
Die grauen Augen waren große Fragezeichen. Schließlich
fragte sie:

»Kennt die Polizei den Täter?«

»Nein. Wenn Sie etwas wissen, Miss Armitage, was ihr
hilft, den Täter zu entlarven, dürfen Sie das nicht zurückhalten. Ich denke, Sie wissen etwas, sonst wären Sie nicht
hier.«

»Ich weiß nicht, ob ich zur Aufklärung des Verbrechens
beitragen kann. Deswegen kam ich hierher – ich dachte, Sie

könnten mir helfen, mir darüber klar zu werden. Aber es ist so schwierig . . . ich fürchte . . .« Ihre Stimme versagte abermals.

Miss Silver hielt die Nadeln still und sah sie ernst an. Dann sagte sie:

»Miss Armitage, ich möchte Ihnen etwas anvertrauen. Gestern nachmittag stand Lady Jocelyn dort drüben auf der anderen Straßenseite. Sie blieb eine ganze Weile und sah zu meiner Wohnung herauf. Ich glaube, sie versuchte sich schlüssig zu werden, ob sie mit einer für sie gefährlichen Verbindung brechen sollte. Ich bin überzeugt, sie war halb dazu entschlossen, mich aufzusuchen. Hätte sie das getan, wäre sie heute nicht tot. Später rief ich sie zu Hause an, um sie zu warnen. Doch da hatte sie sich bereits wieder für einen anderen Weg entschieden.«

Lyndall drückte die rechte Hand gegen den Hals. Sie sagte mit Flüsterstimme:

»Handelte es sich dabei um Miss Collins?«

»Miss Armitage, wenn das, was Sie wissen, etwas mit Nellie Collins' Tod zu tun hat, bitte ich Sie inständig, mir zu sagen, was es ist. Wir haben schon zwei Tote in diesem Fall. Was Sie wissen, kann für Sie genauso gefährlich sein, wie für Miss Collins oder Lady Jocelyn.«

Lyndalls Hand fiel in ihren Schoß zurück.

»Es geht nicht um mich«, sagte sie so aufrichtig wie ein Kind. »Es geht um Philip. Es ist schon so furchtbar für ihn, das alles, was Anne betrifft . . .«

Miss Silver zeigte ihr ein Lächeln, das schon so vielen Klienten Vertrauen eingeflößt hatte. Es hatte eine außerordentlich ermutigende Wirkung.

»Meine Liebe, die Wahrheit ist manchmal schmerzlich, aber stets heilsam. Wohlgemeinte Täuschungen und das Zu-

rückhalten von Beweisen sind in einem Mordfall außerordentlich gefährlich. Wir alle müssen zuweilen schmerzliche
Erfahrungen machen – und ich fürchte, Sir Philip Jocelyn ist
in dieser Hinsicht ganz bestimmt keine Ausnahme. Sie helfen ihm nicht, indem Sie etwas verschweigen, was einen
gefährlichen Kriminellen der Gerechtigkeit überantworten
könnte.«

Lyndall sah sie fest an.

»Pelham sagte, die Polizei könnte Philip verdächtigen.
Verdächtigen Sie ihn?«

Miss Silver gab keine Antwort auf diese Frage. Sie hüstelte
und fragte:

»Wer ist Pelham?«

»Ein Mitglied der Sozietät, die Philip für seine Geschäfte
in rechtlichen Fragen konsultiert. Die Sozietät besteht zur
Zeit aus einem Mr. Codrington und ihm. Er war in der
Wohnung von Mrs. Jocelyn, als Philip in den Salon kam und
sagte, Anne sei tot. Er meinte, ich dürfe mit niemandem
sprechen, weil Philip zu den Verdächtigen gehören könne.
Er redete lange in diesem Sinn auf mich ein, nachdem Lilla
die Wohnung verlassen hatte.«

»Ahnte er, daß Sie etwas wissen könnten?«

»Oh, nein – wie sollte er?«

»Sind Sie sicher, daß er nichts davon weiß? Oder weiß eine
andere Person darüber Bescheid?«

»Anne wußte es.«

»Sie haben sich ihr anvertraut?«

»Ja.«

»Weil es etwas mit Miss Collins zu tun hatte?«

»Ja.«

»Was sagte sie darauf zu Ihnen?«

»Sie sagte, ich könnte damit nur Philip schaden . . .« Ihre

Stimme kam wieder erbärmlich ins Schwanken. »Ich ... versprach ..., mit niemandem darüber zu reden.«

Nach einer kleinen Pause sagte Miss Silver:

»Ich glaube nicht, daß Sie dieses Versprechen noch lange einhalten können.«

Wieder schüttelte Lyndall den Kopf.

»Nein, das kann ich nicht mehr. Ich habe lange darüber nachgedacht, nachdem Pelham gegangen war. Dann rief ich Janice Albany an und erkundigte mich nach Ihnen. Sie sagte, Sie waren fair und gütig, und daß ich Ihnen vertrauen könne. Ich werde Ihnen also vertrauen. Folgendes ist geschehen. Es passierte, ehe Anne und Philip die neue Wohnung bezogen. Es war der zwölfte, denke ich – ja, Mittwoch, der zwölfte. Jemand gab mir einen Tip, wo ich emaillierte Töpfe bekommen konnte. Auf dem Rückweg vom Laden – der Tip war eine Fehlinformation – sah ich Anne, wenigstens glaubte ich, es sei Anne, die ich sah. Sie drehte mir den Rücken zu und war im Begriff, einen Friseurladen zu betreten. Über der Tür stand der Namen Félise.«

»Befindet sich der Friseur in der Charlotte Street?«

Wieder röteten sich Lyndalls Wangen ein wenig.

»Woher wissen Sie das?«

Miss Silver hüstelte.

»Bitte, fahren Sie fort.«

Lyndall dachte, sie weiß wirklich alles. Doch das löste eigenartigerweise keine Angst bei ihr aus. Es gab ihr vielmehr das Gefühl von Sicherheit. Wenn sie einen Fehler machte, würde Miss Silver ihn wieder ausbügeln können. Sie fuhr etwas ungezwungener fort:

»Ich war nicht sicher, ob es Anne war, und ich war mir nicht sicher, ob sie mich gesehen hatte. Ich wollte nicht, daß sie dachte ... Ich folgte ihr also in den Friseurladen. Sie war

nicht dort. Das Mädchen hinter dem Ladentisch war beschäftigt – es sah mich nicht. Ich ging hinüber in die Abteilung, wo frisiert und manikürt wird. Ich schaute in alle
Kabinen, aber dort war sie auch nicht. Am Ende der Kabinen
war eine Tür mit Spiegelglas. Ich ging hindurch und befand
mich in einem dunklen, engen Flur mit einer steilen Treppe
und zwei Türen. Die Tür unmittelbar vor mir war nicht ganz
geschlossen. Ich sah einen Lichtfaden entlang des Türpfo-
stens. Und ich hörte Anne sagen: ›Sie können es ruhig mir
überlassen, den Brief von Nellie Collins zu beantworten. Sie
ist vollkommen harmlos.‹ Und ein Mann sagte darauf – sagte
darauf . . .«

»Reden Sie weiter, meine Liebe!«

Lyndall starrte ein Gesicht an, das sie nicht länger sehen
konnte. Nur ihre Lippen bewegten sich.

»Er sagte: ›Das zu beurteilen, steht Ihnen nicht zu.‹«

»Und dann?«

»Dann rannte ich fort.« Sie seufzte tief und schien wieder
in die Gegenwart zurückzukehren. »Ich hatte Angst – ich
glaube, ich hatte in meinem Leben noch nie eine solche
Angst gehabt wie in diesem Moment. Es war töricht . . .«

Miss Silver hüstelte.

»Da bin ich anderer Meinung.«

Es folgte ein langes Schweigen. Lyndall Armitage lehnte
sich zurück und schloß die Augen. Ihr war, als hätte sie einen
langen, steilen Hügel erklommen. Nun, da sie den Gipfel
erreicht hatte, war ihr der Atem ausgegangen. Und sie fürchtete sich, über den Rand zu blicken und nachzusehen, was
dahinterlag.

Miss Silvers Stimme unterbrach ihre Gedanken:

»Sie erzählten also Lady Jocelyn, was Sie belauscht hatten.
Wann war das?«

Lyndall öffnete ihre Augen.

»Als ich den Bericht über Miss Collins in der Zeitung las.«

»Würden Sie mir bitte wiederholen, was sie damals zu Ihnen sagte?«

Lyn schilderte in allen Einzelheiten ihr Gespräch mit Lady Jocelyn: Anne, die vor dem Feuer kniete. Anne, die sie bat, Philip keinen Schaden zuzufügen . . .

»Sie sagte, ich würde einen Fehler machen. Sie sagte, ich könnte Philip damit weh tun, und deshalb versprach ich zu schweigen.«

»Ich verstehe. Miss Armitage, wie gut kannten Sie Lady Jocelyn? Ich meine jetzt nicht die Wochen nach ihrer Rückkehr, sondern die Zeit vor ihrer Abreise nach Frankreich.«

Lyn erschrak über den jähen Themawechsel. Sie richtete sich auf.

»Wir waren zusammen in Jocelyns Holt, als sie nach dem Tod ihrer Mutter dorthin kam. Vorher hatten wir uns nicht gekannt. Sie war erwachsen, ich noch nicht. Sie war großartig zu mir. Ich liebte sie – schrecklich. Als sie sich mit Philip verlobte, hielt ich das für eine wunderbare Sache. Ich war eine ihrer Brautjungfern bei ihrer Hochzeit.«

»Wenn Sie als Mädchen mit ihr unter einem Dach gelebt haben, gingen Sie vermutlich in ihrem Zimmer aus und ein, haben Sie sich gemeinsam an- und ausgezogen. Können Sie mir sagen, ob Lady Jocelyn irgendein auffälliges Körpermal hatte, an dem man sie erkennen konnte?«

»Oh, nein, sie hatte nichts dergleichen. Alle meine Verwandten haben mich das schon gefragt, als sie aus Frankreich zurückkam. Sie hatte keine besonderen Körpermale.«

Sie hielt dem bohrenden Blick von Miss Silver stand.

»Wenn sie einen Leberfleck von der Größe eines Sixpence

direkt über ihrem linken Knie gehabt hätte, würden Sie dieses Muttermal bemerkt haben?«

»Selbstverständlich! Aber sie hatte kein Muttermal.«

»Sind Sie sich dessen ganz sicher? Es ist sehr wichtig.«

»Ja, ich bin mir ganz sicher.«

»Sie wären bereit, das zu beschwören? Vermutlich werden Sie als Zeugin vor Gericht aussagen müssen.«

Lyndall preßte die Hände im Schoß zusammen und sagte:

»Ja.« Und dann leise: »Ich verstehe nicht. Wollen Sie mir erklären, was das zu bedeuten hat?«

Miss Silver sagte mit ernster Stimme:

»Die Frau, die heute ermordet wurde, hatte ein Muttermal von der Größe, wie ich sie eben beschrieb, über dem linken Knie. Ich glaube, Miss Collins wußte, daß Annie Joyce so ein Muttermal hatte, und ich glaube ferner, daß Lady Jocelyn vor mehr als drei Jahren gestorben ist.«

33

»Ich verlange Polizeischutz für sie«, sagte Miss Silver energisch.

Chefinspektor Lamb zog am Telefon sein Taschentuch aus der Hose und schneuzte sich mit schockierender Rücksichtslosigkeit.

»Aber, Miss Silver . . .«

Sie hüstelte und fuhr fort:

»Ich halte das für eine unerläßliche Maßnahme. Hier ist die Adresse dieses Friseurs. Der Laden heißt Félise und befindet sich in der Charlotte Street.«

«Wie bitte?« kam die überraschte Reaktion über den Draht. »Ist Ihnen der Name bereits bekannt?«

»Nicht eigentlich. Nur hat sich Sir Philips Frau für gestern einen Termin in diesem Geschäft geben lassen. Sir Philip erwähnte das bei der Vernehmung. Er hat gehört, wie sie mit diesem Félise telefonierte. Eine brauchbare Deckadresse, möchte ich meinen.«

»Keine Deckadresse, sondern ein echter Friseurladen. Er liegt nur hundert Meter von der Ecke entfernt, wo Emma Meadows das Mädchen aus den Augen verlor, das Lady Jocelyn beschattete. Ich denke, wir können die Lady aber jetzt unbesorgt Annie Joyce nennen.«

Der Chefinspektor schneuzte sich wieder, diesmal auf eine gedämpfte, nachdenkliche Weise.

»Nun, behalten Sie Miss Armitage noch eine Weile bei sich. Ich werde Frank bei Ihnen vorbeischicken. Lassen Sie ihn selbst zu einem Urteil kommen, ja! Er ist nur zu geneigt, Ihre Meinung als das Evangelium zu betrachten, wenn Sie mir gestatten, Ihnen diese meine Meinung mitzuteilen.«

Ihre Kritik kam prompt über den Draht zurück:

»Ich habe nicht den Eindruck, daß Sergeant Abbott sich so leicht beeinflussen läßt, es sei denn durch Fakten, denen wir uns ja alle beugen.« Ihre Betonung lag auf dem Wort »Fakten«, was ihre Kritik noch verschärfte.

Lamb wies ihren Tadel mit einem Lachen zurück.

»Nun, wir wollen uns jetzt nicht darüber streiten. Wenn Frank sich Ihrer Meinung anschließt, nehmen wir die Leute in diesem Geschäft in die Mangel. Ich werde sofort jemand losschicken, der sich schon mal um den Laden kümmert.«

Sergeant Abbott traf kurz darauf in den Montague Mansions ein, ließ sich von Miss Silver das Gespräch mit Miss Lyndall Armitage wiederholen und fragte:

263

»Wo ist sie jetzt, Miss Silver?«

Miss Silver, die gerade Johnnys zweites Paar Strümpfe fertigstellte, erwiderte, daß Miss Armitage sich hingelegt habe – »in meinem Schlafzimmer, nebenan. Sie ist sehr erschöpft, und das Gespräch mit mir hat sie besonders mitgenommen.«

»Vermutlich mit Eiderdaunen zugedeckt und einer Warmflasche im Bett. Sind Sie mir böse, wenn ich diesmal statt Tennyson Wordsworth zitiere?

Eine perfekte Frau, nobel gebaut
Warnend, tröstend, mit allen Nöten vertraut.«

Miss Silver lächelte nachsichtig, aber sie sagte mit nüchterner Stimme:

»Wir haben jetzt leider keine Zeit, über Poeten zu diskutieren, mein lieber Frank. Ich habe Miss Armitage in meiner Wohnung behalten, weil ich es nicht für richtig halte, sie ohne Polizeischutz in ihre Wohnung zurückkehren zu lassen. Sie erzählte mir, daß ihre Kusine, Mrs. Perry Jocelyn, nicht vor elf Uhr abends zurückkommt. Unter diesen Umständen wäre es außerordentlich gefährlich, Miss Armitage sich selbst zu überlassen.«

»Wie kommen Sie auf die Idee, daß sie in Gefahr sein könnte?«

»Mein lieber Frank! Vorgestern beichtete sie beim Tee Annie Joyce, daß sie ein Gespräch zwischen ihr und einem Mann belauscht habe, von dem Annie Joyce ihre Anweisungen bekam. Allerdings nur zwei Sätze dieses Gesprächs – das gebe ich zu –; aber von höchst kompromittierendem Inhalt. ›Sie können es gern mir überlassen, den Brief von Nellie Collins zu beantworten. Sie ist vollkommen harmlos.‹ Und: ›Es steht Ihnen nicht zu, das zu beurteilen.‹ Das ist ein eindeutiger Beweis für eine Komplizenschaft im Fall Collins und ein Abhängigkeitsverhältnis dieser Annie Joyce von dem Mann, mit dem sie verhandelte. Annie Joyce mußte sich sofort bewußt geworden sein, wie gefährlich ihr Miss Armitage werden konnte. Sie tat alles, um sie davon abzuhalten, mit anderen über das Gespräch zu reden, das sie belauscht hatte. Sie versuchte sogar, das Gespräch als Einbildung hinzustellen.«

»Das war vorgestern?«

»Ja! Und gestern nachmittag hatte sie wieder einen Termin bei dem Mann, von dem sie ihre Befehle empfing. Ich halte es für unwahrscheinlich, daß sie diesem Mann nicht berichtet hat, was Miss Armitage ihr anvertraut hatte. Dadurch geriet Miss Armitage automatisch in das Visier der feindlichen Macht, die Miss Joyce als Agentin einsetzte. Sie wird keine Skrupel haben, sich einer lästigen Zeugin zu entledigen. Deshalb schwebt sie in Lebensgefahr, Frank.«

Frank Abbott strich sich mit der Hand über das Haar.

»Also gut, wir werden sie unter Polizeischutz stellen. Aber Sie wissen ja, wie skeptisch der Chef Ihre Argumente beurteilt. Er glaubt nach wie vor, Philip Jocelyn habe diese Annie Joyce erschossen. Zweifellos hat seine Theorie etwas für sich. Er ist wohl in diese Armitage verliebt und wollte sie heiraten, als urplötzlich diese Annie Joyce in der Rolle seiner Frau bei ihm auftauchte. Er kann nicht beweisen, daß sie nicht Lady Jocelyn ist, und schließlich entpuppt sie sich auch noch als feindliche Agentin. Männern sind schon bei geringeren Übeln die Sicherungen durchgebrannt. Und dazu kommt noch der Zeitfaktor. Zwanzig Minuten vor neun verläßt Jocelyn seine Wohnung, um neun Uhr sind die Handwerker im Treppenhaus. Und dazwischen liegen nur der Postbote, der Junge mit den Milchflaschen und der Wäschereibote.«

Miss Silvers Nadeln klickten so rasch wie ein Maschinen-
gewehr.

»Haben Sie inzwischen nachgeprüft, wem die Wäsche
zugestellt wurde?«

Er schüttelte den Kopf.

»Das ja, aber mit negativen Ergebnis. Zwei der Parteien,
die in Frage kommen, sind zur Zeit nicht im Haus. Der
Zusteller ist vermutlich mit der Wäsche wieder fortgegan-
gen, als er feststellen mußte, daß der Empfänger der Wäsche
verreist oder sonst abwesend ist.«

Miss Silver ließ ein leises, skeptisches Hüsteln hören.

»Oh, nein, das hätte er nicht getan. Er hätte den Korb mit
der Wäsche dem Hausmeister übergeben.«

»Das mag sein, aber der Hausmeister sagt, die Firmen sind
heute sehr vorsichtig bei neuen Mietern; sie bestehen auf
sofortiger Bezahlung, wenn sie zustellen.« Er zog eine Augenbraue in die Höhe. »Ich merke schon, Sie haben Ihr Herz
an den Wäschezusteller gehängt.« Er stand auf. Hoch und
schlank stand er vor ihr.

»Ich glaube, ich muß jetzt um Miss Armitage küm-
mern. Und dann werde ich mir diesen Friseur vorknöpfen.
Wünschen Sie mir Glück!«

34

Lyndall Armitage wurde von einem herkulischen Konstabler mit gutmütigem Gesicht und langsamer, penibler Sprech-
weise nach Hause gebracht. In den rund zwanzig Minuten,
die sie für die Fahrt von Montague Mansions zu Lilla Jocelyns Wohnung brauchten, hatte er Lyn über alles seine Frau,

die Daisy hieß und früher den Beruf einer Polsterin ausübte, und seine drei Kinder erzählt: über Ernie, der mit seinen sieben Jahren bereits ein Genie in der Schule war; über die vierjährige Ellie und das Baby Stanley, das am nächsten Montag ein halbes Jahr alt wurde. In Momenten äußerster seelischer Belastung nimmt man unwichtige Nebensachen meistens nicht zur Kenntnis, oder sie prägen sich einem unauslöschlich in das Gedächtnis ein. Lyndall sollte nie mehr vergessen, daß Ernie bereits als Vierjähriger fließend lesen konnte und die kleine Ellie Schreikrämpfe bekam, wenn sie eine Katze sah. Der Konstabler schien besonders stolz auf die Idiosynkrasie seiner Tochter zu sein; aber seine Frau, meinte er, wollte ihr das nicht durchgehen lassen. Sie würde ein Kätzchen besorgen, damit Ellie rechtzeitig abge- härtet wurde.

Nachdem sie ihn mit einem Stuhl und Magazinen versorgt und vor dem warmen Küchenherd deponiert hatte, setzte sie sich allein in den Salon und überlegte, welche Ewigkeit es noch dauern könnte, bis Lilla nach Hause kommen wür- de.

»Jawohl, Sir, Miss Armitage ist sich ganz sicher, was das Gespräch betrifft, das sie belauschte. Der Haken ist nur, daß sie nicht beschwören kann, sie wäre dieser sogenannten Lady Jocelyn in den Laden gefolgt. Was sie tatsächlich sah, war die richtige Figur, die richtigen Haare, der richtige Pelzmantel und auch das richtige Kleid. Ich möchte sagen, es gibt nicht sehr viele Frauen, die im blauen Kleid und Nerzmantel in London herumlaufen, wenn man noch das Haar und die Figur dazurechnet. Sie wissen ja, das war der Aufzug, in dem Lady Jocelyn von Amory gemalt wurde. Was nun die Stimme der Frau betrifft, die sie belauschte, so ist sie so gut wie sicher, daß es die Stimme der vermeintlichen

Lady Jocelyn gewesen sei. Worauf sie dagegen Stein und Bein schwört, das ist der Text der drei Sätze, die sie mitbekam. Und auch die Antwort des Mannes: ›Das zu beurteilen, steht Ihnen nicht zu‹. Diese Sätze hat sie später beim Tee vor der Lady wiederholt. Und ich bin der gleichen Meinung wie Maudie, daß Lyndall unbedingt Polizeischutz braucht, falls die Lady ihrem Auftraggeber berichtete, was Miss Armitage in diesem Friseurladen belauscht hat.«

Lamb brummte: »Daß Sie immer mit ihr übereinstimmen, ist für mich nichts Neues.«

»Aber nein, Sir, ich stimme durchaus nicht immer mit ihr überein – nur wenn ihre Gehirnwellen so helle Kämme haben.«

Dann, ehe Lamb auf diesen bildhaften Vergleich eingehen konnte, fuhr er fort: »Ich rede vom Friseurladen aus, der Apparat steht in einem Zimmer gleich neben dem Flur, den uns Miss Armitage beschrieben hat. Clarke hütet die Schafe, die wir im Laden zusammengetrieben haben. Die Inhaberin – sehr korpulent, sehr wütend, sehr ausfallend – ist Französin und bezeichnet die Aktion als ›Schmach ihres Lebens‹. Sie berichtete, Lady Jocelyn wäre ihre geschätzte Kundin gewesen – oh, gewiß –, ihr Haar habe so sehr gelitten, es brauche so viel Pflege. Ihr Mann, Monsieur Felix Dupont, von ihm leitet sich der Name des Ladens ›Felise‹ ab, empfängt zuweilen bevorzugte Kunden in seinem Büro. Vermutlich hat er dort auch Lady Jocelyn zu Gesicht bekommen, sie gehörte ja zu den Auserwählten. Aber gestern konnte er unmöglich mit ihr gesprochen haben, weil er meistens bettlägerig ist – schwerverwundet im letzten Krieg. Ich müsse verstehen, daß er nur selten in den Laden herunterkäme, um seinen wertvollen Rat nur ausgesuchten Kundinnen zu erteilen. Die Seele des Geschäfts sei sie, müsse überall mit

... anpacken und überdies ihren invaliden Mann pflegen
und das alles auf französisch mit der Geschwindigkeit eines
Wasserfalls! Aber Sie werden sich erinnern, daß Maudie uns
das Mädchen beschrieb, das Annie Joyce beschattete: abge-
wetzter brauner Mantel und purpurfarbenes Kopftuch.
Nun, eines von den Mädchen hier hat so einen Mantel und
auch ein purpurfarbenes Kopftuch mit Würfelmuster. Miss
Silvers Emma hat die Spur dieses Mädchens nur hundert
Meter weiter verloren.«

Lamb brummelte:

»Abwarten, ob wir das Mädchen auch aus der Herde
herauspicken können.«

»Das ist nicht mehr nötig, Sir. Ich habe sie hier bei mir im
Zimmer, und sie hat bereits ausgepackt. Sie ist erst sechzehn
und zerfloß in Tränen, als sie hörte, sie habe bei einem
Verbrechen mitgewirkt. Hatte keine Ahnung, sagt sie, daß
etwas Unrechtes dahinterstecken könne. Mr. Felix befahl
ihr, ihren Mantel anzuziehen und nachzusehen, wo Lady
Jocelyn hinginge. Er gab ihr eine halbe Krone, als sie zurückkam. Und als ich sie fragte: ›Du meinst doch Monsieur Felix
Dupont, den Mann von Madame?‹ antwortet sie: ›Oh, nein,
den nicht, sondern den anderen Gentleman.‹«

Der Draht vibrierte unter dem Aufschrei des Chefinspektors:

»Wie bitte?«

»Jawohl, Sir! Um unser interessantes Gespräch fortzuset-
zen – ich habe folgende Tatsachen ermitteln können: Monsieur Felix kam gelegentlich aus dem Oberstock herunter. Er
ist ein Meisterfigaro und bediente nur besondere Kunden,
aber oft war er zu krank, um überhaupt etwas zu tun oder
frisieren zu können. Mr. Felix empfing ebenfalls besondere
Kunden. Nur kam er nie durch die Ladentür, sondern immer

nur durch den Hofeingang. Die Mädchen mußten für ihn Botengänge machen und Termine verabreden. Wenn Madame im Laden war, ging sie selbst ans Telefon. War sie auswärts, hatten die Mädchen nur zu notieren, wer angerufen hatte, und Madame kümmerte sich später darum. Nun kommt das *pièce de résistance* . . .«

Man hörte durchs Telefon, wie der Chefinspektor mit der Faust auf seinen Schreibtisch schlug.

»Wenn Ihnen die Begriffe aus Ihrer Muttersprache fehlen, sollten Sie in die Schule gehen und Englisch lernen!«

»Entschuldigung, Chef, mein Fehler, ich hätte ›Leckerbissen‹ sagen müssen. Wie dem auch sei, hier ist er: Keines der Mädchen hat jemals diesen Mr. Felix zu Gesicht bekommen! Er kam und ging durch die Hintertür und setzte nie einen Fuß in den Laden. Monsieur Felix Dupont kam aber nur durch die Vordertür, und jeder im Laden kennt ihn. Mr. Felix kennt niemand, wenn wir einmal von Madame und den Ladies, die mit ihm verabredet waren, absehen.«

»Aber ich denke, er hat das Mädchen losgeschickt, um Lady Jocelyn nachzuspionieren?«

»Ja doch, aber dieser Auftrag wurde auch indirekt erteilt: Madame sagte zu ihr, Mr. Felix wünsche, daß sie Lady Jocelyn folgen solle. Und Madame gab ihr auch die Belohnung von Mr. Felix und sagte, sie solle es niemandem weitererzählen. Denn das wäre sehr unangenehm, wenn jemand erführe, daß sie einer Kundin nachspionierten, ob sie in einen anderen Laden ginge. Sie hätten ihr eine besondere Haarkur verschrieben und so weiter.«

»Das hat sie geschluckt?«

»Ich denke schon. Gehört doch alles zum Tagespensum einer Angestellten. Für sie sind Kunden eine Ware. Was sie wirklich interessiert, sind Kino und Trinkgelder.«

Chefinspektor Lamb dankte dem Himmel, daß seine
Töchter in einer besseren Zeit aufgewachsen waren.

»Jawohl, Sir. Aber ich glaube, diese Kleine ist in Ordnung.
Viel zu ängstlich und redselig für eine Agentin oder ein
Agenten-Lehrmädchen. Ich denke, wir sollten diese Madame mitnehmen. Und anschließend werde ich mich wohl mit
diesem schwerkriegsbeschädigten Meisterfigaro befassen
müssen.«

35

Die Zeit kroch dahin wie eine Schnecke. Lyndall mußte wie
schon unzählige Menschen vor ihr feststellen, daß sie nichts
tun konnte, um ihren Gang zu beschleunigen.

Sie konnte weder lesen noch nähen oder das Programm
im Radio verfolgen, weil sie dann ihre Gedanken unter
Kontrolle haben mußte, was nicht der Fall war. Solange sie
mit Miss Silver und Sergeant Abbott geredet hatte und dem
Konstabler zuhörte, der über seine Familie sprach, waren
ihrem Verstand Fesseln angelegt gewesen, die sie zwangen,
sich darauf zu konzentrieren.

Doch sobald sie allein war, wanderten ihre Gedanken zu
einem Punkt zurück, von dem sie sich nicht mehr zu lösen
vermochten. Es gibt Dinge, die so erschreckend sind, daß
man sie sofort glaubt. Es gibt aber auch Dinge, die so
schockierend sind, daß man sie überhaupt nicht glaubt.
Andererseits kann man sie auch nicht vergessen und sie
bleiben im Bewußtsein hängen wie Kletten. Lyndall konnte
nicht behaupten, daß einer dieser beiden Zustände auf sie
zuträfe. Sie hatte nur anfangs einen so starken Schock erle-

ben müssen, daß sie weder glauben noch etwas kritisch
verarbeiten konnte. Doch nun, als die Zeit so langsam da-
hinschlich, entdeckte sie, daß sie an etwas glaubte, das nicht
nur ihren Körper in Eis verwandelte, sondern auch ihren
Geist.

Plötzlich stand sie auf und wollte ans Telefon gehen.
Dann blieb sie fast eine halbe Minute vor dem Apparat
stehen und merkte, daß sie es nicht fertigbrachte. Nicht
heute abend. Morgen vielleicht, wenn ihre Seele nicht mehr
so wund war. Was einmal gesagt ist, kann man nicht mehr
zurücknehmen . . .

Kurz darauf läutete das Telefon. Sie hob den Hörer mit
zögerndem Widerwillen ab. Es war Philips Stimme, die ihren
Namen sagte.

»Lyn – bist du das?«

»Ja . . .« das Wort kam so tonlos über ihre Lippen, daß sie
es wiederholen mußte.

»Bist du allein? Ich muß dich dringend sprechen. Ich
komme sofort zu dir!«

Und schon hatte er wieder aufgelegt, aber sie blieb vor
dem Telefon stehen, bis ihr bewußt wurde, daß sie ihm
öffnen mußte. Als sie durch den Flur ging, blieb sie an der
halboffenen Küchentür stehen und sagte: »Mein Vetter
kommt jeden Moment – Sir Philip Jocelyn. Er hat sich tele-
fonisch angemeldet.«

Kaum war dieser Satz ausgesprochen, als es auch schon
an der Tür läutete. Sie öffnete, den Finger auf den Lippen
und mit der anderen Hand zur halboffenen Tür hin deutend.
Philip sah sie verwirrt an. Er hängte seinen Mantel an die
Garderobe. Als sie im Salon waren, fragte er:

»Was sollte das bedeuten? Wer ist noch in der Wohnung?«

»Ein Polizist. In der Küche.«

»Warum?«

»Weil ich etwas belauscht habe, und sie nicht wissen, ob sie – ob Anne . . .«

Er unterbrach sie: »Sie war nicht Anne – das steht inzwischen fest. Sie war Annie Joyce.« Dann, nach einer seltsamen Pause: »Ich habe Annes Tagebuch gefunden.«

»Ihr Tagebuch?«

»Ja! Natürlich wußte ich, daß sie ein Tagebuch geführt hat – du wirst das auch gewußt haben. Aber was ich nicht ahnte, war die Tatsache, daß sie *alles* niederschrieb . . .«

Er brach ab.

»Lyn, es ist einfach unglaublich! Ich wollte es nicht lesen – will es auch jetzt nicht lesen. Aber ich mußte nachprüfen, ob die Dinge, die sie mir sagte – die Dinge, die mich gegen meinen Instinkt überzeugten – ob sie dort schriftlich niedergelegt waren. Sie sind es. Alles – was ich sagte, als ich ihr einen Heiratsantrag machte, was während der Flitterwochen passierte, was niemand sonst wissen konnte, alles schwarz auf weiß in diesem Tagebuch! Und Annie Joyce hat dieses Tagebuch auswendig gelernt.«

Lyndall betrachtete ihn in einem verwirrenden Aufruhr der Gefühle. Die Fremde, die zwischen ihnen stand, war aus ihrem Leben gegangen, und sie war niemals Anne gewesen. Sie würde bald zu ihren Erinnerungen zurückkehren können, daß sie Anne sehr geliebt hatte. Doch jetzt vermochte sie nur zuzuhören.

Philip berichtete, wo er das Tagebuch gefunden hatte.

»Ich wußte, sie mußte es jederzeit griffbereit haben. Ich fand die beiden Bände in ihrer Matratze. Sie hatte sie dort eingenäht, aber die Stiche so weit gemacht, daß sie den Faden mit einem Ruck lösen und sofort an die Tagebücher heran-konnte. Damit ist für mich auch der letzte Zweifel beseitigt.«

Sie hat immer nur meinen Verstand überzeugen können, und das Tagebuch bestätigt auch das. Anne ist seit dreieinhalb Jahren tot. Das mußt du mir glauben, Lyn.«

Das wollte sie mit ihrem ganzen Herzen tun. Aber sie fand keine Worte, um ihm das auch mitteilen zu können. Ihre Gedanken kehrten immer wieder zu dem einen Punkt zurück, der ihr Bewußtsein beherrschte.

»Lyn, das meinte ich mit dem, was ich heute morgen zu dir sagte. Annie Joyce war eine Spionin, weißt du – eine mir untergeschobene Person, nicht nur eine gewöhnliche Betrügerin. Das Ganze war sorgfältig geplant und vorbereitet. Sie war eine feindliche Agentin mit einem festen Auftrag. Sie betäubte mich gestern abend mit Tabletten und durchsuchte die Dokumente in meiner Aktentasche.«

»Philip!«

»Es waren getürkte Papiere und ein bereits überholtes Codebuch. Auch wir haben ein wenig im voraus geplant. Ich vermute, sie hatte einen Führungsoffizier, und der kam in die Wohnung, um zu kassieren. Wer auch hinter diesem Führungsoffizier stecken mag, er kennt sich jedenfalls so gut aus, daß er sofort erkannte, wir hatten sie hereingelegt. Das bedeutete, wir würden sie abschießen, wenn sie es nicht selbst taten. Im besten Fall war sie für die Gegenseite wertlos geworden – im schlimmsten Fall würden wir ihr die Würmer aus der Nase ziehen. Im Krieg gehen die Geheimdienste nicht gerade zimperlich mit ihren Leuten um, die für sie selbst zur Gefahr werden, und ich vermute, daß ihr Führungsoffizier sie auf der Stelle erschossen hat – möglicherweise mit meinem eigenen Revolver. Jedenfalls schien es ihm eine gute Idee zu sein, wenn er meinen Revolver mitnähme, weil er hoffte, die Polizei würde denken, ich sei es gewesen – was sie ja auch tut.«

Sie rief abermals:

»Philip!« Und dann, fast atemlos: »Das tun sie? Das können sie doch nicht!«

Er legte ihr den Arm um die Schultern.

»Wach auf, Lyn! Sie verdächtigen mich, und das können sie auch. Codrington meint, ich sollte mich lieber von dir fernhalten. Das werde ich auch tun – danach. Aber ich muß- te dich unbedingt sprechen, denn der Gedanke, daß du mich für den Täter . . . Nein, das war schlimmer als jedes Risiko. Die Polizei glaubt, ich wäre zu dir gekommen, um dir meine Tat zu beichten. Aber als ich sagte ›Anne ist tot‹, meinte ich meine Frau, Anne Jocelyn, nicht diese Agentin Annie Joyce. Ich meinte damit, daß ich jetzt von Annes Tod überzeugt war – nicht, daß ich wüßte, Annie Joyce wäre erschossen worden. Lyn, das mußt du mir glauben!«

»Selbstverständlich glaube ich dir.«

Und dann erzählte sie ihm, wie sie Anne – nein, Annie – in einen Friseurladen hatte gehen sehen und was sie auf dem dunklen Flur vor einer nicht ganz fest schließenden Tür mitgehört hatte.

Sein Verhalten änderte sich abrupt.

»Das hast du gehört? Bist du dir da sicher?«

»Ja, ich habe es Miss Silver mitgeteilt.«

»Wer ist das?«

Sie erklärte es ihm.

»Und dann kam Sergeant Abbott, und ich mußte alles wiederholen. Ich glaube, er hat inzwischen die Leute in diesem Friseurladen festgenommen.«

»Na, das wäre ja schon etwas.« Und dann: »Weißt du eigentlich, wie wichtig deine Aussage ist?«

»Ja, Philip. Nur . . . Ich erzählte es auch Anne, Annie«, meine ich.«

Er starrte sie an.

»Du hast ihr das alles erzählt?«

»Ja, ich fühlte mich verpflichtet. Das war vorgestern.«

»Lyn – du kleine Närrin! Wenn sie das alles diesem Mann – ihrem Führungsoffizier erzählt hat!«

Lyndall nickte.

»Das meinte auch Miss Silver. Deshalb besteht sie auf einem Begleitschutz für mich. Der Polizist sitzt in der Küche und löst Kreuzworträtsel.«

Er wollte gerade erleichtert sagen: »Ja – wenigstens einer, der ein bißchen Verstand besitzt!«, als es wieder an der Vordertür läutete. Lyndall glaubte, das Klingeln wie ein Kribbeln unter ihrer Haut zu spüren. Vielleicht hatte sie die ganze Zeit nur darauf gewartet. Philips Arm fiel von ihrer Schulter. Sein Gesicht war blaß und angespannt.

»Man darf mich hier nicht sehen. Wer kann das sein? Versuche, den Besuch so rasch wie möglich loszuwerden.«

Sie nickte wortlos. Es läutete zum zweitenmal. Aber sie ließ sich Zeit. Sie öffnete erst Lillas geschnitzte Truhe im Flur und ließ Philips Mantel darin verschwinden. Auch die Küchentür zog sie an den Pfosten heran, damit man das Licht im Raum nicht mehr sehen konnte.

Dann öffnete sie die Wohnungstür und erkannte Pelham Trent auf der Vortreppe, der sofort über die Schwelle trat, freundlich und unbeschwert wie immer.

»Bist du allein zu Hause, Lyn? Ich muß mit dir sprechen. Lilla ist noch in der Kantine?«

»Ja. Heute hat sie Spätschicht.«

Sie standen im Flur knapp hinter der Korridortür. Als er sich umdrehte, um sie zu schließen, sagte sie:

»Ich wollte dich ebenfalls sprechen. Ich muß dich etwas fragen.«

Er drehte sich ihr wieder zu und sah sie ein wenig verdutzt an.

»Nun, laß uns in den Salon gehen. Aber ich lege nicht erst den Mantel ab, ich kann nicht lange bleiben.«

Sie stand jetzt zwischen ihm und der Tür, hinter der Philip steckte.

»Kennst du einen Laden, der Félise heißt!«

Aus seinem Verdutztsein wurde höchste Verwunderung.

»Meine liebe Lyn – was soll das heißen? Ein Ratespiel? Ich wollte dir etwas sagen, und . . .«

Sie unterbrach ihn mit einer ruhigen Entschlossenheit:

»Ich glaube, du kennst diesen Laden.«

»Was willst du damit sagen?«

Sie erwiderte mit klarer fester Stimme:

»Ich folgte ihr damals, wie du weißt. Nicht weil ich dachte, sie habe etwas Unrechtes vor. Ich wollte nur nicht, daß sie glaubte – nun, das spielt jetzt keine Rolle mehr. Ich hörte, wie sie sagte: ›Sie können mir ruhig überlassen, auf Nellie Collins Brief zu antworten. Sie ist vollkommen harmlos.‹ Und darauf du: ›Das zu beurteilen steht Ihnen nicht zu.‹«

Er stand wie angenagelt vor ihr und sah sie entsetzt an.

»Lyn – bist du verrückt geworden?«

Sie schüttelte ein wenig den Kopf.

»Damals wußte ich noch nicht, daß du es warst – erst heute nachmittag, als du denselben Satz noch einmal sagtest – diesmal zu mir: ›Das zu beurteilen, steht dir nicht zu.‹ Im gleichen Flüsterton wie damals. Zunächst vermutete ich nur, dann war ich mir sicher. Ich berichtete Miss Silver und der Polizei, was ich damals in dem Geschäft belauschte. Aber ich habe ihnen nicht deinen Namen verraten. Ich werde ihnen deinen Namen angeben müssen. Doch zuerst wollte ich mit dir reden. Ich glaube, das bin ich dir schuldig, weil wir Freunde gewesen sind.«

Sobald sie das gesagt hatte, wußte sie, daß sie sich täuschte. Dieser Mann war nie ihr Freund gewesen. Er war ein Fremder, und er war gefährlich. Sie schwebte in einer außerordentlichen Gefahr, das wurde ihr schlagartig klar. Alles, was sie in den letzten Stunden erlebt hatte, hatte sie mit einem starren, betäubten Bewußtsein aufgenommen. Nun, unter dem Eindruck der Gefahr, löste sich ihr Bewußtsein aus dieser Erstarrung. Sie schrie auf.

Und der Schrei war laut genug, um Philip Jocelyn aus dem anderen Teil des Zimmers, der hinter dem Wandknick verborgen war, herbeizurufen. Und er schreckte auch den Konstabler in der Küche aus der Überlegung, was denn ein Licht mit fünf Buchstaben anderes sein könnte als eben ein Licht. Er erhob sich von seinem Stuhl, drückte die Küchentür nach außen und sah einen fremden Mann im Überzieher von hinten, der mit der linken Hand Miss Armitage an der Schulter festhielt. Mit der rechten Hand aber drückte er einen Revolver gegen ihre Schläfe.

Das gleiche Bild bot sich Philip Jocelyn im Salon. Pelham Trent, der in seine Richtung sah, war sich dessen Gegenwart bewußt, bemerkte jedoch nicht den Konstabler in seinem Rücken, da seine Aufmerksamkeit von der akuten Gefahr vor ihm und den brillanten Einfällen, die sich daraus ergaben, voll in Anspruch genommen war. Mit barscher Stimme rief er:

»Jocelyn, wenn Sie sich von der Stelle rühren, erschieße ich Sie – mit Ihrem eigenen Revolver! Sie verdammter Narr – Sie glaubten wohl, Sie könnten mich auf diese Weise in eine Falle locken! Statt dessen haben Sie mir nur in die Hände gespielt – Sie beide! Und ich sage Ihnen auch, was geschehen wird. Sie sollen es wissen, denn ich habe Sie schon lange im Visier. Sie halten sehr viel von sich, nicht wahr, Sir Philip? Sie haben eine hohe Meinung von Ihrer Familie und Ihrem Namen? Nun, Sie sollen Ihre Schlagzeile in der schmutzigsten Boulevardpresse bekommen! ›Doppelselbst-mord in einer Mietwohnung – Sir Philip und seine Geliebte.‹ Vielleicht können Sie sich bereits ausmalen, wie groß die Balken der Überschrift werden. Ich muß nur ein wenig näher kommen, damit es für die Polizei auch überzeugend wirkt. Komm schon, Lyn!‹

Er bewegte sich im Flur voran und trieb Lyndall vor sich her. Sie konnte den kalten Stahl des Revolvers an ihrer rechten Schläfe spüren.

Das war äußerlich. Sie wußte davon, aber es hatte sehr wenig mit dem zu tun, was in ihr vorging. Dort stand ihr deutlich und klar vor Augen, daß Philip und sie am Rand des Todes schwebten, daß sie sofort tot sein würde, wenn sie sich seinem Griff zu entwinden versuchte. Anschließend würde er Philip erschießen. Aber er würde sie nicht zuerst töten, wenn sich das vermeiden ließ, weil in dem Moment, wo er abdrückte, Philip sich auf ihn stürzen würde.

Sie wußte nicht, was der Konstabler in diesem Augenblick tat. Sie konnte die Küchentür nicht sehen. Selbst wenn er ihren Schrei gehört hätte, würde sie tot sein, ehe er sich auf Pelham werfen konnte.

Das alles sah sie deutlich und klar, blitzartig und gleich-zeitig. Sie hatte keine Angst, denn sie betrachtete die Vor-gänge aus einer Warte, als wäre sie bereits tot. Von einem zeitlosen, jenseitigen Punkt aus sah sie den Moment, wo der Revolver sich von ihr weg auf Philip richten würde. Sie war wie eine gespannte Stahlfeder, die auf diesen Moment war-tete . . .

Als er kam, packte sie mit beiden Händen Pelham Trents rechten Arm und zog ihn nach unten, während Philip sich auf Trent stürzte. Es folgte die Detonation eines Schusses, der im engen Flur dröhnte wie eine explodierende Bombe. Irgendwo splitterte Glas, ein Läufer rutschte unter Pelhams Füßen weg, und sie walzten sich alle zusammen auf dem Boden.

Lyndall kroch unter wirbelnden Armen und Beinen hervor, erhob sich stolpernd und sah den Konstabler auf Pelhams Brust knien, während Philip Pelhams Arme festhielt. Der Revolver ragte mit dem Lauf unter einer Ecke des Läufers hervor. Lyndall bückte sich und hob ihn auf. Ihre Knie waren wie Gelee, ihr Bewußtsein erschüttert wie von einem Erdbeben. Der Spiegel über der geschnitzten Truhe war zerborsten, überall lagen Glassplitter herum.

Sie lief in den Salon und schob den Revolver hinter ein Sofakissen. Als sie zurückkam, sah Philip über die Schulter und sagte:

»Wir brauchen etwas, womit wir ihn fesseln können. Die Schnüre, mit denen man die Vorhänge zusammenbindet sind fest genug dafür. Beeile dich!«

36

Der Chefinspektor betrachtete Miss Silver über seinen Schreibtisch hinweg mit einer Mischung aus bescheidener Selbstgerechtigkeit, ehrlichem Stolz und einem Schuß amtlicher Würde. Sein Gesicht glühte, seine Worte kamen aus dem Herzen:

»Miss Silver, ich dachte, es würde Sie freuen, von mir zu

erfahren, daß wir den Fall abgeschlossen haben – es gibt keine ungelösten Fragen mehr!«

Miss Silver, die ihm steif gegenübersaß – kerzengerade, die Hände in einem Muff, der das gleiche Alter haben mochte wie ihr Pelzkragen –, hüstelte leicht und entgegnete:

»Das muß für Sie ja außerordentlich befriedigend sein.«

»Nun, ich mag keine halben Sachen. Und ich möchte nicht bestreiten, daß Sie mitgeholfen haben. Es wäre mir nicht recht gewesen, wenn diesem Mädchen etwas passiert wäre – sie ist so ein mutiges kleines Kerlchen. Und ich gebe auch zu, daß ich nicht gleich daran gedacht hätte, ihr Polizeischutz zu geben, wenn Sie nicht den Anstoß dazu gegeben hätten. Sie sehen also, daß Sie nicht ohne Einfluß auf uns arme Polizeibeamte sind. Junge Ladies kommen ja nicht hierher und weinen sich an unseren Schultern aus. Und sie erzählen uns auch nicht ihre kleinen Geheimnisse, wie das bei Ihnen der Fall zu sein scheint – obwohl ich ja auch ein paar Töchter zu Hause habe.«

Sergeant Abbott, der am Kaminsims lehnte und die Wärme daran hinderte, sich im Raum auszubreiten, glaubte, hier einwerfen zu müssen, Miss Silver möge ihnen doch ihr Rezept verraten. Es trug ihm einen unwilligen Blick seines Chefs ein, weil er sich so gewählt ausdrückte.

»Ich will nicht sagen, daß Sie nicht auch Ihren Teil dazu beigetragen hätten, Sergeant. Aber das berechtigt Sie noch lange nicht dazu, wie ein Ausländer zu reden. Wir sitzen hier nämlich in meinem Büro. Und wenn Sie endlich aufhören, mich dauernd zu unterbrechen, werde ich jetzt fortfahren, Miss Silver zu berichten, zu welchen Ergebnissen wir gekommen sind.«

Miss Silver neigte den Kopf.

»Ich wäre Ihnen außerordentlich dankbar, Chefinspektor.«

Die Hände auf beide Knie gestemmt, sagte Lamb:

»Er hat seine Spuren natürlich sehr geschickt verwischt – diese hohen Herrschaften tun das ja immer. Und er muß auch Helfer und Mitwisser gehabt haben, die wir nicht zu fassen bekommen und auch nie ermitteln werden. Und selbst ihn hätten wir wohl nie zu fassen gekriegt, wenn Miss Lyndall Armitage nicht seine Stimme wiedererkannt hätte, als er den gleichen Satz zu ihr sagte wie zu Annie Joyce. Das hat sie Ihnen aber nicht berichtet, nicht wahr, Miss Silver?«

Miss Silver hüstelte.

»Nein, das verschwieg sie mir. Und das war sehr unklug, denn es hätte sie und Sir Philip beinahe das Leben gekostet. Ich kann sie allerdings verstehen, denn sie hielt den Mann, den sie nicht verraten wollte, für einen guten Freund. Allerdings machte sie später durch ihre mutige und geistesgegenwärtige Tat ihren Fehler wieder gut, wie ich hörte.«

»Richtig! Wir haben inzwischen seine Lebensgeschichte und seinen Werdegang ermittelt. Sein Onkel war früher Partner in der Sozietät von Mr. Codrington. Deshalb hatte dieser Trent auch in seine Kanzlei aufgenommen. Selbstverständlich ist er ein öffentlich zugelassener Anwalt. Er begeisterte sich für faschistische Ideen, als sie hierzulande noch in Mode waren; wandte sich aber wieder von ihnen ab, als Hitler sein wahres Gesicht zeigte. Ja, es schien vielmehr so, als habe er sich von diesen Ideen endgültig distanziert. Er war oft im Urlaub in Deutschland. Das kann man ihm nicht ankreiden, denn das haben viele getan; aber wenn er eine Tarnung für ein zwielichtiges Unternehmen brauchte, war die Begründung, er sei ein begeisterter alpiner Bergsteiger, nicht schlecht ausgesucht. Wann er sich dann endgültig verpflichtete, für die Nazis zu arbeiten, wissen wir nicht. Jedenfalls muß er das schon seit einigen Jahren getan haben.

Wir haben auch die Tarnung von dieser Madame Dupont geknackt. Sie heißt in Wahrheit Marie Rosen und ist für uns ein häßliches Stück Ermittlungsarbeit. Ihr Mann ist meiner Ansicht nach jedoch genau das, was sie von ihm behaupte-te – ein sehr geschickter Figaro, aber gesundheitlich schwer angeschlagen. Mit den Nazis hat er bestimmt nichts zu schaffen. Die beiden heirateten kurz vor dem Krieg.

Kehren wir zu Trent zurück. Neben der luxuriösen Woh-nung hatte er noch ein Zimmer über einer Werkstatt in der Nähe der Vauxhall Bridge Road. Dort hatte er einen Brief-kasten unter dem Namen *Thomson*, und die Leute haben ihn bei einer Gegenüberstellung identifiziert. Dort verwandelte er sich in diesen Mr. Felix oder in eine andere x-beliebige Person. Wir fanden ein Sortiment Perücken, eine reiche Ausstattung von Kostümen und einen sehr weit geschnei-derten Mantel. In der roten Perücke und diesem Mantel würden ihn vermutlich seine besten Freunde nicht erkannt haben.

In der Werkstatt hatte er ein altes Taxi abgestellt, und er gab sich als Fahrer aus, der für den Luftschutz arbeitete. Ich zweifle jetzt nicht mehr daran, daß er Miss Nellie Collins im Waterloo-Bahnhof traf und vorgab, er solle sie mit dem Wagen zu Lady Jocelyn bringen. Vielleicht machte er erst einen Umweg, sagte, sein Ziel wäre Jocelyns Holt, und als er dort anlangte, wo er sie haben wollte, wird er sie unter irgendeinem Vorwand zum Aussteigen bewegt und an-schließend überfahren haben.«

Miss Silver hüstelte.

»Gütiger Himmel – wie entsetzlich! Was es für schreck-liche Dinge gibt!«

Der Chefinspektor nickte und fuhr fort:

»Nebenbei bemerkt – wir haben in einer Ecke der Werk-

statt auch einen Wäschekorb gefunden, der nur mit zer-
knülltem Zeitungspapier gefüllt war. Da Annie Joyce ihren
Führungsoffizier nicht kannte – ich meine, nicht in seiner
wahren Gestalt –, wird sie ihn zunächst ahnungslos in ihre
Wohnung eingelassen haben. Vielleicht hat er sich dort als
Bote – oder als Mr. Felix selbst, nur in anderer Verkleidung –
zu erkennen gegeben, der das ›Material‹ abholen sollte. Als
sie ihm die belichteten Filme übergab, muß er sehr rasch
festgestellt haben, daß das kostbare Codebuch, das sie foto-
grafiert hatte, längst überholt und nur als Köder verwendet
worden war. Möglich, daß er schon mit der Absicht kam,
eine nicht mehr zuverlässige Agentin zu beseitigen. Möglich,
daß ihm auch jetzt erst dieser Gedanke kam. Sie merkt im
letzten Moment, was er vorhat, will noch ans Telefon stürzen – und er erschießt sie. Dann fand er Mr. Philips Revolver
im Schreibtisch und nimmt ihn mit. Ja, das war's. Und wenn
diese Madame Dupont auspackt, kann ich Ihnen vielleicht
noch mehr über diesen Mr. Felix berichten.

Aber nun müssen Sie mich entschuldigen, Miss Silver. Der
Polizeipräsident erwartet mich zum Vortrag in seinem Büro.«

Als er Miss Silver noch einen herzhaften oder kollegialen
Händedruck gegeben hatte, ließ er sie mit Sergeant Abbott
allein in seinem Büro zurück. Der Sergeant verließ seinen
Platz am Kamin und trat an den Schreibtisch. Er beugte sich
über seine verehrte Lehrmeisterin und sagte:

»Was meinen Sie dazu?«

Miss Silver hüstelte verhalten.

»Ich muß gerade über das nachdenken, was der Chefinspektor am Schluß sagte.«

»Daß er sich unsichtbare Federn an den Hut steckt und
damit zum Polizeipräsidenten geht?«

Sie schüttelte den Kopf.

»Das war's«, sagte er.

»Die Fakten . . .«

». . . sind nur die Spitze eines Eisberges, mein lieber Frank. Es ist nie so, wie es ist. Das stimmt unter gar keinen Umständen. Es wäre nie dazu gekommen, wenn nicht bestimmte Ursachen dazu geführt hätten. Familiäre Umstände mit einer langen Vorgeschichte.«

»Meine liebe, Moral predigende Maudie!«

Sie warf ihm einen vorwurfsvollen Blick zu.

»Altmodisch vielleicht in Ihren Augen, aber dennoch wahr! Wieviel mußte zusammenkommen, ehe Annie Joyce zu einer Agentin und Landesverräterin wurde. Wieviel Leid, Zurücksetzung, Kränkung und Ungerechtigkeit. Vieles wissen wir ja schon aus Sir Philips Erzählungen. Doch wieviel hat er uns noch verschwiegen? Was wissen wir schon von jener Nacht an der Küste Frankreichs, als Sir Philip seine Frau nach England zurückholte? Er trägt eine Schwerverletzte ins Boot und läßt seine Kusine am Strand zurück. Sie, die schon immer vom Schicksal benachteiligt wurde. Sie, den illegitimen Sproß der Familie Jocelyn.«

»Das Aschenputtel.«

»Gewiß. Und ohne Aussicht auf einen Prinzen, mein lieber Frank. Dem Feind preisgegeben, von der eigenen Familie verraten. Vergessen Sie nicht, daß ihr Vater und Lady Jocelyns Mutter Halbgeschwister waren, der eine arm und enterbt, die andere reich und anerkannt. Lady Jocelyn hatte alles, was Annie Joyce nicht hatte – Rang, gesellschaftliches Prestige, Geld, den Familienlandsitz, den ehrlichen Namen. Und sie haben drei Monate lang unter dem gleichen Dach gelebt. Wollen Sie bezweifeln, daß in diesen drei Monaten die Bitterkeit und der Haß, mit denen Annie Joyce aufgewachsen war, sich noch verstärkten? Und vielleicht war jene Nacht, als sie auch noch in Feindeshand am Strand zurückgelassen wurde, während Sir Philip seine sterbende Frau in Sicherheit brachte, der letzte Tropfen, der das Faß zum Überlaufen brachte.

Dennoch werden sich die Nazis lange um sie bemüht haben, ehe sie begriff, daß es doch noch eine Möglichkeit gab, zu ihrem Recht zu kommen – dem Recht der Annie Joyce, die die Rolle ihrer Kusine spielte. Und so kam sie als Lady Jocelyn aus Frankreich zurück – vielleicht nicht so sehr mit dem Gedanken, ihr Land zu verraten, sondern den Verrat in ihrer Familie mit gleicher Münze heimzuzahlen.«

Frank Abbott hatte ihr zuletzt mit respektvoller Aufmerksamkeit zugehört. Als sie sich von ihrem Stuhl erhob, richtete er sich auf und sagte:

»Wie ich sehe, hat Sir Philip Jocelyn eine Todesanzeige seiner Zeitung einrücken lassen – mit dem korrekten Datum.« Er nahm die *Times* von dem Tisch hinter ihm und überflog den Text der Kolumne. »Hier steht es – ›*Anne, Frau von Sir Philip Jocelyn, starb am 26. Juni 1940 an einer Schußverletzung durch Feindeshand* . . .‹ Ich denke, wenn wir das nächstemal seinen Namen in der Zeitung lesen, wird es im Rahmen einer Heiratsanzeige sein.«

Miss Silver hüstelte.

»Vielleicht. Jeder sollte so glücklich werden, wie er es verdient . . .«

KRIMINALROMANE BEI GOLDMANN

Keiner versteht mehr von der Kunst des Mordens als diese
Meister des Genres

ARTHUR W. UPFIELD
Die Gifkvilla
Roman

180

REX STOUT
Das Plagiat
Roman

3108

ELLIS PETERS
Grüne Witwe am Sonntag
Roman

4945

PATRICIA WENTWORTH
Der chinesische Schal
Roman

5959

GOLDMANN

GOLDMANN

*Das Gesamtverzeichnis aller lieferbaren Titel erhalten Sie
im Buchhandel oder direkt beim Verlag.*

Taschenbuch-Bestseller zu Taschenbuchpreisen
– Monat für Monat interessante und fesselnde Titel –

*

Literatur deutschsprachiger und internationaler Autoren

*

Unterhaltung, Thriller, Historische Romane
und Anthologien

*

Aktuelle Sachbücher, Ratgeber, Handbücher
und Nachschlagewerke

*

Esoterik, Persönliches Wachstum und
Ganzheitliches Heilen

*

Krimis, Science-Fiction und Fantasy-Literatur

*

Klassiker mit Anmerkungen, Autoreneditionen
und Werkausgaben

*

Kalender, Kriminalhörspielkassetten und
Popbiographien

Die ganze Welt des Taschenbuchs

Goldmann Verlag · Neumarkter Str. 18 · 81673 München

Bitte senden Sie mir das neue kostenlose Gesamtverzeichnis

Name: _____

Straße: _____

PLZ/Ort: _____